A BAILARINA
DE AUSCHWITZ

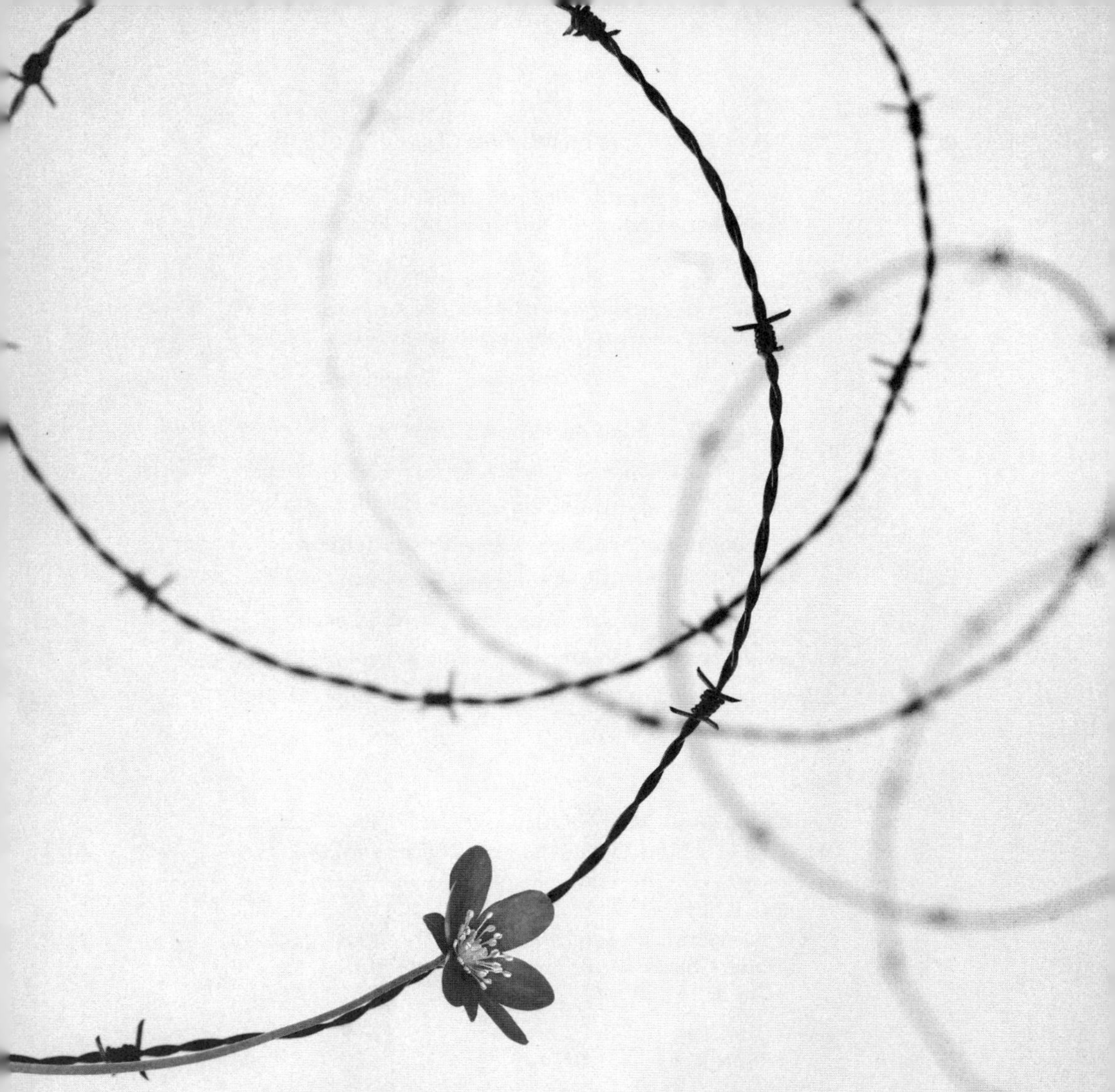

EDITH EVA EGER

A BAILARINA DE AUSCHWITZ

Título original: *The Choice*

Copyright © 2017 por Dr. Edith Eger
Copyright da tradução © 2019 por GMT Editores Ltda.

Todos os direitos reservados. Nenhuma parte deste livro pode ser utilizada ou reproduzida sob quaisquer meios existentes sem autorização por escrito dos editores.

tradução: Débora Chaves
preparo de originais: Olga de Mello
revisão: Ana Grillo e Rebeca Bolite
projeto gráfico e diagramação: Valéria Teixeira
capa: Barbara van Ruyven/ bij Barbara
adaptação de capa: Ana Paula Daudt Brandão
imagens de capa: flor/ Shutterstock; arame farpado/ Plainpicture
impressão e acabamento: Associação Religiosa Imprensa da Fé

CIP-BRASIL. CATALOGAÇÃO NA PUBLICAÇÃO
SINDICATO NACIONAL DOS EDITORES DE LIVROS, RJ

E28b   Eger, Edith Eva
    A bailarina de Auschwitz/ Edith Eva Eger; tradução de Débora Chaves. Rio de Janeiro: Sextante, 2019.
    304 p.; 16 x 23 cm

    Tradução de: The choice
    ISBN 978-85-431-0724-0

    1. Eger, Edith Eva. 2. Holocausto judeu (1939-1945) – Narrativas pessoais. 3. Holocausto – Sobreviventes – História. 4. Auschwitz (Campo de concentração). I. Chaves, Débora. II. Título.

                            CDD 940.5318
19-54869   CDU 94(100)"1939/1945"

Todos os direitos reservados, no Brasil, por
GMT Editores Ltda.
Rua Voluntários da Pátria, 45 – Gr. 1.404 – Botafogo
22270-000 – Rio de Janeiro – RJ
Tel.: (21) 2538-4100 – Fax: (21) 2286-9244
E-mail: atendimento@sextante.com.br
www.sextante.com.br

Para as cinco gerações da minha família.
Para meu pai, Lajos, que me ensinou a sorrir;
para minha mãe, Ilona, que me ajudou a
encontrar o que eu precisava internamente;
para minhas lindas e extraordinárias irmãs
Magda e Klara; para meus filhos, Marianne,
Audrey e John; para meus netos, Lindsey,
Jordan, Rachel, David e Ashley,
e meus bisnetos, Silas, Graham e Hale.

Sumário

Prefácio de Philip Zimbardo, Ph.D. — 9

PARTE I PRISÃO — 15
INTRODUÇÃO Eu tinha um segredo que me aprisionava — 16
CAPÍTULO 1 As quatro perguntas — 24
CAPÍTULO 2 O que você coloca em sua mente — 43
CAPÍTULO 3 Dançando no inferno — 52
CAPÍTULO 4 Fazendo estrelas — 62
CAPÍTULO 5 Os degraus da morte — 74
CAPÍTULO 6 Escolhendo uma folha de grama — 81

PARTE II FUGA — 87
CAPÍTULO 7 Meu libertador, meu agressor — 88
CAPÍTULO 8 Pela janela — 101
CAPÍTULO 9 Ano que vem em Jerusalém — 120
CAPÍTULO 10 Fuga — 134

PARTE III LIBERDADE — 147
CAPÍTULO 11 O dia da imigração — 148
CAPÍTULO 12 *Greener* — 151
CAPÍTULO 13 Você esteve lá? — 165
CAPÍTULO 14 De um sobrevivente para outro — 179

CAPÍTULO 15 O que a vida esperava   193
CAPÍTULO 16 A escolha   206
CAPÍTULO 17 Então Hitler ganhou   230
CAPÍTULO 18 A cama de Goebbels   234
CAPÍTULO 19 Deixe uma pedra   249

PARTE IV   CURA   263
CAPÍTULO 20 A dança da liberdade   264
CAPÍTULO 21 A garota sem mãos   278
CAPÍTULO 22 De alguma forma as águas se abrem   291
CAPÍTULO 23 O dia da libertação   299

Agradecimentos   301

Prefácio

Por Philip Zimbardo, Ph.D.*

Numa primavera, a convite do psiquiatra-chefe da Marinha dos Estados Unidos, a Dra. Edith Eva Eger embarcou num avião de combate sem janelas para um dos maiores navios de guerra do mundo, o porta-aviões USS *Nimitz*, fundeado ao largo da costa da Califórnia. O avião desceu em direção a uma pista curta de 150 metros e aterrissou com o solavanco do gancho de retenção da cauda se encaixando no cabo de travamento, que o impediu de cair no oceano. Única mulher a bordo, a Dra. Eger foi acomodada na cabine do capitão. Qual era sua missão? Ela estava lá para ensinar cinco mil jovens marinheiros a lidar com a adversidade, o trauma e o caos da guerra.

Em incontáveis ocasiões, a Dra. Eger foi a especialista clínica designada para tratar dos soldados, incluindo os das Forças de Operações Especiais, que sofriam de transtorno de estresse pós-traumático e lesões cerebrais.

Antes de conhecer a Dra. Eger pessoalmente, telefonei para convidá-la a fazer uma palestra no curso de Psicologia do Controle da Mente ministrado por mim em Stanford. Sua idade e seu tom de voz me levaram a imaginar uma vovozinha do Velho Mundo com um lenço amarrado na cabeça por um laçarote embaixo do queixo. Quando ela se dirigiu a meus alunos, percebi seu poder de cura. Com um sorriso radiante, brincos brilhantes, cabelos dourados, vestindo Chanel da cabeça aos pés (conforme minha esposa me contou depois), ela descreveu tenebrosas e angustiantes histórias de sobrevivência nos campos de extermínio nazistas de maneira bem-humorada, exalando uma presença que só consigo descrever como pura luz.

A vida da Dra. Eger foi pontuada por tragédias. Ela foi presa em Auschwitz quando era apenas uma adolescente. Apesar da tortura, da fome e da constante ameaça de morte, conservou a liberdade mental e espiritual. Não se deixou abater pelos horrores que sofreu e saiu fortalecida pela experiência. Na realidade, sua sabedoria é resultado dos episódios mais traumáticos que viveu.

Ela é capaz de ajudar outras pessoas a se recuperar porque conseguiu passar sozinha do trauma à vitória. Ela descobriu como usar sua experiência com a crueldade humana para levar aos outros a chance de encontrar a própria luz. Seus ensinamentos já ajudaram militares (como aqueles a bordo do USS *Nimitz*), casais tentando reencontrar a intimidade, pessoas que foram negligenciadas, agredidas, que são viciadas ou doentes, que perderam entes queridos ou simplesmente a esperança. E podem ajudar a todos nós que enfrentamos diariamente as decepções e os desafios da vida. Sua mensagem nos inspira a fazer nossas próprias escolhas e a nos libertar do sofrimento.

No fim da palestra, todos os meus trezentos alunos se levantaram espontaneamente para aplaudir. Depois, pelo menos cem jovens lotaram o pequeno palco, esperando sua vez para agradecer e abraçar essa mulher extraordinária. Em todas as minhas décadas como professor, nunca vi um grupo de estudantes tão entusiasmado.

Ao longo dos vinte anos em que eu e Edie trabalhamos e viajamos juntos, essa é a reação que me acostumei a testemunhar de cada público ao qual ela se dirige. Desde um encontro motivacional em uma cidade de Michigan, nos Estados Unidos, quando conversamos com um grupo de jovens que enfrenta pobreza, desemprego e um conflito racial crescente, até Budapeste, na Hungria, local em que muitos de seus parentes morreram e onde ela falou para centenas de pessoas que tentavam se recuperar de um passado doloroso, eu vi isso acontecer repetidas vezes: as pessoas se transformam na presença de Edie.

Neste livro, a Dra. Eger mistura histórias de transformação dos pacientes com sua marcante experiência em Auschwitz. Mas não foi apenas sua história dramática e arrebatadora que me fez querer compartilhar este livro com o mundo. Foi, sim, o fato de Edie usar suas experiências para ajudar as pessoas a descobrir a própria liberdade. Nesse sentido, seu livro vai muito além de uma memória do Holocausto, por mais importantes que esses relatos sejam para relembrarmos o passado. Seu objetivo é ajudar cada um de nós a escapar da prisão da própria mente. De certa forma, todos somos prisioneiros, e a missão de Edie é nos ajudar a entender que, assim como agimos como nossos próprios carcereiros, também podemos nos tornar nossos próprios libertadores.

Quando é apresentada ao público jovem, muitas vezes Edie é chamada de a "Anne Frank que não morreu", porque ambas tinham origem e idade parecidas quando foram deportadas para os campos de concentração. As duas jovens encarnam a inocência e a solidariedade que nos fazem acreditar na bondade intrínseca do ser humano, a despeito da crueldade e da perseguição a que foram submetidas. Obviamente, no momento em que Anne Frank escreveu seu diário, ela ainda não tinha passado pela dureza dos campos, o que torna as observações de Edie como sobrevivente e psicóloga clínica (e ótima avó!) especialmente emocionantes e convincentes.

Assim como outros livros importantes sobre o Holocausto, este mostra tanto o poder da maldade quanto a força indomável do espírito humano diante dela. Mas ele vai além. Talvez o melhor livro para comparar com o de Edie seja outra memória do Holocausto, o brilhante clássico de Viktor Frankl, *Em busca de sentido*. A Dra. Eger compartilha o profundo conhecimento da humanidade de Frankl, mas acrescenta o entusiasmo e a intimidade de uma vida como psicóloga clínica. Frankl apresentou a psicologia dos prisioneiros que estavam com ele em Auschwitz. A Dr. Eger nos oferece a psicologia da liberdade.

Em meu trabalho, estudei por muito tempo os fundamentos psicológicos das formas negativas de influência do meio social sobre o indivíduo. Procurei entender os mecanismos através dos quais nos conformamos, obedecemos e resistimos em situações em que a paz e a justiça só podem ser atingidas se escolhermos o caminho da ação heroica. Edie me ajudou a descobrir que o heroísmo não é privilégio apenas daqueles que realizam façanhas extraordinárias, ou que assumem riscos para proteger a si mesmos e aos outros – embora ela tenha feito as duas coisas. Mais que isso, o heroísmo é uma mentalidade, ou o acúmulo de nossos hábitos pessoais e sociais. É um jeito de ser. Um jeito especial de ver a si mesmo. Ser herói pressupõe agir decisivamente nos momentos críticos da vida, tentar resolver as injustiças ou criar uma mudança positiva no mundo. Ser herói também exige grande coragem moral. Cada um de nós tem um herói interior esperando para ser revelado. Somos todos "heróis em desenvolvimento". Nosso treinamento para o heroísmo é a vida, as circunstâncias cotidianas que nos convidam a cultivar os seguintes hábitos: realizar ações de bondade diariamente, demonstrar compaixão, começando com a autocompaixão, revelar o melhor dos outros e de nós mesmos, conservar o amor inclusive nos relacionamentos mais desafiadores e celebrar e exercitar o poder de nossa liberdade mental. Edie é duplamente heroína porque ensina as pessoas a amadurecer e a criar mudanças significativas e duradouras em si mesmas, em seus relacionamentos e no mundo.

Há dois anos, Edie e eu viajamos para Budapeste, cidade onde a irmã dela morava quando os nazistas começaram a prender os judeus húngaros. Visitamos uma sinagoga que havia no pátio de um memorial do Holocausto, com paredes cobertas por uma lona com fotografias de antes, durante e depois da guerra. Fomos ver o memorial "Sapatos às margens do Danúbio", a exposição permanente de esculturas de sapatos instaladas numa das margens do rio Danúbio em homenagem aos judeus, inclusive alguns familiares de Edie, assassinados por militantes do Partido da Cruz Flechada, um grupo húngaro de inspiração nazista durante a Segunda Guerra Mundial. Obrigadas a ficar em pé na beira do rio e a tirar os sapatos – seus bens mais valiosos –, elas eram baleadas e seus corpos jogados na água para serem levados pela correnteza. O passado parecia palpável.

Ao longo do dia, Edie foi ficando cada vez mais quieta. Eu me perguntei se ela teria dificuldade em falar para um público de seiscentas pessoas naquela noite depois de uma jornada emocional que certamente havia revolvido memórias dolorosas. Mas, quando ela subiu ao palco, não falou sobre o medo, o trauma ou o horror que nossa visita provavelmente reavivou. Optou por contar uma história de bondade, uma ação de heroísmo diário que, como ela nos relembrou, acontece mesmo no inferno. "Não é incrível que o pior revele o que temos de melhor?", refletiu ela.

No fim do discurso, que ela concluiu com seu tradicional passo de balé, o *grand battement*, Edie convidou: "Ok, agora todo mundo dançando!" A plateia inteira se levantou. Centenas de pessoas se dirigiram ao palco. Não havia música, mas todos nós dançamos. Dançamos e cantamos e rimos e nos abraçamos numa inesquecível celebração da vida.

A Dra. Eger é hoje uma das poucas pessoas vivas que sentiram na pele os horrores dos campos de concentração. Seu livro relata o inferno e o trauma que ela e outros sobreviventes enfrentaram durante e após a guerra. O livro é também uma mensagem universal de esperança e de possibilidade para todos os que estão tentando se libertar da dor e do sofrimento. Sejam os que estão presos em casamentos ruins, em famílias destrutivas, em trabalhos que odeiam ou em suas próprias mentes, os leitores descobrirão que é possível abraçar a alegria e a liberdade independentemente das circunstâncias.

A bailarina de Auschwitz é uma crônica extraordinária sobre heroísmo e cura, resistência e compaixão, sobrevivência com dignidade, resistência mental e coragem moral. Todos nós podemos aprender a curar nossa vida por meio do relato inspirador da Dra. Eger e sua impressionante história pessoal.

São Francisco, Califórnia
Janeiro de 2017

---

[*] Psicólogo e professor emérito da Universidade de Stanford, Philip Zimbardo é o criador do famoso experimento de aprisionamento de Stanford (1971) e autor de muitos livros relevantes, incluindo *O efeito Lúcifer: Como pessoas boas se tornam más* (2007), best-seller da lista do *The New York Times* e vencedor do prêmio literário William James como melhor livro de psicologia. Ele é fundador e presidente do projeto Imaginação Heroica.

PARTE I
PRISÃO

INTRODUÇÃO

Eu tinha um segredo que me aprisionava

Eu não sabia da arma carregada escondida sob a camisa, mas, no momento em que o capitão Jason Fuller entrou em meu consultório, em El Paso, num dia de verão de 1980, senti um aperto no estômago e uma fisgada na nuca. A guerra tinha me ensinado a perceber o perigo antes mesmo que eu fosse capaz de explicar por que estava com medo.

Jason era alto, tinha o físico magro de um atleta, mas seu corpo era tão rígido que ele mais parecia um pedaço de madeira do que um ser humano. Seus olhos azuis eram distantes, o queixo era duro e ele não falava, ou não conseguia falar. Eu o encaminhei para o sofá branco, onde ele se sentou reto, com as mãos nos joelhos. Eu não conhecia Jason e não tinha ideia do que havia desencadeado seu estado catatônico. Seu corpo estava próximo o suficiente para ser tocado, e sua angústia era quase palpável, mas ele estava longe, perdido. Nem parecia notar Tess, minha cachorrinha poodle cinza, que continuava parada, atenta, perto da mesa, como uma segunda estátua viva na sala.

Respirei fundo e procurei uma maneira de começar. Às vezes, começo a primeira sessão com o paciente me apresentando e contando um pouco da minha história e da abordagem que utilizo. Às vezes, pulo direto para a parte de identificar e investigar os sentimentos que trouxeram o paciente ao meu consultório. Com Jason, parecia essencial não pressionar com informações demais ou pedir que ficasse vulnerável. Ele estava completamente travado. Eu precisava encontrar uma maneira de lhe oferecer a segurança de que ele precisava para arriscar-se a me mostrar o que mantinha tão fortemente guardado. Eu precisava prestar atenção ao sistema de alerta do meu corpo sem deixar meu senso de perigo encobrir a obrigação de perguntar:

– Como posso ser útil?

Ele não respondeu. Nem sequer piscou. Ele me lembrava um personagem que havia sido transformado em pedra. Que feitiço poderia libertá-lo?

– Por que agora? – perguntei.

Essa era a minha arma secreta. A pergunta que sempre faço a meus pacientes na primeira visita. Preciso saber por que eles estão motivados a mudar. Por que hoje, entre todos os dias, eles querem começar a trabalhar comigo? Por que hoje é diferente de ontem, da semana passada ou do ano passado? Por que é diferente de amanhã? Às vezes, a dor nos empurra e às vezes, a esperança nos puxa. Perguntar "Por que agora?" não é apenas fazer uma pergunta, é perguntar tudo.

Um dos olhos dele se fechou momentaneamente, mas ele não disse nada.

– Conte-me por que está aqui – tentei novamente.

Ele continuou mudo.

Senti meu corpo ficar tenso e ser tomado por uma onda de incerteza e pela consciência das tênues e decisivas encruzilhadas onde nos encontrávamos: dois seres humanos cara a cara, ambos vulneráveis, ambos correndo riscos enquanto nos esforçávamos para dar nome à angústia e descobrir sua cura. Jason não havia chegado com uma indicação oficial. Aparentemente viera ao meu consultório por conta própria. Mas eu sabia, por experiência pessoal e clínica, que mesmo quando a pessoa decide se curar, pode permanecer travada durante anos.

Considerando a gravidade dos sintomas que ele exibia, se eu não fosse capaz de fazê-lo falar, minha única alternativa seria recomendá-lo a meu colega, o psiquiatra chefe do Centro Médico do Exército William Beaumont, onde fiz meu doutorado. O Dr. Harold Kolmer diagnosticaria a catatonia de Jason, o internaria e provavelmente receitaria um medicamento antipsicótico – como o Haldol. Imaginei Jason numa camisola de hospital, os olhos ainda vidrados e o corpo, naquele momento tão tenso, retorcendo-se em convulsões devido aos espasmos musculares muitas vezes provocados pelos remédios prescritos para controlar a psicose.

Confio totalmente no conhecimento de meus colegas psiquiatras e sou grata aos medicamentos que salvam vidas, mas não gosto de pular direto para a internação se houver qualquer chance de sucesso com uma intervenção terapêutica. Eu temia que, se recomendasse internação e medicação para Jason sem primeiro explorar outras opções, ele trocaria um tipo de entorpecimento por outro. Os membros paralisados ganhariam movimentos involuntários da discinesia, uma espécie de dança descoordenada de tiques e movimentos repetitivos que acontece quando o sistema nervoso envia o sinal para o corpo se mover sem a permissão da mente. O sofrimento dele, não importava a causa, poderia ser silenciado – mas não resolvido – pelas drogas. Talvez ele viesse a se sentir melhor, ou sentir menos – o que muitas vezes confundimos com a sensação de melhorar – mas não ficaria curado.

E agora? Eu pensava enquanto os minutos se arrastavam pesados e Jason continuava sentado estático em meu sofá. Ele estava ali porque queria, mas ainda assim permanecia aprisionado. Eu tinha apenas uma hora. Uma oportunidade. Conseguiria fazê-lo se abrir? Conseguiria ajudá-lo a anular o potencial violento que eu sentia tão vividamente como o vento do ar-condicionado na minha pele? Conseguiria mostrar para ele que, quaisquer que fossem seu problema e sua dor, ele já possuía a chave para a própria liberdade? Na época, eu não tinha como saber que, se fracassasse em fazer Jason falar naquele dia, um destino bem pior do que um quarto de hospital o aguardava: uma vida em uma prisão de verdade, provavelmente no corredor da morte. Na época, eu só sabia que precisava tentar.

Enquanto analisava Jason, entendi que para alcançá-lo não poderia apelar para os sentimentos. Devia usar uma linguagem mais confortável e familiar para alguém das Forças Armadas. Eu devia dar ordens. Minha única esperança de destravá-lo era fazer com que o sangue circulasse pelo seu corpo.

– Vamos dar uma caminhada – falei.

Não perguntei. Dei a ordem.

– Capitão, vamos levar Tess ao parque. Agora.

Jason pareceu entrar em pânico por um momento. Lá estava uma mulher, uma estranha, falando com um pesado sotaque húngaro e dizendo a ele o que fazer. Vi que ele olhou ao redor, como se estivesse pensando "Como faço para sair daqui?". Mas ele era um bom soldado. Ficou de pé.

– Sim, senhora – respondeu. – Sim, senhora.

Logo eu descobriria a origem do trauma de Jason e ele descobriria que, apesar de nossas óbvias diferenças, tínhamos muita coisa em comum. Ambos conhecíamos a violência. E ambos sabíamos como era ficar paralisado. Eu também carregava uma ferida dentro de mim, uma tristeza tão profunda que por muitos anos não fora capaz de falar a respeito com ninguém.

O passado ainda me assombrava: uma sensação de atordoamento e ansiedade sempre surgia quando eu ouvia sirenes, passos pesados ou homens gritando. Isso, eu aprendera, é o trauma. A sensação quase permanente no estômago de que alguma coisa está errada – ou de que algo terrível está para acontecer – faz as respostas automáticas do medo em meu corpo me dizerem para fugir, me proteger, me esconder do perigo que está em toda parte. Meu trauma pode ainda aparecer em situações prosaicas. Uma visão súbita ou um cheiro específico têm o poder de me transportar de volta para o passado. No dia em que conheci o capitão Fuller, fazia mais de trinta anos que eu tinha sido libertada dos campos de concentração do Holocausto. Hoje, mais de setenta anos se passaram. O que aconteceu não pode ser esquecido, muito menos mudado. Porém, ao longo do tempo, aprendi que posso escolher como reagir ao passado. Posso me sentir triste ou esperançosa, posso ficar deprimida ou feliz. Sempre temos essa escolha, essa oportunidade de controle. *Estou aqui, isso é agora*, aprendi a repetir para mim mesma, sem parar, até o pânico começar a diminuir.

O senso comum diz que se uma coisa incomoda ou provoca ansiedade, você simplesmente não deve olhar para ela. Não deve encará-la. Portanto, temos o hábito de fugir dos traumas do passado, das dificuldades, dos conflitos e dos desconfortos. Durante grande parte da minha vida adulta eu achei que minha sobrevivência no presente dependia de manter afastados o passado e o sofrimento que ele provocava. Em meus primeiros anos como imigrante em Baltimore, nos Estados Unidos nos anos 1950, eu nem sequer sabia como pronunciar Auschwitz em inglês. Não que eu quisesse contar que estive lá. Eu não queria que ninguém sentisse pena de mim. Não queria que ninguém soubesse.

Eu queria falar inglês sem sotaque e me esconder do passado. Na ânsia de me integrar e com medo de ser engolida pelos meus traumas, me esforcei bastante para manter minha dor em segredo. Eu ainda não tinha percebido que meu silêncio e meu desejo de aceitação, ambos baseados no medo, eram maneiras de fugir de mim mesma. Nem que ao escolher não enfrentar diretamente a mim ou ao passado, eu ainda escolhia não ser livre, mesmo décadas depois de meu encarceramento. Eu tinha um segredo que me aprisionava.

O capitão do Exército catatônico, sentado imóvel no meu sofá, me lembrou de algo que eu descobrira com o tempo: que quando obrigamos nossas verdades e histórias a se esconderem, os segredos podem se tornar o próprio trauma, a própria prisão. Longe de diminuir a dor, o que nos recusamos a aceitar se torna tão intransponível quanto as paredes de tijolos e barras de aço. Quando não nos permitimos sofrer por nossas perdas, feridas e decepções, estamos condenados a revivê-las.

A liberdade está em aprender a aceitar o que aconteceu. Liberdade significa reunir coragem para desmantelar a prisão, tijolo por tijolo.

Coisas ruins acontecem com todo mundo. Não podemos mudar isso. Se olharmos para a nossa certidão de nascimento, por acaso lá está escrito que a vida será fácil? Não, mas muitas pessoas permanecem presas em um trauma ou dor, incapazes de viver de maneira plena. Isso, no entanto, é possível mudar.

Recentemente, no Aeroporto de Nova York, enquanto esperava meu voo de volta para casa em San Diego, fiquei sentada analisando os rostos de cada estranho que passava. O que vi me emocionou profundamente. Vi tédio, fúria, tensão, preocupação, confusão, desânimo, decepção, tristeza e, o mais preocupante, vazio. Fiquei muito triste ao notar tão pouca alegria naqueles rostos. Mesmo os momentos mais maçantes da vida são oportunidades para sentir esperança, leveza, felicidade. A rotina faz parte da vida, assim como o sofrimento e o estresse. Por que algumas vezes nos esforçamos para nos sentirmos vivos e outras nos distanciamos da sensação de viver plenamente? Por que é tão desafiador trazer vida para a vida?

Se você me perguntasse qual é o diagnóstico mais comum entre as pessoas que atendo, eu não diria depressão ou transtorno de estresse pós-traumático, embora essas doenças sejam bastante recorrentes entre aqueles que conheço, amo e oriento para a liberdade. Eu diria que é a fome. Temos fome. Fome de aprovação, de atenção, de afeição. Temos fome de liberdade para aceitar a vida e para realmente nos conhecermos e sermos nós mesmos.

Minha própria busca pela liberdade e meus anos de experiência como psicóloga clínica me ensinaram que o sofrimento é universal, mas que o complexo de vítima é opcional. Existe uma diferença entre ser vítima e assumir o papel de vítima. Somos todos suscetíveis a nos tornar vítimas de alguma maneira. Todos sofreremos algum tipo de aflição, desgraça ou abuso causado por pessoas ou circunstâncias sobre as quais não temos controle. Isso é ser vítima. É algo que vem de fora. É o valentão da escola, o chefe furioso, a esposa que agride, o amante que trai, a lei que discrimina, o acidente que o leva para o hospital.

Em contrapartida, o complexo de vítima vem de dentro. Ninguém pode fazer você se sentir inferior, a não ser você mesmo. Nós nos tornamos vítimas não pelo que acontece conosco, mas quando escolhemos nos agarrar ao sofrimento. Desenvolvemos uma forma de pensar e de agir que é rígida, culpada, pessimista, presa ao passado, rancorosa, punitiva e sem limites saudáveis. Nós nos tornamos nossos próprios carcereiros quando escolhemos ficar confinados ao papel de vítima.

Quero deixar uma coisa bem clara. Quando falo de vítimas e sobreviventes, não estou culpando as vítimas – muitas jamais tiveram chance de se defender. Nunca poderia culpar aqueles que foram enviados para as câmaras de gás, que morreram de fome ou mesmo os que correram na direção da cerca elétrica de arame farpado. Sofro por todas as pessoas que são condenadas à violência e à destruição todos os dias. E vivo para orientar os outros a se fortalecerem diante das adversidades da vida.

Também quero dizer que não existe uma hierarquia do sofrimento. Não há nada que torne a minha dor maior ou menor que a sua, nenhum gráfico no qual possamos registrar a importância relativa de uma dor sobre a outra. As pessoas me dizem "As coisas na minha vida estão muito difíceis agora, mas não tenho o direito de reclamar – não é *Auschwitz*". Esse tipo de comparação pode nos levar a minimizar ou depreciar nosso sofrimento. Ser um "sobrevivente" exige aceitação total do que aconteceu. Menosprezar sua dor ou se punir porque se sente perdido, isolado ou assustado com os desafios da vida – por mais insignificantes que esses desafios pareçam para os outros – também é escolher bancar a vítima. Ao fazer isso, não estamos vendo nossas opções. Estamos nos julgando. Não quero que você leia minha história e diga "Meu sofrimento é menos importante". Quero que você afirme "Se você pode fazer isso, eu também posso!".

Certa manhã eu atendi a duas pacientes, uma logo depois da outra. As duas eram mães na faixa dos 40 anos. A primeira tinha uma filha hemofílica que estava morrendo. Ela passou a maior parte da consulta chorando e perguntando como Deus poderia tirar a vida da sua menina. Sinto muito por aquela mulher que se dedicou totalmente a cuidar da filha e estava arrasada com a perda iminente. Ela sentia raiva, sofria e não sabia se conseguiria sobreviver àquela dor.

A paciente seguinte tinha acabado de chegar do clube, não do hospital. Ela também passou a maior parte da consulta chorando. Estava chateada porque acabara de receber seu Cadillac novo e o carro tinha vindo no tom errado de amarelo. Aparentemente, seu problema era banal, principalmente se comparado ao da outra paciente, angustiada com a filha à beira da morte. Mas eu a conhecia suficientemente bem para entender que suas lágrimas de decepção pela cor do carro eram na realidade lágrimas de decepção em relação a coisas mais importantes que não estavam acontecendo do jeito que ela esperava – a solidão no casamento, o filho que tinha sido expulso de mais uma escola, as aspirações profissionais que ela abandonara para estar mais disponível para o marido e o filho. Muitas vezes os pequenos aborrecimentos da vida simbolizam perdas maiores e as aflições aparentemente insignificantes representam sofrimentos mais intensos.

Percebi naquele dia quanto as duas pacientes, que pareciam tão diferentes, tinham em comum uma com a outra e com todas as pessoas em toda parte. As duas estavam reagindo a situações que não podiam controlar e que haviam destruído suas expectativas. Ambas lutavam e sofriam por algo que não era o que queriam ou esperavam que fosse; estavam tentando conciliar o que era com o que deveria ser. A dor de cada uma era real. Cada mulher estava presa em seu drama – que conhecemos quando nos encontramos em situações imprevistas, as quais não nos sentimos preparados para enfrentar. As duas mulheres mereciam minha compaixão. As duas tinham tudo para se curar. As duas, como todos nós, podiam escolher as atitudes e ações capazes de transformá-las de vítimas em sobreviventes mesmo que as circunstâncias que enfrentavam não mudassem. Sobreviventes não têm tempo para perguntar "Por que eu?". Para os sobreviventes, a única pergunta relevante é "E agora?".

Esteja você no início, no meio do caminho ou no outono de sua vida, quer tenha experimentado o sofrimento profundo ou esteja apenas começando a enfrentar dificuldades, esteja se apaixonando pela primeira vez ou perdendo seu parceiro de vida para a velhice, esteja se curando de uma situação transformadora ou em busca de pequenos ajustes que poderiam trazer mais alegria para sua vida, eu adoraria ajudá-lo a descobrir como escapar do campo de concentração de sua mente e a se tornar a pessoa que deveria ser. Eu adoraria ajudar você a se libertar do passado, dos fracassos e dos medos, da raiva e dos erros, do arrependimento e do sofrimento sem solução – e ter a liberdade de aproveitar a festa da vida em sua plenitude. Não há como escolher viver livre de dor, mas podemos escolher ser livres, nos libertar do passado e aceitar o possível. Convido você a escolher ser livre.

Como a chalá, um pão típico judaico que minha mãe costumava fazer para nossa refeição de sexta-feira à noite, este livro é uma trança formada pela minha história de sobrevivência, pela minha trajetória de cura e pelos casos de pessoas queridas que tive o privilégio de orientar. Transmiti minha experiência da melhor forma que consegui lembrar. As histórias dos pacientes refletem com precisão a essência das experiências deles, embora eu tenha mudado os nomes e os detalhes que pudessem identificá-los. Em algumas situações, criei composições a partir de pacientes que passavam por desafios semelhantes. O que se segue é a história das escolhas, grandes e pequenas, que podem nos levar do trauma ao triunfo, da escuridão à luz, da prisão à liberdade.

CAPÍTULO 1

As quatro perguntas

Se eu pudesse resumir toda a minha vida em um momento, em uma imagem estática, seria o seguinte: três mulheres vestindo casacos de lã escura esperam, de braços dados, em um pátio árido. Estão exaustas. Os sapatos estão sujos. Elas esperam numa fila longa.

As três mulheres são minha mãe, minha irmã Magda e eu. Este é nosso último momento juntas. Não sabemos disso. Nós nos recusamos a pensar nisso. Ou estamos cansadas demais para especular sobre o que nos espera. É um momento de ruptura – da mãe com as filhas e da vida como era antes com aquela que virá depois. No entanto, só em retrospecto podemos entender tudo isso.

Vejo nós três por trás, como se eu fosse a próxima da fila. Por que a memória me mostra a parte de trás da cabeça da minha mãe, mas não o rosto dela? Seu cabelo longo está trançado e preso no alto da cabeça. Os cachos castanho-claros de Magda tocam seu ombro. Meu cabelo escuro está sob um lenço. Minha mãe está no meio e Magda e eu nos inclinamos em sua direção. É impossível saber se nós é que mantemos nossa mãe de pé ou se é o contrário, se a força da nossa mãe é o pilar que sustenta Magda e eu.

Este momento é o limiar da maior perda da minha vida. Depois de sete décadas, eu ainda volto a essa imagem de nós três. Eu a analiso como se o exame minucioso pudesse recuperar algo precioso. Como se eu pudesse reconquistar a vida que antecede esse momento, a vida que antecede a perda. Como se isso fosse possível.

Eu voltei para poder ficar mais um pouquinho nesse momento em que estamos de braços dados e pertencemos umas às outras. Olho para nossos ombros inclinados, para a poeira na barra de nossos casacos. Minha mãe. Minha irmã. Eu.

Nossas memórias da infância são muitas vezes fragmentos, momentos rápidos ou flashes, que juntos formam um álbum de recortes de nossa vida. Esses fragmentos são tudo o que nos resta para entender a história que passamos a contar para nós mesmos sobre quem somos.

Mesmo antes do momento da nossa separação, a lembrança que tenho de minha mãe é cheia de tristeza e perda. Ainda assim, eu a preservo. Estamos sozinhas na cozinha, onde ela embrulha o resto do *strudel* que fez com a massa que eu a vi cortar e dobrar como uma toalha pesada sobre a mesa da sala de jantar. "Leia para mim", diz ela, e eu pego a cópia desgastada de *E o vento levou* na mesa de cabeceira dela. Já lemos esse livro todo uma vez antes. Recomeçamos a leitura. Faço uma pausa na misteriosa dedicatória escrita em inglês na página de rosto do volume traduzido. A letra é de um homem, mas não do meu pai. Tudo o que minha mãe diz é que o livro foi um presente de um homem que ela conheceu quando trabalhou no Ministério das Relações Exteriores antes de conhecer meu pai.

Estamos sentadas em cadeiras de espaldar reto, perto do fogão a lenha. Leio o romance adulto fluentemente, apesar de ter apenas 9 anos. "Estou feliz por você ser inteligente porque você não é bonita", ela me disse mais de uma vez, misturando elogio e crítica. Ela pode ser dura comigo, mas saboreio o momento. Quando lemos juntas, não preciso dividi-la com mais ninguém. Mergulho nas palavras, na história e na sensação de estar sozinha em um mundo com ela. Scarlett volta para Tara no fim da guerra para encontrar a mãe morta e o pai em luto profundo. "Com Deus por testemunha", diz Scarlett, "jamais sentirei fome novamente." Minha mãe fecha os olhos e inclina a cabeça contra o encosto da cadeira. Quero subir no colo dela. Descansar minha cabeça em seu peito. Quero que ela encoste seus lábios no meu cabelo.

– Tara... – diz ela. – A América agora seria um lugar para se conhecer.

Adoraria que ela dissesse o meu nome com a mesma suavidade que reserva para um país onde nunca esteve. Para mim, todos os aromas da cozinha da minha mãe se misturam com o drama da abundância e da fome. Tenho sempre essa lembrança, mesmo na fartura. Não sei se sinto saudade de minha mãe, se é de mim ou de algo que partilhamos.

Sentamos com o fogão entre nós.

– Quando eu tinha sua idade... – começa ela.

Agora que ela está falando, tenho medo de me mexer e ela parar.

– Quando tinha a sua idade, os bebês dormiam juntos e minha mãe e eu dividíamos uma cama. Numa manhã, acordei com meu pai me chamando: "Ilonka, acorde sua mãe, ela ainda não fez o café da manhã nem separou as minhas roupas." Virei para minha mãe, que estava ao meu lado sob as cobertas, mas ela não se mexeu. Estava morta.

Ela nunca tinha me contado isso. Quero saber cada detalhe sobre aquele momento em que a filha acordou ao lado da mãe que já tinha perdido. Também quero desviar o olhar. É assustador demais pensar nisso.

– Quando ela foi sepultada à tarde, achei que tinha sido enterrada viva. Naquela noite, papai disse para eu preparar a ceia da família. Então fui lá e fiz.

Aguardo o resto da história. Aguardo a lição no fim. Ou algum consolo.

– Hora de dormir. – É tudo o que minha mãe diz antes de se curvar para varrer as cinzas debaixo do fogão.

Passos avançam pelo corredor. Posso sentir o cheiro de tabaco de meu pai antes mesmo do barulho metálico de suas chaves.

– Senhoras – chama ele. – Ainda estão acordadas?

Ele entra na cozinha com seus sapatos lustrados e o terno elegante, um sorriso enorme estampado no rosto e um pequeno saco na mão que ele me entrega com um beijo estalado na testa.

– Ganhei de novo – gaba-se ele.

Sempre que meu pai joga cartas ou bilhar com os amigos, divide o que ganha comigo. Hoje, trouxe um biscoito coberto com uma camada de açúcar rosa. Se eu fosse Magda, minha mãe, sempre preocupada com o peso de minha irmã, teria pegado o doce de minhas mãos. Mas ela acenou com a cabeça e me deu permissão para comê-lo.

Ela está em pé agora no meio do caminho, entre o fogão e a pia. Meu pai a intercepta e levanta a mão e a faz dar um giro pela cozinha, o que ela faz rigidamente, sem sorrir. Ele a puxa para um abraço, deixa uma das mãos nas costas dela e com a outra ele toca de leve em seu peito. Minha mãe encolhe os ombros e o afasta.

– Sou uma decepção para sua mãe – meu pai meio que sussurra para mim quando saímos da cozinha.

Será que ele quer que ela ouça ou é um segredo só entre nós? De qualquer forma, é algo que eu guardo para refletir depois. No entanto, a amargura na voz dele me assusta.

– Ela quer ir à ópera toda noite e ter uma vida cosmopolita extravagante. Sou apenas um alfaiate. Um alfaiate jogador de sinuca.

O tom de derrota na voz de meu pai me confunde. Ele é conhecido e muito querido em nossa cidade. Brincalhão, parece estar sempre à vontade e animado. É divertido conviver com ele. Tem muitos amigos. Ele adora comer (principalmente o presunto que às vezes traz escondido para nossa casa *kosher* e que devora sobre o jornal no qual foi embrulhado, empurrando pedaços do porco proibido na minha boca, aguentando as acusações de mamãe de que é uma figura paterna fraca). Sua alfaiataria lhe rendeu duas medalhas de ouro. Ele não é bom apenas em fazer costuras alinhadas e bainhas retas. Ele é um mestre da alta-costura. Foi assim que ele conheceu mamãe. Ela procurou a alfaiataria porque precisava de um vestido e o trabalho dele tinha sido bem recomendado. Mas ele queria ser médico, não um alfaiate, um sonho que o pai desestimulou e que de vez em quando ressurgia em demonstrações de decepção consigo mesmo.

– Você não é só um alfaiate, Papa – garantia eu. – Você é o melhor alfaiate!

– E você será a senhorita mais bem-vestida de Košice – respondia ele, me afagando a cabeça. – Você tem o corpo perfeito para a alta-costura.

Ele parece se recuperar e manda o desânimo de volta para as sombras. Chegamos na porta do quarto que divido com Magda e com nossa irmã do meio, Klara. Já imagino Magda fingindo fazer o dever de casa e Klara tirando poeira de seu violino. Papai e eu ficamos na porta um pouco mais, nenhum dos dois pronto para se separar.

– Queria que você fosse um menino, sabia? – confidencia meu pai. – Dei um murro na porta quando você nasceu de tão zangado que fiquei ao ter outra menina, mas agora você é a única com quem posso conversar – completa.

Ele me dá um beijo na testa.

Amo receber tanta atenção de meu pai. Como a atenção de mamãe, ela é preciosa... e instável. Como se merecer o amor deles tivesse menos a ver comigo e mais com a solidão deles. Como se minha identidade não tivesse nada a ver com o que sou e fosse apenas uma medida do que está faltando nos meus pais.

– Boa noite, Dicuka – fala meu pai por fim. Ele usa o apelido que minha mãe inventou para mim.

Ditzu-ka. Essas sílabas sem sentido são carinhos para mim.

– Diga a suas irmãs que está na hora de apagar as luzes.

Ao entrar no quarto, Magda e Klara me recebem com a canção que inventaram para mim. Elas a inventaram quando eu tinha 3 anos e um dos meus olhos ficou vesgo por causa de um procedimento médico malfeito. "Você é tão feia, você é tão pequena", elas cantam. "Você nunca vai arranjar um marido." Desde o acidente eu abaixo a cabeça ao caminhar para não ter que ver as pessoas olhando para meu rosto torto. Ainda não aprendi que o problema não é minhas irmãs me provocarem com uma canção maldosa; o problema é eu acreditar nelas. Estou tão convencida de minha inferioridade que nunca me apresento pelo nome. Nunca digo às pessoas "Eu sou Edie". Klara é uma violinista prodigiosa. Ela aprendeu o concerto para violino de Mendelssohn quando tinha 5 anos. Digo: "Sou irmã da Klara."

Mas esta noite tenho algo especial.

– A mãe da mamãe morreu quando ela tinha exatamente a minha idade – conto a elas.

Estou tão segura da natureza privilegiada dessa informação que não me ocorreu que para minhas irmãs ela fosse notícia antiga, que eu era a última e não a primeira a saber.

– Você está brincando – diz Magda com a voz cheia de sarcasmo tão óbvio que nem eu consigo reconhecer.

Ela tem 15 anos, já tem seios, lábios sensuais e cabelos ondulados. Ela é a piadista da família. Quando éramos mais jovens, Magda me ensinou a jogar uvas da janela do nosso quarto nas xícaras de café dos fregueses sentados no pátio embaixo. Inspirada nela, logo inventarei minhas próprias brincadeiras, mas até lá as apostas serão outras. Minha amiga e eu vamos nos exibir para os garotos na escola ou nas ruas. "Me encontre às quatro no relógio da praça", vamos falar cantarolando e dando uma piscadela.

Eles virão, eles sempre vão, às vezes eufóricos, às vezes tímidos, às vezes se vangloriando antecipadamente. Da segurança de meu quarto, minha amiga e eu vamos ficar na janela e assistir aos garotos chegando.

– Não provoque demais. – reclama agora Klara com Magda.

Klara é mais jovem que Magda, mas sai em minha defesa.

– Sabe aquela fotografia em cima do piano? – pergunta ela. – Aquela de que Mama sempre comenta? Aquela é a mãe dela.

Sei qual é a imagem a que ela se refere. Olho para ela todos os dias da minha vida. "Ajude-me. Ajude-me", nossa mãe geme para o retrato enquanto tira o pó do piano e varre o chão. Fico constrangida por nunca ter perguntado à nossa mãe, ou a alguém, quem era a pessoa da fotografia. Além disso, estou decepcionada que minha informação não tenha me proporcionado nenhum status especial com minhas irmãs.

Estou acostumada a ser a irmã calada, a invisível. Não me ocorreu que Magda estivesse cansada de ser a palhaça e Klara ressentida de ser a menina-prodígio. Ela não pode nem por um segundo deixar de ser extraordinária, sob pena de perder tudo – a adoração a que está acostumada e seu próprio senso de identidade. Magda e eu precisamos nos esforçar para conseguir algo que temos certeza que nunca será suficiente. Klara sabe que a qualquer momento pode cometer um erro fatal e perder tudo. Klara toca violino desde que eu tinha 3 anos. Não demorou muito para eu perceber o preço de seu incrível talento: ela abriu mão de ser criança. Nunca a vi brincar com bonecas. Em vez disso, ela ficava praticando violino em frente a uma janela aberta, incapaz de desfrutar de seu gênio criativo a não ser que pudesse convidar a plateia de passantes para assisti-lhe.

– Mama ama Papa? – perguntei às minhas irmãs.

A distância entre nossos pais, as coisas tristes que eles confessaram para mim me fizeram lembrar que eu nunca os vi arrumados e prontos para sair juntos.

– Que pergunta – comenta Klara.

Embora negue minha preocupação, acho que vi um reconhecimento nos olhos dela. Nunca voltamos a discutir isso, embora eu tenha tentado. Demorei anos para saber o que minhas irmãs já sabiam, que o que chamamos de amor é muitas vezes algo mais condicional – a recompensa para um desempenho, com que você tem que se contentar.

Quando vestimos nossas camisolas e nos deitamos, esqueço a preocupação com meus pais e penso, em vez disso, no meu professor de balé e em sua esposa, da sensação que tenho ao subir as escadas para o estúdio, pulando dois ou três degraus por vez, e arrancar o uniforme da escola e colocar a malha e a meia. Estudo balé desde os 5 anos, quando minha mãe percebeu que eu não era o tipo musical, mas que tinha outros talentos. Hoje treinamos o espacate. O professor de balé nos lembrou que força e flexibilidade são inseparáveis. Para um músculo se flexionar, outro deve se estender. Para obter amplitude e flexibilidade, é preciso manter o núcleo forte.

Guardo as instruções dele na cabeça como uma oração. Lá vou eu, com a coluna reta, os músculos abdominais firmes, as pernas totalmente estendidas. Sei como respirar, sobretudo quando me sinto presa. Vejo meu corpo se estendendo como as cordas do violino de minha irmã, encontrando o ponto exato de tensão que faz o instrumento todo vibrar. Estou no chão. Estou aqui. Fazendo espacates completos. "Bravo", meu professor de balé aplaude. "Fique exatamente como está." Ele me levanta do chão acima de sua cabeça. É difícil manter as pernas estendidas sem ter o chão como apoio, mas por um momento eu me sinto como uma oferenda, como pura luz. "Editke", meu professor diz, "todo o seu êxtase na vida virá de dentro de você." Precisei de anos para entender realmente o que ele quis dizer. Por enquanto, tudo o que sei é que posso respirar e girar e chutar e me curvar. À medida que meus músculos se alongam e se fortalecem, cada movimento, cada pose parece gritar: *Eu sou, eu sou, eu sou. Eu sou eu. Sou alguém.*

A memória é um solo sagrado. Porém, ela é também mal-assombrada. É o lugar onde a raiva, a culpa e o sofrimento circulam como pássaros famintos revirando os mesmos ossos velhos. É o lugar onde busco a resposta para uma pergunta irrespondível: *Por que eu sobrevivi?*

Tenho 7 anos e meus pais estão recebendo convidados para jantar. Eles pedem que eu vá encher a jarra de água. Da cozinha, os ouço comentar em tom de brincadeira: "Podíamos ter evitado essa." Acho que eles querem dizer que já eram uma família completa antes de meu nascimento. Eles tinham uma filha que tocava piano e outra que tocava violino. Eu sou desnecessária, não sou suficientemente boa, não há espaço para mim, eu penso. Essa é a maneira como interpretamos mal os fatos da nossa vida, como temos certezas sem verificar nada, como inventamos uma história para nós mesmos, reforçando aquilo que está em nós e em que já acreditamos.

Aos 8 anos, decido fugir de casa. Quero testar a teoria de que sou dispensável, invisível. Vou ver se meus pais notam que desapareci. Em vez de ir à escola, pego o bonde para a casa de meus avós. Confio que meus avós – o pai de minha mãe e a madrasta dela – vão me dar cobertura. Eles estão envolvidos em uma guerra permanente com minha mãe por causa de Magda: escondem biscoitos na gaveta da cômoda de minha irmã. Eles me dão segurança, embora concordem com as proibições. Meus avós costumam ficar de mãos dadas, algo que meus pais nunca fazem. Seu amor não é forçado, não há fingimento para sua aprovação. Eles significam conforto – o cheiro de carne e feijão cozido, de pão doce, de *cholent*, um guisado delicioso que minha avó leva para a padaria cozinhar no *Shabat*, quando a prática ortodoxa não permite que ela use o próprio forno.

Meus avós ficam felizes em me ver. Está uma manhã maravilhosa. Eu me sento na cozinha para comer rocambole de amêndoa, mas a campainha toca e meu avô vai atender. Um segundo depois, ele volta correndo para a cozinha e, como tem dificuldade para escutar, dá seu aviso bem alto: "Se esconde, Dicuka!", grita ele. "Sua mãe está aqui!" Ao tentar me proteger, ele me revela.

O que me incomoda mais é o olhar no rosto da minha mãe quando ela me vê na cozinha dos meus avós. Ela não está apenas surpresa ao me encontrar aqui, é como se o simples fato de eu existir a surpreendesse. Como se eu não fosse quem ela quer ou espera que eu seja.

Nunca serei bonita, isso minha mãe deixou claro, mas ela garantiu que quando eu completar 10 anos não terei mais que esconder o rosto. Dr. Klein, de Budapeste, vai consertar meu estrabismo. No trem para Budapeste, eu como chocolate e desfruto da atenção exclusiva da minha mãe. Dr. Klein é uma celebridade, explica minha mãe, o primeiro a realizar cirurgias oftalmológicas sem anestesia. Estou muito absorvida pela aventura da viagem e pelo privilégio de ter a minha mãe só para mim para entender que ela está me alertando. Nunca me passou pela cabeça que a cirurgia doeria. Não até a dor me consumir. Minha mãe e os parentes dela que indicaram o famoso Dr. Klein seguram meu corpo agitado contra a maca. Pior do que a dor, que é imensa e infindável, é a sensação das pessoas que me amam me imobilizando para que eu não me mexa. Somente mais tarde, bem depois que a cirurgia se provou bem-sucedida, consigo ver a cena do ponto de vista de minha mãe, e entender como ela deve ter sofrido com o meu sofrimento.

Sinto-me muito mais feliz quando estou sozinha e posso me recolher em meu mundo interior. Certa manhã, quando estou com 13 anos e caminho para a escola, ensaio os passos da coreografia do "Danúbio azul" que minha turma de balé vai apresentar em um festival à beira do rio. A criatividade me domina e eu me deixo levar em uma nova dança de minha própria autoria. Uma dança em que imagino meus pais se encontrando. Interpreto os dois papéis. Meu pai faz uma batida de perna dupla quando vê minha mãe entrar na sala. Minha mãe faz um giro rápido e salta bem alto. Meu corpo inteiro se arqueia numa gargalhada gostosa. Nunca vi minha mãe se divertir, nunca ouvi uma gargalhada sua, daquela que faz balançar a barriga, mas sinto em meu corpo a inexplorada fonte de sua felicidade.

Quando chego à escola, o dinheiro que meu pai me deu para pagar o trimestre inteiro sumiu. No alvoroço da dança, perdi o dinheiro. Verifico cada bolso e dobra de minha roupa, mas não há nada. Passo o dia inteiro com o medo de contar ao meu pai queimando as minhas entranhas. Em casa, ele não consegue me olhar quando levanta os punhos. É a primeira vez que ele bate em mim; na verdade, em qualquer uma de nós. Ele não diz uma palavra para mim quando acaba. Na cama, naquela noite, quero morrer para que meu pai sofra pelo que fez comigo. E então quero que meu pai morra.

Essas lembranças dão uma noção de minha força? Ou da minha mágoa? Talvez cada infância seja o terreno em que tentamos identificar nossa importância, um mapa onde estudamos as dimensões e as fronteiras do nosso valor.

Talvez cada vida seja um estudo sobre as coisas que não temos, mas que gostaríamos de ter, e das coisas que temos, mas que gostaríamos de não ter.

Levei muitas décadas para descobrir que eu podia me fazer uma pergunta diferente. Não: *Por que eu vivo?* Mas: *O que eu posso fazer com a vida que recebi?*

Os dramas humanos comuns de minha família ficavam piores por causa de fronteiras e guerras. Antes da Primeira Guerra Mundial, a região da Eslováquia onde nasci e fui criada era parte do Império Austro-Húngaro, mas, em 1918, uma década antes do meu nascimento, o Tratado de Versalhes redesenhou o mapa da Europa e criou um novo Estado. A Tchecoslováquia foi formada pela junção da Eslováquia agrária, a região da minha família, que tinha origem húngara e eslovaca, com as áreas mais industriais da Morávia e da Boêmia, que eram originalmente tchecas, e com a Rutênia subcarpática, que atualmente faz parte da Ucrânia. Com a criação da Tchecoslováquia, Kassa, a cidade onde nasci, na Hungria, virou Košice, na Tchecoslováquia. E minha família virou minoria duplamente. Nossa origem era húngara, mas vivíamos em um país majoritariamente tcheco e éramos judeus.

Embora existissem judeus na Eslováquia desde o século XI, só em 1840 eles foram autorizados a se instalar em Kassa. Mesmo assim, funcionários municipais apoiados por guildas comerciais cristãs dificultavam a vida das famílias judias que queriam morar lá. Na virada do século, Kassa havia se tornado uma das maiores comunidades judaicas da Europa. Ao contrário do que aconteceu em outros países do Leste Europeu, como a Polônia, os judeus húngaros não se instalaram em guetos (razão pela qual minha família falava húngaro, não ídiche). Não éramos segregados e desfrutávamos de muitas oportunidades educacionais, profissionais e culturais. Ainda assim, enfrentávamos preconceito. O antissemitismo não foi uma invenção nazista. À medida que crescia, internalizei uma sensação de inferioridade e a crença de que era mais seguro não revelar que era judia para me integrar, me misturar, nunca me destacar. Era difícil encontrar um sentido de identidade e pertencimento. Então, em novembro de 1938, a Hungria anexou Košice novamente e voltamos a nos sentir em casa.

Mamãe está em nossa varanda no antigo Palácio Andrássy, que foi transformado em edifício com diversos apartamentos. Ela pendurou um tapete oriental na nossa grade. Não está limpando o tapete, mas comemorando. Sua Alteza Sereníssima, o Almirante Miklós Horthy, regente do Reino da Hungria, chega hoje para acolher formalmente nossa cidade na Hungria. Entendo a empolgação e o orgulho de meus pais. Nós pertencemos! Hoje eu também vou dançar para dar as boas-vindas a Horthy. Uso uma roupa típica húngara: saia e colete de lã brilhante com bordados florais, blusa branca de mangas bufantes, laços, rendas e botas vermelhas. Quando dou o chute bem alto na beira do rio, Horthy aplaude, abraça os dançarinos, me abraça.

– Dicuka, eu queria que fôssemos louras como Klara – sussurrou Magda na hora de dormir.

Ainda estamos a anos de distância do toque de recolher e das leis discriminatórias, mas o desfile de Horthy é o ponto de partida de tudo o que virá. A cidadania húngara por um lado trouxe pertencimento, mas exclusão por outro. Estamos tão felizes de falar nossa língua nativa, de sermos aceitos como húngaros, mas essa aceitação depende de nossa assimilação. Os vizinhos argumentam que apenas húngaros *não judeus* deviam ser autorizados a usar as vestes tradicionais.

– Melhor não revelar que você é judia – avisa minha irmã Magda. – Isso só vai fazer com que as outras pessoas queiram pegar as coisas bonitas que você tem.

Magda é a primogênita, ela descreve o mundo para mim. Ela apresenta os detalhes, quase sempre de coisas complicadas, para analisarmos e ponderarmos. Em 1939, o ano em que a Alemanha nazista invadiu a Polônia, os nazistas húngaros, os *nyilas*, ocupam o apartamento embaixo do nosso no Palácio Andrássy. Eles cospem em Magda. Eles nos expulsam. Acabamos nos mudando para outro apartamento, no Kossuth Lajos Utca, número 6, numa rua secundária, em vez de na rua principal, o que é menos conveniente para o negócio do meu pai. O apartamento ficou disponível porque os antigos ocupantes, outra família judia, partiu para a América do Sul. Conhecemos algumas famílias judias que estão deixando a Hungria. A irmã de meu pai, Matilda, já partiu há anos. Ela mora em Nova York, num lugar chamado Bronx, numa área de imigrantes judeus. A vida dela nos Estados Unidos parece mais difícil do que a nossa. Não falamos sobre ir embora.

Mesmo em 1940, quando estou com 13 anos e os *nyilas* começam a prender os judeus de Kassa e mandá-los para um campo de trabalhos forçados, a guerra parece distante de nós. Meu pai não é levado. Não no começo.

Usamos a negação como proteção. Se não prestarmos atenção, então podemos continuar vivendo sem ser notados. Podemos criar um mundo seguro em nossas mentes. Podemos nos tornar invisíveis às ofensas.

Porém, um dia, em junho de 1941, Magda está na rua de bicicleta quando as sirenes soam. Ela corre três quarteirões em busca de segurança na casa de nossos avós, e encontra quase tudo destruído. Eles sobreviveram, graças a Deus. Mas a senhoria deles não. Foi um ataque único, um só bairro arrasado por um bombardeio. Disseram que os russos eram responsáveis pelos escombros e pelas mortes. Ninguém acredita, embora não seja possível refutar. Temos sorte e somos, ao mesmo tempo, vulneráveis. A única verdade sólida é a pilha de tijolos esmagados no lugar onde era a casa. Destruição e ausência, esses são os fatos. A Hungria se alia à Alemanha na Operação Barbarossa. Invadimos a Rússia.

Nessa época, somos obrigados a usar a estrela amarela. O truque é escondê-la sob o casaco. Porém, mesmo com a estrela escondida, eu sinto como se tivesse feito algo ruim, algo passível de punição. Que pecado imperdoável cometi? Minha mãe está sempre perto do rádio. Quando fazemos piquenique na beira do rio, meu pai conta histórias sobre como era ser prisioneiro na Rússia durante a Primeira Guerra Mundial. Sei que a experiência dele como prisioneiro de guerra, seu trauma – embora eu ainda não saiba que esse é o nome que se dá a isso – tem algo a ver com comer porco e com seu distanciamento da religião. Sei que a guerra está na origem de sua angústia. Mas a guerra, essa guerra, ainda é em algum outro lugar. Posso ignorá-la, e ignoro.

Depois da escola, passo cinco horas no estúdio de balé e começo também a fazer ginástica olímpica. Embora no início encare como um exercício complementar ao balé, a ginástica logo vira uma paixão, uma arte, com a mesma intensidade. Entro no clube do livro formado por um grupo de meninas de meu colégio e por meninos de uma escola particular próxima. Lemos *Maria Antonieta: retrato de uma mulher comum*, de Stefan Zweig. Conversamos sobre a maneira de Zweig escrever como se estivesse dentro da mente de uma pessoa. No clube do livro, há um garoto chamado Eric que um dia repara em mim. Sinto o olhar atento dele cada vez que falo. Ele é alto, tem sardas e é ruivo. Imagino Versalhes. Imagino o quarto de Maria Antonieta. Imagino encontrar Eric lá. Não sei nada sobre sexo, mas sou romântica. Vejo que ele presta atenção em mim e imagino: *Como seriam nossos filhos? Eles também teriam sardas?* Eric se aproxima de mim depois da discussão. Ele cheira bem, como ar fresco ou como a grama na beira do rio Hornád, onde em breve iremos passear.

Nossa relação tem peso e substância desde o início. Conversamos sobre literatura e sobre a Palestina (ele é um sionista dedicado). Não são tempos para namoros despreocupados, nossa ligação não é uma paixonite, um namorico de criança. Trata-se de um amor em tempo de guerra. O toque de recolher foi imposto aos judeus, mas nós nos esgueiramos certa noite sem usar nossas estrelas amarelas. Ficamos na fila do cinema. Encontramos nossos lugares no escuro. É um filme americano, estrelado por Bette Davis. *Estranha passageira*, aprendi mais tarde, é seu título americano, mas em húngaro se chama *Utazás a múltból (Jornada para o passado)*. Bette Davis interpreta uma filha solteira tiranizada pela mãe controladora. Ela tenta encontrar a si mesma e se libertar, mas é constantemente arrasada pelas críticas da mãe. Eric vê o filme como uma metáfora política sobre autodeterminação e autoestima. Eu vejo sinais de minha mãe e de Magda. De minha mãe que adora Eric, mas repreende Magda por seu namoro descompromissado, que me pede para comer mais, mas se recusa a encher o prato de Magda, que está sempre silenciosa e introspectiva, mas briga com Magda, e cuja raiva nunca é direcionada a mim, mas que me aterroriza da mesma forma.

As brigas em minha família, a frente de batalha com a Rússia se aproximando... nunca sabemos o que virá a seguir. Na escuridão e no caos da incerteza, Eric e eu criamos nossa própria luz. Todo dia, à medida que a liberdade e as escolhas se tornam cada vez mais restritas, nós planejamos o futuro. Nosso relacionamento é como uma ponte que nos permite sair das preocupações atuais e alcançar as alegrias futuras. Planos, paixão, promessas. Talvez a turbulência que nos rodeia dê a oportunidade para mais compromisso, menos questionamento. Ninguém sabe o que vai acontecer, mas nós sabemos. Temos um ao outro e o futuro, uma vida a dois que podemos ver tão claramente quanto vemos nossas mãos quando as juntamos. Vamos até a beira do rio em um dia de agosto de 1943. Eric traz uma câmera e me fotografa de maiô fazendo espacates na grama. Imagino mostrar essa foto para nossos filhos um dia. E contar a eles como mantivemos nosso amor e nosso compromisso.

Quando chego em casa naquele dia, meu pai tinha sido levado para um campo de trabalhos forçados. Ele é um alfaiate apolítico. Como pode ser uma ameaça para alguém? Por que foi escolhido? Ele tem algum inimigo? Existem muitas coisas que minha mãe não vai me dizer. Será que ela não sabe? Ou está me protegendo? Ou se protegendo? Ela não fala abertamente sobre os problemas, mas, nos longos meses em que meu pai fica longe, posso sentir o quanto está triste e assustada. Vejo que ela tenta preparar várias refeições com uma única galinha. Ela tem enxaquecas. Aceitamos um pensionista para compensar a perda de renda. Ele é dono de uma loja do outro lado da rua. Eu fico sentada na loja dele por longas horas só para estar perto de sua presença reconfortante.

Magda, que é basicamente adulta agora e já saiu da escola, descobre onde está nosso pai e o visita. Ela o vê cambaleando sob o peso de uma mesa que ele tem que carregar de um lugar para outro. Este é o único detalhe que ela me conta da visita. Não sei o que significa esta imagem. Não sei que tipo de trabalho meu pai é forçado a fazer em seu cativeiro, nem quanto tempo ficará preso. Tenho duas imagens de meu pai: a que conheci a vida toda, com o cigarro na boca, a fita métrica em volta do pescoço, o giz na mão para riscar o molde no tecido caro, os olhos brilhando, pronto para começar a cantar ou contar uma piada. E esta nova imagem, levantando uma mesa muito pesada em um lugar sem nome, em uma terra de ninguém.

No meu aniversário de 16 anos fico em casa por causa de um resfriado, e Eric vai lá me entregar 16 rosas e um primeiro beijo apaixonado. Estou feliz, mas também estou triste. A que posso me agarrar? O que dura? Dou a foto que Eric tirou de mim na beira do rio a uma amiga. Não me lembro a razão. Por segurança? Não tive nenhuma premonição de que logo iria embora, bem antes do meu próximo aniversário. De alguma forma eu devia saber que precisaria de alguém para preservar evidências da minha vida, que precisaria plantar ao meu redor provas de minha existência como se espalhasse sementes.

Em algum momento, no início da primavera, depois de sete ou oito meses no campo de trabalhos forçados, meu pai retorna. É uma bênção, ele foi liberado a tempo para o *Pessach*, que será em uma ou duas semanas. Isso é o que pensávamos. Ele retoma sua fita métrica e o giz. Não fala sobre onde esteve.

Sento no piso azul na academia de ginástica certo dia, algumas semanas depois do retorno dele, para fazer o aquecimento com uma rotina de solo: estico as pontas dos pés, flexiono os pés, alongo as pernas, os braços, o pescoço e a coluna. Eu me sinto novamente como eu mesma. Não sou mais a baixinha vesga com medo de falar o próprio nome. Não sou mais a filha com medo por sua família. Sou uma artista e uma atleta com um corpo forte e flexível. Não tenho a aparência de Magda ou a fama de Klara, mas tenho um corpo ágil e expressivo, cujo desenvolvimento é a única coisa verdadeira de que preciso. Meu treinamento, minha habilidade, minha vida transbordam de possibilidades. Os melhores de minha turma de ginástica formaram uma equipe de treinamento olímpico. A Olimpíada de 1944 foi cancelada por causa da guerra, mas isso só nos dá mais tempo de preparação para a competição.

Fecho os olhos e estendo os braços e o tronco para a frente, entre as pernas. Minha amiga me cutuca com o dedão, eu levanto a cabeça e vejo nossa técnica vindo na minha direção. Estamos meio apaixonadas por ela. Não é uma paixão sexual. É a adoração da heroína. Às vezes voltamos para casa pelo caminho mais longo a fim de passar pela casa dela, e andamos o mais lentamente possível na esperança de vê-la de relance pela janela. Temos ciúmes do que não sabemos da vida dela. Com a promessa das Olimpíadas quando finalmente a guerra terminar, grande parte do meu propósito se baseia no apoio e na fé que minha treinadora tem em mim. Se eu conseguir absorver tudo o que ela tem a ensinar, e se conseguir retribuir sua confiança, então grandes coisas me aguardam.

– Editke – chama ela ao se aproximar, usando o diminutivo de meu nome, Edith. – Uma palavra, por favor.

Seus dedos deslizam pelas minhas costas enquanto ela me leva até o corredor. Apreensiva, olho para ela. Talvez ela tenha percebido o quanto melhorei no salto. Talvez queira que eu lidere a equipe em mais exercícios de alongamento no fim do treino de hoje. Talvez queira me convidar para jantar. Estou pronta para dizer sim antes de ela sequer perguntar.

– Não sei como lhe dizer isso – começa ela, então observa o meu rosto e olha na direção da janela, iluminada pelo pôr do sol.

– É a minha irmã? – pergunto antes mesmo de perceber a terrível cena se formando na minha cabeça.

Klara agora estuda no Conservatório de Budapeste. Nossa mãe foi a Budapeste assistir ao concerto de Klara e buscá-la para passar o *Pessach* em casa. Como minha técnica se apoia desajeitadamente ao meu lado no corredor, incapaz de me encarar, imagino que o trem tenha descarrilado. Ainda é cedo demais para elas estarem viajando de volta para casa, mas essa é a única tragédia em que consigo pensar. Mesmo em tempo de guerra, o primeiro desastre que passa pela minha cabeça é mecânico, uma tragédia do erro humano, não de criação humana, embora eu saiba que alguns professores de Klara, incluindo não judeus, já fugiram da Europa por temerem o que está por vir.

– Sua família está bem.

O tom dela não me convence.

– Edith. A decisão não foi minha, mas sou eu que devo lhe dizer que sua vaga na equipe de treinamento olímpico vai para outra pessoa.

Acho que vou vomitar. Sinto-me estrangeira em minha própria pele.

– O que eu fiz?

Repasso os meses de treinamentos rigorosos em busca do que fiz de errado.

– Não entendi.

– Meu bem – diz ela, e agora olha direto para mim, o que é pior porque posso ver que está chorando, e, naquele momento em que meus sonhos estão sendo destruídos, não quero sentir pena dela. – A verdade simples é que por causa de sua origem você não está mais qualificada.

Penso nas crianças que cuspiram em mim e me chamaram de judia suja, dos amigos judeus que pararam de ir à escola para evitar aborrecimentos e agora acompanham as lições pelo rádio. "Se alguém cospe em você, cuspa de volta", meu pai me instruiu. "É isso que você deve fazer." Considero cuspir na minha técnica. Mas revidar seria aceitar a notícia devastadora. E eu não a aceito.

– Não sou judia – digo.

– Lamento, Editke. Lamento muito. Ainda quero você no estúdio. Gostaria de pedir que treine a garota que a substituirá na equipe.

Mais uma vez, os dedos dela tocam minhas costas. Daqui a um ano minha coluna estará fraturada exatamente no ponto que ela agora acaricia. Dentro de semanas, minha própria vida estará em risco. Mas aqui, no corredor de minha adorada academia, a sensação é de que minha vida já acabou.

Nos dias seguintes à minha expulsão da equipe de treinamento olímpico, preparo minha vingança. Não será uma vingança de ódio; será uma vingança da perfeição. Mostrarei à técnica que sou a melhor. A atleta mais talentosa. A melhor treinadora. Vou treinar minha substituta tão meticulosamente que provarei a todos o erro que cometeram ao me cortar da equipe. No dia em que minha mãe e Klara devem chegar de Budapeste, faço estrelas no tapete vermelho do corredor de nosso apartamento, imaginando minha substituta como minha aprendiz e eu como a principal atração.

Mamãe e Magda estão na cozinha. Magda está picando maçãs para o *charoset*, uma pasta de frutas frescas e secas, vinho e especiarias. Mamãe está preparando a *matzá*. Concentradas no trabalho, mal percebem a minha chegada. Essa é a maneira como elas se relacionam agora. Brigam o tempo todo e quando não estão brigando se tratam como se já estivessem num confronto direto. As brigas costumavam ser sobre comida. Mamãe sempre preocupada com o peso de Magda, mas agora o conflito cresceu e virou uma hostilidade crônica e generalizada.

– Onde está Klarie? – pergunto, engolindo apressada algumas nozes picadas de uma tigela.

– Em Budapeste – responde Magda.

Mamãe joga a tigela no balcão. Quero perguntar por que minha irmã não está conosco para o feriado. Ela preferiu a música a nós? Ou não teve permissão para faltar aula por causa de um feriado que nenhum de seus colegas celebra? Mas não pergunto. Tenho medo de que minha pergunta faça a raiva nitidamente latente de minha mãe explodir. Volto para o quarto que dividimos, meus pais, Magda e eu.

Em qualquer outra noite, principalmente num feriado, teríamos nos reunido em torno do piano, o instrumento que Magda toca e estuda desde que era novinha, para que ela e papai se revezassem nos acompanhamentos das músicas. Magda e eu não éramos prodígios como Klara, mas, ainda assim, tínhamos paixões criativas que nossos pais reconheciam e estimulavam. Depois que Magda tocava, era a minha vez de me apresentar. "Dança, Dicuka!", mamãe dizia. E, embora fosse mais uma exigência do que um convite, eu desfrutava da atenção e dos elogios de meus pais. Depois, Klara, a principal atração, tocaria o violino e minha mãe se transformaria. Mas não há música em nossa casa nessa noite. Antes da refeição, Magda tenta me animar relembrando do último *Pessach*, quando enfiei umas meias no sutiã para impressionar Klara, querendo mostrar que eu tinha me tornado mulher enquanto ela estava fora. "Agora você tem a própria feminilidade para ostentar por aí", diz Magda. À mesa, ela continua a fazer palhaçadas, enfiando os dedos na taça de vinho que colocamos para o profeta Elias, como é o costume. Elias, que salva os judeus do perigo. Em qualquer outra noite, nosso pai poderia rir. Em qualquer outra noite, nossa mãe daria fim às besteiras com uma severa repreensão. Mas hoje nosso pai está distraído demais para perceber, e nossa mãe perturbada demais pela ausência de Klara para castigar Magda. Quando abrimos a porta do apartamento para deixar o profeta entrar, sinto um arrepio que não tem nada a ver com a noite fria. Em alguma parte profunda de mim mesma eu sei o quanto precisamos de proteção agora.

– Você tentou o consulado? – pergunta meu pai. Ele não está nem fingindo dar seguimento ao *seder*. Ninguém, a não ser Magda, consegue comer.
– Ilona?
– Tentei o consulado – diz minha mãe.
É como se estivesse em outro quarto.
– Conte novamente o que Klara disse.
– Novamente? – protesta mamãe.
– Novamente.

Ela fala sem expressão, os dedos mexendo no guardanapo. Klara tinha ligado para seu hotel às quatro da madrugada. O professor de Klara acabara de lhe contar que um ex-professor do Conservatório, Béla Bartók, hoje um compositor famoso, havia ligado da América para dar um aviso: os alemães na Tchecoslováquia e na Hungria iam começar a fechar o cerco; os judeus seriam levados na manhã seguinte. O professor de Klara a proibiu de voltar para casa. Ele queria que ela pedisse a mamãe para também ficar em Budapeste e que mandasse buscar o restante da família.

– Ilona, por que você voltou para casa? – resmunga meu pai.

Mamãe o fuzila com o olhar.

– E tudo o que nós nos esforçamos para conquistar aqui? Deveríamos largar tudo? E se vocês três não conseguissem chegar a Budapeste? Você queria que eu vivesse com isso?

Não percebo que eles estão aterrorizados. Escuto apenas as acusações e os desapontamentos que meus pais trocam rotineiramente entre si, como o vaivém maquinal de um tear. *Veja o que você fez. Veja o que você não fez. Veja o que você fez. Veja o que você não fez.* Depois, entendo que aquela não foi uma discussão habitual, que existe uma história e um peso para a briga que estão tendo agora. Existem as passagens para a América que meu pai recusou. Existe o oficial húngaro que se aproximou de mamãe com documentos falsos para a família inteira, insistindo que fugíssemos. Depois, soubemos que ambos tiveram a oportunidade de escolher. Agora, eles se lastimam e escondem seu arrependimento com acusações.

– Podemos fazer as quatro perguntas? – pergunto para interromper a melancolia de meus pais.

Essa é a minha função na família. Ser a pacificadora entre meus pais, e entre Magda e mamãe. Não tenho controle sobre quaisquer planos que estejam sendo feitos do lado de fora de nossa porta. Mas dentro de casa tenho um papel a desempenhar. É minha função como filha mais nova fazer as quatro perguntas tradicionais da noite de *Pessach*. Não preciso nem abrir o *hagadah*. Sei o texto de cor. Já sei quais são as perguntas.

No fim da refeição, meu pai dá a volta na mesa, beijando cada uma de nós na cabeça. Ele está chorando. *Por que esta noite é diferente de todas as outras?* Antes do amanhecer, nós saberemos.

CAPÍTULO 2

O que você coloca em sua mente

Eles chegam no escuro. Batem na porta, gritam. Papai deixa que entrem ou eles forçam a entrada em nosso apartamento? São soldados alemães ou *nyilas*? Não consigo entender os barulhos que me acordam. Minha boca ainda tem gosto de vinho do *seder*. Os soldados invadem o quarto, anunciando que estamos sendo removidos de nossa casa e reassentados em algum outro lugar. Temos permissão para fazer uma mala para nós quatro. Aparentemente, não consigo comandar as pernas e fazê-las sair da cama de armar que fica aos pés da cama de meus pais, mas mamãe se coloca em movimento imediatamente. Antes que eu me dê conta, ela já está vestida e pegando na parte alta do armário a caixinha em que eu sei que guarda um pedaço do saco amniótico que cobria a cabeça e o rosto de Klara como um capacete em seu nascimento. As parteiras costumavam guardar essas membranas e vendê-las a marinheiros como proteção contra afogamento. Mamãe não bota a caixa na mala, mas no fundo do bolso de seu casaco, como um amuleto. Não sei se minha mãe pega aquilo para proteger Klara ou a todos nós.

– Rápido, Dicu. Levante. Vista-se.

– Não que as roupas tenham algum dia ajudado sua aparência – sussurra Magda.

Sua provocação não dá folga. Como saberei quando for a hora de realmente ter medo?

Mamãe está na cozinha agora, embrulhando sobras de comida, potes e panelas. Na realidade, ela vai nos manter vivas por duas semanas com os suprimentos que leva conosco agora, um pouco de farinha e de gordura de galinha. Papai anda de um lado para outro, no quarto e na sala, pegando livros, candelabros, roupas, pondo as coisas no chão.

– Pegue cobertores – grita mamãe para ele.

Acho que se papai tivesse um biscoito, essa seria a coisa que ele levaria, somente pela alegria de me entregá-lo depois e ver um rápido momento de prazer em meu rosto. Graças a Deus, Mamãe é mais prática. Quando ainda era criança, ela assumiu o papel de mãe das irmãs mais novas e evitou que passassem fome ao longo de muitas temporadas de sofrimento. *Com Deus por testemunha*, imagino que ela esteja pensando agora, enquanto faz a mala, *jamais sentirei fome novamente*. Ainda assim, quero que ela deixe para lá os pratos e as ferramentas de sobrevivência, volte para o quarto e me ajude a me vestir. Ou, pelo menos, que se importe comigo. Que me diga o que vestir. Que diga para eu não me preocupar. Que está tudo bem.

Os soldados pisam duro, derrubam as cadeiras com suas armas. Rápido. Rápido. Sinto uma raiva súbita de minha mãe. Ela salvaria Klara antes de me salvar. Preferiria pegar as coisas na despensa do que segurar minha mão no escuro. Vou ter de encontrar meu próprio carinho, minha própria sorte. Apesar do frio da manhã escura de abril, ponho o vestido de seda azul que usei no dia em que Eric me beijou. Estico as pregas com os dedos. Coloco o cinto de camurça azul. Vou usar esse vestido para que seus braços possam me envolver mais uma vez. Esse vestido vai me manter desejável, protegida, pronta para recuperar o amor. Se eu tremer de frio, será um símbolo de esperança, um sinal de minha confiança em algo mais profundo, melhor. Imagino Eric e sua família também se vestindo, atarantados, no escuro. Posso senti-lo pensando em mim. Uma corrente de energia se irradia dos meus ouvidos para os meus pés. Fecho os olhos e me abraço, permitindo que o resquício daquela lembrança de amor e esperança me mantenham aquecida.

A realidade se intromete em meu mundo particular.

– Onde é o banheiro? – grita um dos soldados para Magda.

Minha irmã mandona, sarcástica e coquete se encolhe diante daquele olhar. Nunca a vi com medo. Ela nunca perdeu uma oportunidade de provocar alguém, de fazer as pessoas rirem. Figuras de autoridade nunca tiveram qualquer influência sobre ela. Na escola, ela não se levantava quando uma professora entrava na sala, como era o costume. "Elefánt", o professor de matemática dela, um homem muito baixo, a repreendeu certo dia, chamando-a pelo sobrenome. Minha irmã se levantou na ponta dos pés e olhou para ele. "Ah, o senhor está aí?", falou. "Não o tinha visto." Mas hoje os homens empunhavam armas. Ela não solta nenhuma observação rude, nenhuma réplica revoltada. Aponta humildemente para o corredor na direção da porta do banheiro. O soldado a empurra para fora do caminho. Ele segura uma arma. Que outra prova de autoridade ele precisa? Foi aí que comecei a perceber que as coisas sempre podem piorar. Que todo momento guarda um potencial para a violência. Nunca sabemos quando ou como vamos reagir. Fazer o que mandam pode não salvar você.

– Fora. Agora. Hora de fazer uma pequena viagem – fala o soldado.

Mamãe fecha a mala e meu pai a carrega. Ela abotoa o casaco cinza e é a primeira a seguir o oficial em comando até a rua. Sou a próxima, depois Magda. Antes de chegarmos à carroça que está à nossa espera no meio-fio, eu me viro para ver papai sair de casa. Ele está de frente para a porta, a mala na mão, parecendo confuso como um viajante que procura chaves nos bolsos na escuridão da noite. Um soldado grita um insulto e escancara nossa porta dando um chute com o salto da bota.

– Vá em frente. Dê uma última olhada. Aproveite essa festa para seus olhos.

Meu pai olha para o espaço escuro. Por um momento, parece atordoado, como se não conseguisse decidir se o soldado estava sendo gentil ou indelicado. Então o soldado chuta seu joelho e meu pai vem mancando em nossa direção, para a carroça onde as outras famílias aguardam.

Fico dividida entre o desejo de proteger meus pais e a tristeza por eles não poderem me proteger. *Eric, eu rezo, para onde quer que estivermos indo, ajude-me a encontrá-lo. Não se esqueça de nosso futuro. Não se esqueça do nosso amor.* Magda não diz uma palavra quando nos sentamos lado a lado nos assentos de madeira. Em minha lista de arrependimentos, este se destaca: não segurei a mão da minha irmã.

Assim que o dia amanhece, a carroça para ao lado da fábrica de tijolos Jakab, na periferia da cidade, e somos conduzidos para dentro. Tivemos sorte. Como somos os primeiros a chegar, nos abrigamos nos galpões de secagem. A maior parte dos quase doze mil judeus que serão presos aqui dormirá sem um teto sobre suas cabeças. Todos vão dormir no chão. Cobriremos nossos corpos com os casacos e tiritaremos com o frio da primavera. Taparemos os ouvidos quando, por pequenas faltas, as pessoas forem espancadas com cassetetes de borracha no centro do campo. Não há água encanada. Chegam baldes, nunca suficientes, em carroças puxadas a cavalo. No início, as rações, combinadas com as panquecas que minha mãe faz com os restos que trouxe de casa, são suficientes para nos alimentar, mas, depois de alguns dias, a dor da fome se torna um incômodo constante. Magda vê sua ex-professora de ginástica na barraca ao lado se esforçando para cuidar de um bebê recém-nascido nessas condições de inanição. "O que vou fazer quando meu leite acabar?", sussurra ela para nós. "Meu bebê chora sem parar."

O campo tem dois lados, divididos por uma rua. Nosso lado é ocupado pelos judeus de nossa área da cidade. Descobrimos que todos os judeus de Kassa estão sendo mantidos aqui na fábrica de tijolos. Encontramos vizinhos, comerciantes, professores e amigos, mas meus avós, cuja casa ficava a trinta minutos de caminhada de nosso apartamento, não estão no nosso lado do campo. Portões e guardas nos separam do outro lado. Não devemos cruzar. Imploro ao guarda, e ele me autoriza a procurar meus avós. Passo pelas barracas sem paredes, repetindo baixinho seus nomes. Enquanto ando para cima e para baixo pelas filas de famílias amontoadas, também repito o nome de Eric. Digo a mim mesma que é apenas questão de tempo e perseverança. Vou encontrá-lo, ou ele vai me encontrar.

Não encontro meus avós. Não encontro Eric.

Então, certa tarde, quando as carroças de água chegam e as multidões correm para recolher um pequeno balde, ele me vê sentada, sozinha, guardando os casacos da família. Ele beija minha testa, meu rosto, meus lábios. Toco o cinto de camurça de meu vestido de seda, agradecendo a boa sorte.

Combinamos de nos encontrar todo dia dali em diante. Às vezes especulamos sobre o que nos acontecerá. Os boatos dizem que seremos enviados para um lugar chamado Kenyérmező, um campo de concentração, onde trabalharemos e viveremos longe da guerra com nossas famílias. Não sabemos que os boatos foram espalhados pela polícia húngara e pelos *nyilas* para nos dar falsas esperanças. Depois da guerra, pilhas de cartas de parentes preocupados permanecerão nos postos de correios, fechadas, com o endereço de Kenyérmező. Não existe lugar algum com esse nome.

Os lugares que de fato existem e que esperam a chegada de nossos trens estão além da imaginação. *Depois da guerra*. Essa é a época em que eu e Eric nos permitimos pensar a respeito. Iremos para a universidade. Vamos nos mudar para a Palestina. Continuaremos a frequentar os salões e clubes do livro que iniciamos na escola. Terminaremos a leitura de *A interpretação dos sonhos*, de Freud.

De dentro da fábrica de tijolos podemos ouvir o barulho dos bondes passando. Eles estão ao nosso alcance. Como seria fácil entrar em um deles. Mas qualquer um que se aproxime da cerca externa é morto sem aviso prévio. Uma garota, um pouco mais velha do que eu, tenta correr. Eles penduram seu corpo no meio do campo como exemplo. Meus pais não dizem uma palavra para mim ou Magda sobre a morte dela. "Tente pegar um pequeno torrão de açúcar", recomenda papai. "Pegue um bloco de açúcar e guarde-o. Sempre mantenha alguma coisa doce em seu bolso." Um dia, soubemos que meus avós foram enviados num dos primeiros transportes que deixaram a fábrica. Imagino que os encontraremos em Kenyérmező. Dou um beijo de boa-noite em Eric e imagino que os lábios dele são a coisa mais doce que encontrarei aqui.

Certa manhã bem cedo, depois de cerca de um mês na fábrica, nosso lado do campo foi esvaziado. Tento encontrar alguém que passe uma mensagem para Eric.

– Deixe para lá, Dicu – diz mamãe.

Ela e papai escreveram uma carta de adeus para Klara, mas não têm como enviá-la. Vejo mamãe jogar a carta na calçada como se estivesse batendo a cinza de um cigarro e vejo a carta desaparecer debaixo de seis mil pés. A seda de meu vestido roça nas minhas pernas à medida que nos movimentamos e paramos, nos movimentamos e paramos, três mil pessoas andando na direção dos portões da fábrica, empurradas para a longa fila de caminhões à nossa espera. Mais uma vez nos amontoamos no escuro. Um pouco antes de partirmos, ouço meu nome. É Eric. Ele está me chamando através das ripas de madeira do caminhão. Abro caminho na direção de sua voz.

– Estou aqui – digo enquanto o motor é acionado.

O espaço entre as ripas é muito estreito para que eu possa vê-lo ou tocá-lo.

– Nunca esquecerei seus olhos – diz ele. – Nunca esquecerei suas mãos.

Repito essas frases sem parar quando embarcamos em um vagão lotado na estação de trem. Não ouço os gritos dos oficiais nem o choro das crianças; eu me consolo com a lembrança da voz de Eric. *Se eu sobreviver ao dia de hoje, então poderei lhe mostrar os meus olhos, as minhas mãos.* Respiro no ritmo de sua voz. *Se eu sobreviver hoje... Se eu sobreviver hoje, amanhã serei livre.*

O vagão do trem é diferente de tudo que já vi. Não é um trem de passageiros, é para transportar gado ou carga. Somos uma carga humana. Centenas de pessoas em um vagão. Cada hora parece uma semana. A incerteza faz os momentos se alongarem. A incerteza e o barulho incessante das rodas nos trilhos. Um pedaço de pão é para ser dividido por oito pessoas. Um balde de água. Um balde para os dejetos corporais. Cheiro de suor e de excrementos. Pessoas morrem no caminho. Todos dormimos em pé, apoiados nos parentes, encostados nos mortos. Vejo um pai dar algo à filha, um pacote de comprimidos. "Se eles tentarem fazer alguma coisa com você...", diz ele. De vez em quando o trem para, e algumas pessoas de cada vagão têm ordem de sair para pegar água. Magda leva o balde uma vez. "Estamos na Polônia", ela nos conta quando retorna. Depois explica como descobriu. Quando foi buscar água, um homem no campo gritou uma saudação para ela em polonês e em alemão, dizendo o nome da cidade e, gesticulando freneticamente, passou o dedo ao longo do pescoço. "Só queria nos assustar", afirmou Magda.

O trem segue. Meus pais se encostam um em cada lado de mim. Eles não se falam. Nunca os vejo se tocarem. A barba de papai está crescendo grisalha. Ele parece mais velho que o pai dele e isso me assusta. Peço que faça a barba. Não havia como saber que a juventude podia realmente salvar uma vida quando chegarmos ao fim dessa jornada. É apenas intuição, apenas uma garota sentindo falta do pai que ela conhece, querendo que ele seja novamente o *bon vivant*, o paquerador jovial, o mulherengo. Não quero que fique como o pai com os comprimidos, que sussurra para a família: "Isso é pior do que a morte."

Quando beijo meu pai no rosto e peço "Papa, por favor faça a barba", ele responde com raiva "Para quê?", "Para quê?, Para quê?". Fico envergonhada por falar a coisa errada e deixá-lo aborrecido comigo. Por que falei a coisa errada? Por que achei que era minha obrigação dizer a meu pai o que fazer? Lembro da raiva dele quando perdi o dinheiro da escola. Eu me encosto em mamãe, buscando consolo. Queria que meus pais se ajudassem, em vez de se comportarem como estranhos. Mamãe não fala muito. Mas também não reclama muito. Ela não quer morrer. Ela simplesmente se voltou para dentro de si mesma.

– Dicuka – chama ela numa noite escura –, escute. Não sabemos para onde estamos indo. Não sabemos o que vai acontecer. Só não se esqueça de que ninguém pode tirar de você o que você colocar na sua mente.

Embarco em outro sonho com Eric. Acordo novamente.

Eles abrem as portas do vagão de gado e a luz brilhante do sol de maio invade o espaço. Estamos desesperados para sair. Corremos na direção do ar e da luz. Praticamente caímos do vagão, atropelando uns aos outros na ânsia de descer. Depois de vários dias dentro de um trem em movimento incessante, é difícil ficar em pé em terra firme. Tentamos de todo jeito nos orientar – descobrir nossa localização, controlar nossos nervos e nossos corpos. Vejo um conjunto compacto de casacos escuros de inverno numa estreita faixa de terra. Vejo um ponto branco no lenço de alguém ou numa trouxa de tecido com os pertences de alguém, o amarelo das estrelas obrigatórias. Vejo a frase: *ARBEIT MACHT FREI*. "O trabalho liberta". Tem música tocando. Papai fica alegre imediatamente.

– Está vendo? – diz ele. – Não pode ser um lugar tão terrível.

Parecia que ele sairia dançando se a plataforma não estivesse tão lotada.

– Vamos apenas trabalhar um pouco até a guerra acabar – continua.

Os boatos que ouvimos na fábrica de tijolos devem ser verdadeiros. Devemos estar aqui para trabalhar. Procuro por plantações nos campos ao redor e imagino o corpo esguio de Eric na minha frente, curvado para fazer a colheita. Em vez disso, vejo linhas horizontais contínuas: as tábuas nos vagões de gado, a interminável cerca de arame farpado, os prédios baixos. Ao longe, algumas árvores e chaminés quebram a linha do horizonte desse lugar árido.

Homens uniformizados nos empurram. Ninguém explica nada. Eles simplesmente dão ordens. *Venha cá. Vá para lá.* Os nazistas apontam e empurram. Os homens são colocados numa fila separada. Vejo papai acenar para nós. Talvez os homens sejam enviados na frente para arranjar um lugar para suas famílias. Imagino onde dormiremos essa noite. Imagino onde comeremos. Mamãe, Magda e eu estamos de pé juntas numa fila longa de mulheres e crianças. Avançamos lentamente até nos aproximarmos do homem que, com um movimento do dedo indicador, decidirá nossos destinos. Ainda não sei que esse homem é o Dr. Josef Mengele, o infame Anjo da Morte. Conforme avançamos na direção dele, não consigo desviar meu olhar de seus olhos dominadores e frios. À medida que nos aproximamos, vejo, de relance, os dentes separados quando ele sorri, o que lhe dá um ar juvenil. Sua voz é quase gentil ao perguntar se alguém está doente e indicar aos que dizem sim que sigam para o lado esquerdo.

– Se você tem mais de 14 anos e menos de 40 anos, fique nesta fila – diz outro oficial. – Acima de 40, vá para a esquerda.

Uma longa fila de idosos, crianças e mães segurando bebês faz uma bifurcação à esquerda. Minha mãe tem cabelo grisalho, todo grisalho, um grisalho precoce, mas seu rosto é tão liso e sem rugas quanto o meu. Magda e eu espremermos nossa mãe entre nós.

É a nossa vez. Dr. Mengele comanda. Ele aponta a esquerda para minha mãe. Começo a segui-la. Ele me segura pelo ombro.

– Você verá sua mãe em breve – diz ele. – Ela vai apenas tomar um banho. – E empurra a mim e Magda para a direita.

Não sabemos o significado de esquerda e direita. "Para onde estamos indo agora?", nós nos perguntamos. "O que vai nos acontecer?" Andamos em direção a uma parte diferente daquele campo árido. Estamos cercadas de mulheres, a maioria jovens. Algumas parecem animadas, quase em júbilo, gratas por estarem respirando um ar puro e desfrutando do sol na pele depois do fedor implacável e do escuro claustrofóbico do trem. Outras mordem os lábios. O medo circula entre nós, mas também a curiosidade.

Paramos na frente de outros prédios baixos. Mulheres com vestidos listrados nos rodeiam. Logo entendemos que elas são as prisioneiras encarregadas de mandar nas outras, mas ainda não sabemos que somos prisioneiras aqui. Desabotoei o casaco no sol e uma das garotas de vestido listrado vê minha seda azul. Ela vem em minha direção com uma postura atrevida.

– Olhe só para você – diz ela em polonês e chuta terra em meus sapatos de saltos baixos.

Antes que eu me dê conta do que está acontecendo, ela agarra os minúsculos brincos de coral e ouro que, de acordo com a tradição húngara, estão em minhas orelhas desde que nasci. Ela dá um puxão e eu sinto uma dor aguda. Ela coloca os brincos no bolso.

Apesar da dor, eu queria desesperadamente que ela gostasse de mim. Como sempre, quero ser aceita. Seu olhar de desdém machuca mais do que meus lóbulos rasgados.

– Por que você fez isso? – pergunto. – Eu teria lhe dado os brincos.

– Eu estava apodrecendo aqui enquanto você estava livre, indo à escola e ao cinema – diz ela.

Pergunto-me há quanto tempo ela está aqui. Ela é magra, mas musculosa. É alta. Podia ser uma bailarina. Talvez eu a deixe tão zangada porque a faço se lembrar da vida normal.

– Quando verei minha mãe? – pergunto a ela. – Me disseram que a veria logo.

Ela me olha com frieza e agressividade. Não há empatia em seus olhos. Não há nada, a não ser raiva. Ela aponta para a fumaça subindo de uma das chaminés a distância.

– Sua mãe está queimando lá dentro. É melhor você começar a falar dela no passado.

CAPÍTULO 3

Dançando no inferno

"Todo o seu êxtase na vida virá de dentro de você", disse meu professor de balé uma vez. Eu não havia entendido o que ele queria dizer. Até Auschwitz.

Magda olha para a chaminé no alto do prédio em que nossa mãe entrou. "A alma nunca morre", diz ela. Minha irmã encontra palavras de consolo. Mas eu estou em choque. Estou zonza, não consigo pensar nas coisas incompreensíveis que estão acontecendo e que já aconteceram. Não consigo imaginar minha mãe consumida pelas chamas. Não consigo entender completamente que ela está morta. E não posso perguntar a razão. Não posso sequer sofrer. Não agora. Vou precisar de toda a minha atenção para sobreviver ao minuto seguinte. Vou sobreviver se minha irmã estiver lá. Vou sobreviver me grudando a ela como se fosse sua sombra.

Somos conduzidas até os silenciosos, porém reverberantes, chuveiros. Roubam nosso cabelo. Ficamos em pé do lado de fora, tosquiadas e nuas, esperando por nossos uniformes. Insultos dos *kapos* e dos oficiais da SS atingem como flechas nossa pele nua e molhada. Piores do que suas palavras são seus olhares. Tenho certeza de que o desgosto com que eles nos encaram poderia rasgar minha pele, quebrar minhas costelas. O ódio deles é ao mesmo tempo possessivo e indiferente, e isso me deixa doente. Houve um tempo em que achei que Eric seria o primeiro homem a me ver nua. Agora ele nunca vai ver o meu corpo sem as marcas do ódio. Será que eles já me transformaram em algo sub-humano? Algum dia voltarei a ser a garota que eu era? *Nunca esquecerei seus olhos, nunca esquecerei suas mãos.* Tenho que me controlar, senão por mim mesma, então por Eric.

Olho para minha irmã, que está silenciosa, em choque, mas conseguiu não sair do meu lado em cada movimento desordenado de lugar para lugar, em cada fila lotada. Ela estremece quando o sol se põe, segurando seus cachos cortados, mechas grossas de seu cabelo destruído. Ficamos nuas durante horas e ela segura seu cabelo como se, ao fazer isso, pudesse se controlar, manter sua humanidade. Ela está tão próxima de mim que estamos quase nos tocando e ainda assim tenho saudades dela. Magda. A garota confiante e sexy, cheia de piadas. Onde ela está? Ela parece se fazer a mesma pergunta. Ela procura por si mesma em seus tufos de cabelo.

As contradições desse lugar me irritam. O assassinato, acabamos de aprender, é eficiente aqui. Sistemático. Mas parece não existir uma organização para a distribuição dos uniformes, pelos quais esperamos quase o dia todo. Os guardas são cruéis e rígidos, ainda que pareça não haver ninguém responsável. O exame minucioso que eles fazem de nossos corpos não sinaliza nosso valor, significa apenas o quanto fomos esquecidas pelo mundo. Nada faz sentido. Mas a espera interminável, a completa falta de reação, tudo isso deve fazer parte do plano. Como posso me manter firme num lugar em que a única estabilidade está nas cercas, na morte, na humilhação, na permanente coluna de fumaça?

Magda finalmente fala.

– Como estou? – pergunta ela. – Diga a verdade.

A verdade? Ela parece um cão sarnento. Uma estranha nua. Não posso dizer isso, é óbvio, mas qualquer mentira machucaria tremendamente, então preciso encontrar uma resposta impossível, uma verdade que não doa. Olho no azul feroz de seus olhos e penso que, mesmo para ela, fazer a pergunta "Como estou?" é a coisa mais corajosa que já ouvi na vida. Não existem espelhos aqui. Ela está me pedindo para ajudá-la a encontrar e a encarar o próprio rosto. Portanto, falo a única coisa verdadeira que posso.

– Seus olhos são muito lindos. Nunca prestei atenção neles quando estavam cobertos por todo aquele cabelo.

É a primeira vez que percebo que temos uma escolha: prestar atenção ao que perdemos ou prestar atenção ao que ainda temos.

– Obrigada – sussurra ela.

As outras coisas que quero lhe perguntar, ou contar a ela, parecem melhores quando não ditas. As palavras não podem expressar essa nova realidade. Do casaco cinza nos ombros de minha mãe, onde me recosto, ao trem que segue em frente. O rosto entristecido de meu pai. O que eu não daria para ter esses momentos tristes e angustiados de volta? A transformação de meus pais em fumaça. Dos dois, meu pai e minha mãe. Preciso admitir que papai também está morto. Estou quase perguntando a Magda se podemos nos atrever a ter esperança de que não ficamos totalmente órfãs no espaço de um dia, mas vejo que ela largou o cabelo no chão sujo.

Eles trazem os uniformes, vestidos cinzentos mal cortados, feitos de lã e algodão áspero. O céu está escurecendo. Eles nos levam para barracões soturnos e toscos, onde dormiremos em beliches, seis pessoas dividindo cada estrado. É um alívio entrar no espaço horrendo, deixar de ver a chaminé com sua fumaça interminável. A *kapo*, a jovem que roubou meus brincos, nos distribui pelos beliches e explica as regras. Ninguém pode sair à noite. Há o balde, nosso banheiro noturno. Com nossas colegas de beliche, Magda e eu tentamos deitar no estrado do alto. Descobrimos que há mais espaço se alternamos cabeças e pés. Ainda assim, ninguém pode virar ou ajustar sua posição sem deslocar a outra pessoa. Criamos um sistema para nos virarmos juntas, coordenando nossos movimentos. A *kapo* entrega uma tigela para cada nova prisioneira. "Não perca", ela avisa. "Se você não tiver uma tigela, não come." No barracão escuro, esperamos pela próxima ordem. Receberemos uma refeição? Seremos mandadas para dormir? Ouvimos música. Talvez eu esteja imaginando o som de instrumentos de sopro e cordas, mas outra prisioneira explica que há uma orquestra aqui no campo, comandada por uma violinista de nível internacional. *Klara!*, eu penso. No entanto, a violinista que ela menciona é vienense.

Ouvimos conversas entrecortadas em alemão, que vêm de fora do barracão. A *kapo* se ajeita quando a porta abre com um estrondo. Lá, na entrada, reconheço o oficial uniformizado da fila de seleção. Sei que é ele, a maneira como sorri com os lábios abertos, o espaço entre os dentes da frente. Dr. Mengele, aprendemos. É um assassino refinado e amante das artes. Ele passeia entre os barracões à noite, procurando prisioneiras talentosas para diverti-lo. Nesta noite, com seu grupo de assistentes, ele entra e olha as recém-chegadas em seus vestidos largos, os cabelos mal cortados. Ficamos em pé, imóveis, encostadas nos beliches de madeira no canto da sala. Ele nos examina. Magda discretamente toca minha mão. Dr. Mengele faz uma pergunta, e, antes que eu perceba o que está acontecendo, as garotas que estão bem junto de mim, que sabem que fui bailarina e ginasta em Kassa, me empurram para mais perto do Anjo da Morte.

Ele me analisa. Não sei para onde olhar. Olho para a frente, diretamente para a porta aberta. A orquestra está de prontidão bem do lado de fora. Está em silêncio, aguardando ordens. Eu me sinto como Eurídice no Inferno, esperando Orfeu tocar uma corda na sua lira capaz de derreter o coração de Hades e me libertar. Ou como Salomé, obrigada a dançar para o padrasto, Herodes, levantando véu após véu para expor seu corpo. A dança lhe dá poder ou a dança tira seu poder?

– Pequena dançarina – diz Dr. Mengele –, dance para mim.

Ele manda os músicos começarem a tocar. A conhecida abertura da valsa "Danúbio azul" se insinua no espaço fechado e escuro. Os olhos de Mengele estão fixos em mim. Tenho sorte. Conheço a coreografia do "Danúbio azul" a ponto de poder dançá-la até dormindo. Mas meus braços e minhas pernas estão pesados, como acontece nos pesadelos, quando você está em perigo e não consegue fugir.

– Dance! – ordena ele novamente.

Sinto que meu corpo começa a se mexer.

Primeiramente a batida de perna, alta. Depois a pirueta, o giro, os espacates. Para o alto. Conforme faço os passos e me curvo e giro, posso ouvir Mengele falando com o assistente. Ele não tira os olhos de mim, mas cumpre com seus deveres enquanto assiste. Posso ouvir sua voz acima da música. Ele define com o outro oficial quais garotas, entre as centenas, serão mortas a seguir. Se eu perder um passo, se fizer algo que o desagrade, posso estar entre elas. Eu danço, danço. Estou dançando no inferno. Não consigo olhar para o carrasco enquanto ele decide nossos destinos. Fecho os olhos.

Foco na minha série, nos meus anos de treinamento. Cada linha e cada curva de meu corpo, como as sílabas de um verso, contam uma história: uma garota chega para dançar e rodopia de entusiasmo e expectativa, mas depois ela faz uma pausa para refletir e observar. O que acontecerá nas próximas horas? Quem ela vai encontrar? Ela se vira em direção à fonte, os braços estendidos para cima e fazendo movimentos circulares como se abraçasse a cena à sua volta. Ela se curva para colher flores e as joga, uma a uma, para os admiradores e colegas brincalhões. Lança as flores para as pessoas, distribuindo símbolos de amor. Posso ouvir os violinos. Meu coração acelera. Em minha escuridão pessoal interna, ouço as palavras de minha mãe, como se ela estivesse lá, na sala sombria, sussurrando. *Não se esqueça, ninguém pode tirar de você o que você colocou em sua própria mente.* Dr. Mengele, minhas companheiras prisioneiras mortas de fome, a desafiante que sobreviverá e a que logo estará morta, todas, até mesmo minha querida irmã, desaparecem, e a única palavra que existe é a que está dentro da minha cabeça. O "Danúbio azul" termina e agora posso escutar "Romeu e Julieta", de Tchaikovsky. O piso do barracão se transforma no palco da Ópera de Budapeste. Danço para os meus fãs na plateia. Danço no halo brilhante das luzes quentes. Danço para meu amante, Romeu, quando ele me ergue bem acima do palco. Danço por amor. Danço pela vida.

Conforme eu danço, descubro uma pérola de sabedoria que nunca esqueci. Nunca saberei qual milagre me concedeu esse insight. Ele salvará minha vida muitas vezes, mesmo depois que o horror acabar. Posso ver que o Dr. Mengele, o experiente assassino que nesta manhã matou minha mãe, é mais patético do que eu. Sou livre em minha mente, algo que ele nunca será. Ele terá que viver para sempre com o que fez. Ele é mais prisioneiro do que eu. Quando termino a série com um espacate gracioso, rezo, não por mim, mas por ele. Rezo para o bem dele, para que ele não tenha que me matar.

Ele deve ter ficado impressionado com o meu desempenho, porque jogou um pedaço de pão para mim – um gesto que mais tarde salvará minha vida. Conforme a tarde vira noite, eu compartilho o pão com Magda e com nossas companheiras de beliche. Sou grata por ter um pão. Sou grata por estar viva.

Nas primeiras semanas em Auschwitz eu aprendo as regras de sobrevivência. Se você conseguir roubar um pedaço de pão dos guardas, vira heroína, mas, se roubar de uma prisioneira, cairá em desgraça e estará morta. A competição e a dominação não levam a lugar nenhum, cooperação é o nome do jogo. Sobreviver é transcender as próprias necessidades e se comprometer com alguém ou algo fora de si mesma. Para mim, esse alguém é Magda, esse algo é a esperança de que verei Eric novamente amanhã, quando estiver livre. Para sobreviver, nós invocamos um mundo interior, um refúgio, mesmo quando nossos olhos estão abertos. Relembro uma colega prisioneira que conseguiu guardar uma foto dela mesma de antes de ser presa, uma foto em que estava com cabelos compridos. Isso permitia que ela se lembrasse de quem era, que recordasse que aquela pessoa ainda existia. Essa consciência tornou-se o refúgio que conservou sua vontade de viver.

Lembro que alguns meses depois, no inverno, recebemos casacos velhos. Eles simplesmente jogaram os casacos para nós, aleatoriamente, sem atenção ao tamanho. Ficou a nosso encargo encontrar aquele que melhor coubesse e lutar por ele. Magda teve sorte. Jogaram para ela um casaco grosso, longo e pesado, com botões até o pescoço. Ele era muito quente, muito cobiçado. Mas ela o trocou imediatamente. O casaco que escolheu era uma coisinha fininha, que mal cobria os joelhos, deixando muito do peito exposto. Para Magda, vestir algo sexy era uma ferramenta de sobrevivência melhor do que ficar aquecida. Sentir-se atraente lhe dava algo lá dentro, uma sensação de dignidade que era mais valiosa para ela do que o conforto físico.

Lembro que festejávamos mesmo quando estávamos morrendo de fome. Cozinhávamos o tempo todo em Auschwitz. Em nossa imaginação, a toda hora celebrávamos e brigávamos sobre a quantidade de páprica que devia ser colocada no frango húngaro, ou sobre como fazer o melhor bolo de chocolate com sete camadas. Acordávamos às quatro horas da madrugada para a *Appell*, a contagem e recontagem em que conferiam a presença de todas nós. Ficávamos de pé na escuridão gelada, sentindo o cheiro rico e aromático da carne cozinhando. Marchávamos para o trabalho diário, que podia ser em um galpão chamado Canadá, onde recebíamos ordens para separar os pertences dos prisioneiros recém-chegados, ou em alojamentos que devíamos limpar e limpar e limpar, ou nos crematórios, onde as mais desafortunadas eram obrigadas a recolher dentes de ouro, cabelos e peles dos cadáveres antes da cremação seguinte. Conversávamos como se estivéssemos indo ao mercado, planejando o cardápio semanal, e discutíamos como verificar se as frutas e os vegetais estavam maduros. Trocávamos receitas. Veja como fazer uma *palacsinta*, ou o crepe húngaro.

Quão fina devia ser a panqueca. A quantidade de açúcar e de nozes. Você coloca cominho em seu *székely gulyás*? Você usa duas cebolas? Não, três. Não, somente uma e meia. Salivávamos com nossos pratos imaginários e, quando comíamos a única refeição verdadeira do dia – sopa aguada com um pedaço de pão velho –, eu falava sobre o ganso que minha mãe havia trancado no sótão e alimentado diariamente com milho para o fígado crescer até chegar a hora de matar a ave e fazer patê.

Quando deitávamos nos beliches à noite e finalmente dormíamos, também sonhávamos com comida. O relógio da vila toca às 10h e meu pai entra em nosso apartamento com um pacote do açougueiro do outro lado da rua. Hoje, ele traz um pedaço de carne de porco escondido num jornal. "Dicuka, venha provar", ele me chama. "Que exemplo você é", reclama mamãe, "dar porco a uma garota judia." Mas ela fala isso quase sorrindo. Ela está preparando *strudel*, esticando a massa na mesa da sala de jantar, amassando-a com as mãos e soprando embaixo até que fique fina como uma folha de papel.

O sabor das pimentas e das cerejas no strudel da minha mãe, os ovos recheados que ela fazia, a massa que cortava à mão tão rapidamente que eu tinha medo que perdesse um dedo; a *chalá*, o pão do *Shabat* – para mamãe, cozinhar envolvia uma criação artística tão importante quanto o prazer de apreciar a refeição pronta. As fantasias culinárias nos reconfortaram em Auschwitz. Assim como atletas e músicos podem melhorar sua técnica através da prática mental, éramos artistas dos barracões, sempre em plena criação. O que fizemos em nossas mentes nos proporcionou uma espécie de apoio.

Certa noite, encenamos um concurso de beleza no barracão. Em frente aos beliches, desfilamos com nossos vestidos cinza disformes, nossa roupa íntima encardida. Existe um provérbio húngaro que diz que a beleza se revela nos ombros. Ninguém consegue fazer pose tão bem quanto Magda. Ela ganha o concurso. Mas ninguém está com sono.

– Sugiro um concurso melhor – diz Magda. – Quem tem os melhores peitos?

Ficamos nuas no escuro e desfilamos com nossos peitos à mostra. Há poucos meses eu me exercitava mais de cinco horas por dia no estúdio. Costumava pedir a papai que batesse na minha barriga de modo a sentir o quanto eu estava forte. Eu podia até levantar e carregar papai. Sinto aquele orgulho em meu corpo agora, com o tronco nu e morrendo de frio no barracão. Antes, eu invejava os seios arredondados e atraentes de mamãe e sentia vergonha dos meus peitinhos minúsculos. Mas são esses que nós valorizamos na Europa. Caminho no escuro como uma modelo e ganho o concurso!

– Minha irmã famosa – diz Magda quando adormecemos.

É possível escolher o que o horror nos ensina. Podemos ficar amargas com o sofrimento e o medo. Hostis. Paralisadas. Ou podemos nos agarrar ao nosso lado infantil, à parte animada e curiosa, à parte que é inocente.

Outra noite eu aprendo que a jovem no beliche ao lado do meu era casada antes da guerra. Insisto com ela por informações. "Como é estar casada?", pergunto. "Pertencer a um homem?" Não estou interessada em sexo, não inteiramente. Claro que a paixão me interessa. Acima de tudo, a ideia do pertencimento diário. Em seu suspiro escuto o eco de algo lindo, intocado pela perda. Por alguns minutos, quando ela fala, eu vejo o casamento não como meus pais o vivenciaram, mas como algo luminoso. É mais promissor até mesmo do que o bem-estar tranquilizador do afeto de meus avós. Soa como amor, um amor completo.

Quando minha mãe me disse "Estou feliz por você ser inteligente porque você não é bonita", essas palavras mexeram com meu medo de ser inadequada, indigna. Mas em Auschwitz, a voz de minha mãe soa em meus ouvidos com um significado diferente. *Eu sou inteligente. Eu sou esperta. Vou resolver as coisas.* As palavras que ouço na minha cabeça fazem uma tremenda diferença em minha capacidade de manter a esperança. Isso era verdade também para outras presas. Descobrimos uma força interior na qual pudemos nos apoiar – uma maneira de conversar com nós mesmas que ajudou a criar uma sensação de liberdade interna responsável por nosso equilíbrio moral, que nos deu base e segurança mesmo quando as forças externas buscavam nos controlar e destruir. *Sou boa*, aprendemos a dizer. *Sou inocente. De alguma forma algo bom resultará disto.*

Conheci uma garota em Auschwitz que estava muito doente, definhando. Toda manhã eu achava que ia encontrá-la morta no beliche, e todo dia temia que ela fosse enviada para a morte nas filas de seleção. Mas ela me surpreendia. Conseguia reunir forças toda manhã para trabalhar por mais um dia e mostrar um brilho de vida nos olhos sempre que enfrentava o dedo indicador de Mengele. De noite, ela praticamente desmaiava em seu beliche, respirando com dificuldade. Perguntei como ela conseguia seguir em frente. "Ouvi que vamos ser liberadas no Natal", respondeu. Ela guardava um calendário detalhado na cabeça, fazendo a contagem regressiva dos dias e das horas até a nossa liberação, e estava determinada a viver para ficar livre.

Então veio o Natal, porém nossos libertadores não chegaram. Ela morreu no dia seguinte. Acredito que aquela voz interna de esperança a mantinha viva; quando ela perdeu a esperança, não conseguiu continuar. Embora quase todos ao meu redor – oficiais da SS, *kapos*, companheiras de prisão – me dissessem a cada momento, desde a *Appell* até o fim do dia de trabalho, desde as filas de seleção até as filas de comida, que eu nunca sairia viva do campo de concentração, eu me esforcei para desenvolver uma voz interna que oferecia uma história alternativa. *Isso é temporário*, eu dizia a mim mesma. *Se eu sobreviver hoje, amanhã serei livre.*

Em Auschwitz, todos os dias nos mandavam para os chuveiros, e todo banho era carregado de incerteza. Nunca sabíamos se ia sair gás ou água do cano. Certo dia, quando senti a água caindo sobre nós, respirei aliviada. Espalhei o sabão gorduroso em meu corpo. Ainda não estava apenas pele e osso. Aqui, no silêncio depois do medo, eu consigo me reconhecer. Meus braços e pernas e a barriga ainda são firmes com minha musculatura de bailarina. Eu me entrego à fantasia de Eric. Somos estudantes universitários agora, morando em Budapeste. Vamos até um café com nossos livros para estudar. Os olhos dele saem da página e passeiam pelo meu rosto. Sinto que ele faz uma pausa nos meus olhos e lábios. Bem quando imagino levantar o rosto para receber seu beijo, percebo que a sala de banho ficou silenciosa. Sinto um frio na barriga. O homem que mais temo entre todos os outros está parado na porta. O Anjo da Morte olha diretamente para mim. Olho para o chão, esperando que as outras comecem a respirar novamente para que eu saiba que ele foi embora. Mas ele não sai.

– Você! – chama ele. – Minha pequena bailarina.

Tento ouvir a voz de Eric mais alta do que a de Mengele. *Nunca esquecerei seus olhos. Nunca esquecerei suas mãos.*

– Venha – ordena ele.

Eu obedeço. O que mais posso fazer? Caminho na direção dos botões do casaco dele, evitando os olhos de minhas companheiras prisioneiras porque não suporto a ideia de enxergar o meu medo refletido neles. *Respire, respire*, digo a mim mesma. Ele me leva, nua e molhada, pelo corredor até um escritório com uma mesa, uma cadeira. A água escorre de meu corpo no chão frio. Ele se inclina sobre a mesa e olha para mim sem pressa. Estou aterrorizada demais para pensar, porém pequenas correntes de impulso percorrem o meu corpo como reflexos. Dê um chute nele. Um *grand battement* na cara. Jogue-se no chão, encolha-se como uma bola e aguente firme. Espero que, seja lá o que ele pretenda fazer comigo, acabe rapidamente.

– Chegue mais perto – diz ele.

Eu o encaro quando me aproximo, mas não o vejo. Foco apenas na parte viva de mim: *Sim, eu consigo, sim, eu consigo*. Sinto o corpo dele ao me aproximar. Um cheiro de mentol. Sinto um gosto metálico na língua. Enquanto estiver tremendo, sei que estou viva. Os dedos dele se ocupam com os botões. *Sim, eu consigo, sim, eu consigo*. Penso em mamãe e em seu cabelo comprido. Na maneira como ela o enrolava no alto da cabeça e o soltava como uma cortina à noite. Estou nua com seu assassino, mas ele não pode tirá-la de mim. Quando estou perto o suficiente para que ele me toque, com dedos que estou determinada a não sentir, um telefone toca na outra sala. Ele recua. Fecha o casaco.

– Não se mexa – ordena enquanto abre a porta.

Escuto Mengele atender o telefone na outra sala com uma voz neutra e áspera. Não penso. Corro. Minha lembrança seguinte é a de estar sentada ao lado de minha irmã enquanto devoramos a concha de sopa diária, os pequenos pedaços de casca de batata que boiam no caldo como escamas. O medo de que ele me encontrará e me punirá, de que terminará o que começou, de que me escolherá para morrer nunca me abandona. O medo nunca desaparece. Não sei o que acontecerá a seguir. Mas, enquanto isso, posso me manter viva internamente. *Eu sobrevivi hoje*, repito na minha cabeça. *Eu sobrevivi hoje. Amanhã serei livre.*

CAPÍTULO 4

Fazendo estrelas

Em meados de 1944, Magda e eu percebemos que não chegam mais judeus húngaros ao campo. Depois saberemos que, em julho, o primeiro-ministro Horthy, cansado de se curvar à autoridade alemã, interrompeu as deportações. Ele demorou demais. Centenas de milhares de húngaros já haviam sido mandados para os campos de concentração; 400 mil foram assassinados em dois curtos meses. Em outubro, o governo de Horthy foi derrubado pelos nazistas. Os duzentos mil judeus que ainda permaneciam na Hungria, a maioria em Budapeste, não foram levados para Auschwitz. Fizeram uma marcha forçada de 320 quilômetros até a Áustria. Mas não sabíamos de nada disso na época, não sabíamos nada da vida ou da guerra fora do campo.

Numa manhã de inverno no fim do ano, ficamos em pé em outra fila. O frio dói. Estamos prestes a ser tatuadas. Espero a minha vez. Enrolo a manga. Apresento o braço. Meus movimentos são automáticos, faço o que se exige de mim, e sinto tanto frio e tanta fome que estou quase paralisada. *Alguém sabe que estou aqui?* Eu costumava pensar nisso o tempo todo, e agora a pergunta surge com dificuldade, como se surgisse de trás de uma névoa densa e consistente. Não consigo lembrar como eu pensava antes. Preciso me recordar da imagem de Eric, mas, se penso nele de maneira muito consciente, não consigo recriar seu rosto. Preciso enganar a mim mesma na recordação, me pegar desprevenida. *Onde está Magda?* Essa é minha primeira pergunta ao acordar, quando seguimos para o trabalho, e a última antes de cair no sono. Olho ao redor para confirmar que ela ainda está ao meu lado. Mesmo que nossos olhos não se encontrem, sei que ela também está cuidando de mim. Passei a guardar meu pão da refeição noturna para podermos dividi-lo pela manhã.

O funcionário com a agulha e a tinta está bem na minha frente agora. Ele segura meu punho e começa a furar, mas então me empurra para o lado. "Não vou desperdiçar tinta com você", diz ele e me joga para uma fila diferente.

– Essa fila é a morte – diz a garota ao meu lado. – É o fim.

Ela está completamente grisalha, como se estivesse coberta de poeira. Alguém mais à frente na fila está rezando. Num lugar onde a ameaça da morte é constante, este momento ainda me comove. De repente, penso na diferença entre mortífero e mortal. Auschwitz é as duas coisas. As chaminés soltam fumaça incessantemente. Todo instante pode ser o último. Portanto, por que se importar? Por que investir? Ainda assim, se este momento, este especificamente, for o meu último na Terra, devo desperdiçá-lo com resignação e derrota? Devo passá-lo como se já estivesse morta?

– Nunca sabemos o que a fila significa – digo à garota ao meu lado.

E se o desconhecido nos deixasse curiosas em vez de amedrontadas? Então vejo Magda. Ela foi selecionada para uma fila diferente. Se eu estiver sendo enviada para morrer, se estiver sendo enviada para trabalhar, se eles me removerem para um campo diferente, como já começaram a fazer com outras pessoas... Nada importa, a não ser ficar com minha irmã e ela comigo. Somos as poucas prisioneiras de sorte que ainda não ficaram completamente isoladas de seus familiares. Não é exagero dizer que eu vivo para minha irmã. Não é exagero dizer que minha irmã vive para mim. Há uma confusão no pátio. Não sei o que a fila significa. A única coisa que sei é que preciso passar com Magda por seja lá o que vier a acontecer. Mesmo que seja a morte. Observo o fosso coberto por uma crosta de neve que nos separa. Os guardas nos cercam. Não tenho um plano. O tempo é lento e o tempo é rápido. Magda e eu nos encaramos. Vejo seus olhos azuis. Então, estou em movimento, fazendo estrelas. Com as mãos no chão, os pés no ar, eu giro, giro. Um guarda me olha. Ele está de cabeça para cima. Ele está de cabeça para baixo. Espero uma bala a qualquer instante. Não quero morrer, mas não consigo deixar de girar mais uma vez. Ele não levanta a arma. Está surpreso demais para atirar em mim? Estou tonta demais para ver? Ele pisca o olho para mim. Ok, ele parece dizer, desta vez, *você venceu.*

Nos poucos segundos em que atraí a atenção do guarda, Magda cruzou correndo o pátio para se juntar a mim. Nós nos misturamos à multidão de garotas esperando por seja lá o que acontecerá a seguir.

Somos levadas pelo pátio congelado na direção da plataforma de trem na qual desembarcamos seis meses antes, onde fomos separadas de nosso pai, onde andamos com nossa mãe entre nós até os últimos momentos de sua vida. Havia música então. Agora há silêncio, se considerarmos que o vento não tem som. A fúria constante do frio opressivo, a boca escancarada e arfante da morte e do inverno já não parecem barulhentas para mim. Minha cabeça está repleta de dúvidas e medo, mas esses pensamentos são tão constantes que não parecem mais ser pensamentos. Quase sempre é o fim.

Estamos apenas indo para um lugar trabalhar até o fim da guerra, nos disseram. Se pudéssemos escutar pelo menos dois minutos de notícias, saberíamos que a guerra pode ser a próxima vítima. Enquanto aguardamos para subir a rampa do vagão de gado, os russos entram na Polônia de um lado e os americanos de outro. Os nazistas estão esvaziando Auschwitz aos poucos. Os prisioneiros que deixam para trás, aqueles que conseguirem sobreviver mais um mês em Auschwitz, logo serão libertados. Nós nos sentamos no escuro, à espera da partida do trem. Um soldado – da Wehrmacht, o exército alemão, não da SS – enfia a cabeça na porta do vagão e fala conosco em húngaro. "Vocês têm que comer", diz ele. "Não importa o que eles falem, lembrem-se de comer porque vocês podem ser libertadas logo." É esperança que ele está nos oferecendo? Ou uma falsa promessa? Uma mentira? Este soldado é como os *nyilas* da fábrica de tijolos, espalhando boatos, uma voz de autoridade para silenciar nossa sabedoria interior. Quem relembra a uma pessoa em estado de inanição que ela precisa comer?

Mas, mesmo no escuro do vagão de gado, o rosto dele iluminou quilômetros de cercas, quilômetros de neve. Era possível ver que os olhos dele eram gentis. Que estranho que a gentileza agora pareça um truque de luz.

Perco a noção do tempo que ficamos em movimento. Durmo no ombro de Magda, ela no meu. A voz de minha irmã me acorda. Ela está conversando com alguém que não consigo enxergar no escuro. "Minha professora", explica ela. Aquela da fábrica de tijolos, aquela cujo bebê chorava sem parar. Em Auschwitz, todas as mulheres com crianças pequenas foram mortas na câmara de gás desde o início. O fato de ela ainda estar viva significa apenas uma coisa: seu bebê morreu. O que é pior: ser uma criança que perdeu a mãe ou uma mãe que perdeu o filho? Quando a porta se abre, estamos na Alemanha.

Não há mais que duzentas de nós. Ficamos alojadas no que deve ser uma colônia de férias para crianças, com beliches e uma cozinha onde usamos as escassas provisões e preparamos nossas próprias refeições.

De manhã, somos levadas para trabalhar em uma tecelagem. Usamos luvas de couro. Seguramos as rodas das máquinas de fiar para evitar que os fios embaracem. Mesmo com as luvas, as rodas cortam nossas mãos. A ex-professora de Magda fica na máquina ao lado da de minha irmã. Ela está chorando alto. Imagino que seja porque suas mãos estão sangrando e doloridas. Mas ela está chorando por causa de Magda. "Você precisa de suas mãos", ela lamenta. "Você toca piano. O que vai fazer sem as mãos?"

A capataz alemã que coordena nosso trabalho a silencia. "Você tem sorte de estar trabalhando agora", diz ela. "Logo será morta."

Na cozinha, naquela noite, preparamos nossa refeição noturna supervisionadas pelas guardas. "Escapamos das câmaras de gás", diz Magda, "mas vamos morrer fabricando linhas." É curioso que estejamos vivas. Podemos não sobreviver à guerra, mas sobrevivemos a Auschwitz. Descasco batatas para nossa ceia. Acostumada com as rações de fome, sou incapaz de desperdiçar qualquer farelo de comida. Escondo as cascas de batata na calcinha. No momento em que as guardas estão em outra sala, asso tudo no forno. Quando as levamos ansiosamente à boca com as mãos doloridas, as cascas ainda estão quentes demais para comer.

"Escapamos da câmara de gás, mas morreremos comendo cascas de batata", alguém fala, e a risada vem de um lugar profundo dentro de nós que não sabíamos que ainda existia. Rimos, como fiz todas as semanas, em Auschwitz, quando éramos forçadas a doar sangue para os soldados alemães feridos. Eu me sentava com a agulha no braço e me divertia. *Boa sorte na hora de vencer a guerra com meu sangue de bailarina pacifista!* Eu não podia puxar meu braço ou teriam atirado em mim. Não dava para desafiar meus opressores com uma arma ou um soco. Mas eu podia encontrar um caminho para a minha própria força. E há força em nossa gargalhada agora. Nossa camaradagem e nossa alegria me lembram da noite em Auschwitz em que ganhei o concurso dos seios mais bonitos. Nossa conversa nos alimenta.

"Qual é o melhor país?", pergunta uma garota chamada Hava. Debatemos, enaltecendo os méritos de nossas terras. "Nenhum lugar é mais bonito que a Iugoslávia", insiste Hava. Essa é uma competição sem ganhadores. Nosso lar já não é mais um lugar, nem um país. A pátria é um sentimento, tão universal quanto específico. Se conversamos muito sobre isso, corremos o risco de que desapareça.

Depois de algumas semanas na tecelagem, certa manhã os guardas da SS chegam com os vestidos listrados para substituir os cinza que usamos. Embarcamos em outro trem, só que dessa vez somos obrigadas a ficar no teto dos vagões, com nossos uniformes listrados, chamarizes humanos para desencorajar os ingleses de bombardearem o trem que carrega munição.

– Da tecelagem para as balas – alguém fala.
– Senhoras, fomos promovidas – avisa Magda.

O vento no teto do vagão castiga e é arrasador. Pelo menos não sinto fome quando estou com muito frio. Será que prefiro morrer de frio ou por arma de fogo? Gás ou arma de fogo? O ataque acontece de repente. Mesmo com prisioneiras no teto dos trens, os ingleses nos bombardeiam. Fumaça. Gritos. O trem para e eu pulo. Sou a primeira a descer. Corro direto para a encosta nevada que cobre os trilhos, perto de uma fileira de árvores finas, onde paro para tentar distinguir a figura de minha irmã na neve. Recupero o fôlego. Magda não está entre as árvores. Não a vejo correndo do trem. Bombas explodem e destroem os trilhos. Vejo um monte de corpos ao lado do trem. Magda.

Preciso escolher. Posso correr. Fugir para a floresta. Lutar por uma vida.

A liberdade está tão perto, questão de alguns passos. Mas, se Magda estiver viva e eu abandoná-la, quem lhe dará pão? E se ela estiver morta? Isso dura um segundo, o tempo do botão do obturador da máquina. *Clique:* floresta. *Clique:* trilhos. Desço correndo a colina.

Magda está sentada na vala, com uma garota morta no colo. É Hava. O sangue escorre do rosto de Magda. Num vagão próximo, homens estão comendo. Eles também são prisioneiros, mas não como nós. Não vestem uniformes, mas roupas civis. E eles têm comida. Prisioneiros políticos alemães, imaginamos. De qualquer maneira, eles têm privilégios. Estão comendo. Hava morreu, minha irmã está viva e eu só penso na comida. A linda Magda está sangrando.

– Agora que temos uma chance de pedir um pouco de comida, você fica assim – brigo com ela. – Você está muito ferida para flertar.

Enquanto puder ficar com raiva dela, eu me poupo de sentir medo, ou me poupo da dor às avessas, invertida pelo que quase aconteceu. Em vez de me alegrar, de agradecer por estar viva, de ter sobrevivido a mais um momento fatal, estou furiosa com minha irmã. Estou furiosa com Deus, com o destino, mas direciono minha confusão e sofrimento para o rosto sangrando de minha irmã.

Magda não responde ao meu insulto. Ela não limpa o sangue. Os guardas nos rodeiam, gritando conosco, cutucando corpos com suas armas para se certificar de que aquelas que não estão se mexendo estão realmente mortas. Deixamos Hava na neve suja e nos juntamos às outras sobreviventes.

– Você podia ter fugido – diz Magda.

Ela fala isso como se eu fosse uma idiota.

Em menos de uma hora, a munição é transferida para outros vagões do trem e nós voltamos para o teto com nossos uniformes listrados, o sangue seco no rosto de Magda.

Somos prisioneiras e refugiadas. Há muito perdemos a noção de tempo, de calendário. Magda é minha estrela guia. Desde que ela esteja por perto, tenho tudo de que preciso. Somos arrancadas dos trens de munição numa manhã e caminhamos por dias seguidos. A neve está começando a derreter, dando lugar à grama morta. Talvez estejamos andando há semanas. As bombas caem, às vezes perto. Vemos cidades queimando. Paramos em pequenas cidades por toda a Alemanha, às vezes no sul, às vezes no leste, forçadas a trabalhar em fábricas ao longo do caminho.

Contar prisioneiros é uma preocupação da SS. Não conto quantas de nós restam. Talvez não conte porque sei que a cada dia o número diminui. Não é um campo de concentração. Mas existem dezenas de maneiras de se morrer. As valas na lateral das estradas estão vermelhas com o sangue dos que foram baleados nas costas ou no peito, dos que tentaram fugir e dos que não conseguiram acompanhar o ritmo. As pernas de algumas garotas congelam, e elas caem como as árvores derrubadas. Exaustão. Exposição. Febre. Fome. Se os guardas não puxam o gatilho, o corpo se encarrega disso.

Ficamos dias sem comer. Chegamos ao alto de uma colina e vemos uma fazenda, suas dependências, um curral para gado.

– Um minuto – diz Magda, correndo em direção à fazenda, contornando as árvores e torcendo para não ser vista pelo guarda da SS que parou para fumar.

Observo Magda ziguezagueando em direção à cerca da horta. Ainda é cedo para os vegetais da primavera, mas eu comeria a ração do gado, o talo seco dos vegetais. Se um rato entrar no quarto em que dormimos, vamos pegá-lo. Tento não chamar a atenção para Magda com meu olhar. Olho para o outro lado e, quando volto a cabeça, não consigo vê-la. Uma arma dispara. Outra vez. Alguém viu minha irmã. Os guardas gritam conosco, fazem a contagem com as armas em punho. Outros tiros são disparados. Nenhum sinal de Magda. *Me ajude, me ajude.* Percebo que estou rezando para minha mãe. Estou conversando com mamãe como ela costumava fazer com o retrato de minha avó que ficava em cima do piano. Mesmo em trabalho de parto, ela fez isso, Magda me contou. Na noite em que nasci, Magda ouviu mamãe gritando "Mãe, me ajuda!" e logo depois o choro do bebê – eu – e nossa mãe dizendo "Você me ajudou". Falar com os mortos é um direito meu. *Mamãe, nos ajude*, eu rezo. Vejo uma sombra cinza entre as árvores. Ela está viva. Escapou das balas. E de alguma forma, agora, ela escapa de ser vista. Não respiro até Magda se juntar a mim novamente.

– Havia batatas – diz ela. – Se esses desgraçados não tivessem começado a atirar, estaríamos comendo batatas.

Eu me imagino mordendo uma batata como se fosse uma maçã. Eu nem perderia tempo limpando-a. Comeria com terra e tudo.

Vamos trabalhar numa fábrica de munição perto da fronteira tcheca. Descobrimos que é março. Certa manhã, não consigo sair do beliche no barracão onde dormimos. Estou queimando em febre, tremendo e fraca.
– Levanta, Dicuka – ordena Magda. – Você não pode ficar doente.
Em Auschwitz, quem não conseguia trabalhar supostamente era levado para um hospital, mas então desaparecia. Por que seria diferente agora? Não há nenhuma infraestrutura para matar aqui, nenhuma tubulação ou tijolos para este propósito. Mas uma única bala mata da mesma forma. Ainda assim, não consigo me levantar. Escuto a minha própria voz divagando sobre meus avós. Eles vão nos deixar faltar à escola e nos levar para a confeitaria. Nossa mãe não pode tirar os doces de nós. De alguma forma sei que estou delirando, mas não consigo recuperar a razão. Magda diz para eu calar a boca e me cobre com um casaco para me manter aquecida caso a febre aumente, mas acima de tudo para me manter escondida. "Não mexa um dedo sequer", diz ela.
A fábrica fica perto, do outro lado de uma pequena ponte sobre um rio que corre rápido. Deitada embaixo do casaco, finjo que não existo, antecipando o momento em que minha ausência será notada e um guarda virá ao barracão me matar. Magda será capaz de ouvir o tiro acima do barulho das máquinas? Não sirvo para nada agora.
Eu me debato num sono delirante. Sonho com fogo. É um sonho bem familiar, há quase um ano sonho em estar aquecida. Acordo, mas desta vez o cheiro da fumaça me sufoca. O barracão está pegando fogo? Tenho medo de correr para a porta, de não conseguir chegar lá por causa das pernas fracas, de isso me revelar. Então, ouço as bombas. O zumbido e a explosão. Como dormi no início do ataque? Me arrasto para fora do beliche. Onde é mais seguro? Mesmo que eu pudesse correr, para onde iria? Escuto gritos. "A fábrica está pegando fogo! A fábrica está pegando fogo!"
Estou novamente consciente do espaço entre minha irmã e eu: tornei-me especialista em medir o espaço. Quantas mãos entre nós? Quantas pernas? Estrelas? Agora há uma ponte. Água e madeira. E fogo. Observo tudo

da porta do barracão, que finalmente alcancei, e me encosto no batente. A ponte para a fábrica está em chamas, a fábrica envolta na fumaça. Para quem sobreviveu a um bombardeio, o caos é uma trégua. Uma oportunidade de fuga. Vejo Magda abrir uma janela e correr para as árvores. Ela olha para cima, por entre os galhos, na direção do céu. Pronta para correr o máximo possível até a liberdade. Se ela fizer isso, então estou fora de perigo. Posso cair no chão e nunca mais levantar. Que alívio seria. Existir é uma tremenda obrigação. Deixo minhas pernas se dobrarem. Relaxo na queda. E lá está Magda num halo de fogo. Morta. Me derrotando. Vou alcançá-la. Sinto o calor do fogo. Agora vou me juntar a ela. Agora. "Estou indo", digo. "Espere por mim!"

Não acompanho o momento em que ela deixa de ser um fantasma e se torna novamente de carne e osso. De alguma forma ela me faz entender: Magda cruzou a ponte em chamas para me encontrar.

– Sua idiota – digo –, você podia ter fugido.

Estamos em abril. A grama nasce verde nas colinas. O dia fica claro por mais tempo. As crianças cospem em nós quando passamos pelos arredores de uma cidade. *Que triste,* eu penso, *essas crianças terem sofrido lavagem cerebral para me odiar.*

– Você sabe como vou me vingar? – diz Magda. – Vou matar uma mãe alemã. Um alemão matou minha mãe; vou matar uma mãe alemã.

Meu desejo é diferente. Desejo que o garoto que cospe em nós perceba um dia que ele não precisa me odiar. Na minha fantasia de vingança, o garoto que agora grita "Judeu sujo! Verme!" segura um buquê de rosas e diz: "Agora eu sei, não há razão para odiar você. Nenhuma razão." Nós nos abraçamos e perdoamos um ao outro. Não conto minha fantasia para Magda.

Certo dia ao pôr do sol os soldados da SS nos empurram para o salão comunitário onde passaremos a noite. Novamente, não há comida.

– Quem deixar as instalações será morto imediatamente – avisa o guarda.

– Dicuka – sussurra Magda quando deitamos nas tábuas de madeira que serão nossas camas –, meu fim está próximo.

– Cale a boca – digo.

Ela está me assustando.

Seu desânimo é mais aterrorizante para mim do que uma arma apontada. Ela não é disso. Ela não desiste. Talvez eu seja um peso para minha irmã. Talvez ajudar a me manter forte durante minha doença tenha deixado Magda esgotada.

– Você não vai morrer – digo a ela. – Vamos comer esta noite.

– Ah, Dicuka – diz ela, e rola para a parede.

Vou mostrar a ela. Vou mostrar que há esperança. Vou conseguir um pouco de comida. Vou reanimá-la. Os homens da SS se reuniram perto da porta, perto da última luz da tarde, para comer suas rações. Às vezes eles nos jogam um pedaço de comida apenas pelo prazer de verem que rastejamos. Vou até eles de joelhos. "Por favor, por favor", peço. Eles riem. Um soldado segura um pedaço de carne enlatada na minha direção e eu dou um impulso para pegá-la, mas ele a coloca na boca e todos riem mais alto. Eles se divertem comigo dessa forma até eu ficar exausta. Magda está adormecida. Não desisto, não quero decepcioná-la. Os guardas encerram o piquenique para ir ao banheiro ou fumar e eu escapo por uma porta lateral.

Sinto o cheiro de esterco, macieiras em flor e tabaco alemão. A grama está úmida e fria. Do outro lado de um muro de estuque há uma pequena horta: pequenas cabeças de alface, vagens de feijão, a exuberante folhagem das cenouras. Posso sentir o sabor das cenouras como se já as tivesse provado, crocantes e terrosas. Não é difícil pular o muro. Ralo os joelhos um pouco ao me arrastar no alto e os pontos brilhantes de sangue são como um ar fresco em minha pele, como algo que está no fundo e vem à tona. Estou tonta. Agarro as folhas da cenouras e puxo; o som das raízes se soltando da terra parece o de uma costura rasgando. As cenouras estão pesadas em minhas mãos. Tufos de terra pendurados nas raízes. Até a terra suja cheira a abundância, como as sementes, como tudo o que pode haver lá. Subo novamente o muro, a sujeira cobrindo meus joelhos. Imagino o rosto de Magda mordendo o primeiro vegetal fresco que comemos em um ano. Fiz uma coisa arriscada e ela rendeu frutos. É isso que quero que Magda veja, mais do que uma refeição, mais do que os nutrientes se dissolvendo em seu sangue: simplesmente esperança. Pulo mais uma vez na terra.

Mas não estou sozinha. Um homem olha para mim. Ele segura uma arma. É um soldado da Wehrmacht. Pior do que a arma são os olhos dele, olhos punitivos. *Como você ousa?*, dizem os olhos dele. *Vou ensiná-la a obedecer.* Ele me coloca de joelhos. Engatilha a arma e aponta para o meu peito. *Por favor, por favor, por favor.* Rezo como rezei com Mengele. *Por favor, ajude-o a não me matar.* Estou tremendo. As cenouras batem em minha perna. Ele abaixa a arma por um segundo, então a levanta novamente. *Clique. Clique.*

Pior do que o medo da morte é a sensação de estar presa e indefesa, de não saber o que vai acontecer na próxima vez que respirar. Ele me coloca de pé e me leva de volta para o prédio onde Magda dorme. Ele usa a coronha da arma para me empurrar para dentro.

– Mijando – diz ele para o guarda de dentro, e eles riem grosseiramente.

Seguro as cenouras enroladas no vestido.

Magda não acorda logo. Tenho que colocar a cenoura na palma de sua mão para que ela abra os olhos. Ela come tão rápido que morde a parte de dentro da bochecha. Quando ela me agradece, começa a chorar.

A SS nos acorda aos gritos pela manhã. Hora de andar novamente. Estou faminta e vazia e acho que devo ter sonhado com cenouras, mas Magda me mostra um punhado da folhagem que ela guardou no bolso para depois. Está murcha. São restos que, em uma vida anterior, teríamos jogado fora ou dado para o ganso no sótão. Mas essas folhas, agora, parecem encantadas, como o caldeirão de um conto de fadas que se enche de ouro. As cabeças marrons murchas das cenouras são a prova de um poder secreto. Eu não devia ter me arriscado a ir pegá-las, mas me arrisquei. Tinha grande chance de não sobreviver, mas sobrevivi. Os "ses" não são importantes. Não são a única forma de controle. Existe um princípio diferente, uma autoridade diferente em funcionamento. Estamos esqueléticas. Estamos tão doentes e subnutridas que mal podemos andar, muito menos seguir, muito menos trabalhar. Ainda assim, as cenouras me deram força. *Se eu sobreviver hoje, amanhã serei livre.* Repito o mantra em minha cabeça.

Fazemos fila para a contagem. Ainda estou cantando para mim mesma. Quando estamos prestes a sair na manhã fria para outro dia de horror, acontece uma agitação na porta. O guarda da SS grita em alemão e outro homem grita de volta, forçando sua entrada na sala. Prendo a respiração e seguro no cotovelo de Magda para não cair. É o homem da horta. Ele está olhando com severidade para todos na sala.

– Onde está a garota que ousou quebrar as regras? – pergunta ele.

Meu corpo treme. Não consigo me acalmar. Ele voltou para se vingar. Quer tornar a punição pública. Ou sente que deve. Alguém soube de sua bondade inexplicável para comigo e agora *ele* precisa pagar por ter se arriscado. Ele precisa pagar pelo perigo que correu me fazendo pagar pelo meu risco. Estremeço, quase sem conseguir respirar de tanto medo. Estou encurralada. Sei o quanto estou próxima da morte.

– Onde está a pequena criminosa? – pergunta ele novamente.

Ele vai me identificar a qualquer momento. Ou vai perceber os restos da cenoura escapando do casaco de Magda. Não consigo aguentar o suspense de esperar que ele me reconheça. Me curvo e me arrasto na direção do homem. Magda sussurra algo para mim, mas é tarde demais. Eu me agacho aos pés dele. Vejo a lama em suas botas, o nó da madeira do chão.

– Você – diz ele, parecendo decepcionado.

Fecho os olhos. Espero ele me chutar. Espero ele me dar um tiro.

Algo pesado cai perto de meus pés. Uma pedra? Será que ele vai me apedrejar até a morte, lentamente?

Não. É um pão. Um pequeno pão escuro de centeio.

– Você deve estar com muita fome para fazer o que fez – diz ele.

Gostaria de encontrar esse homem agora. Ele é a prova de que doze anos do Reich de Hitler não são suficientes para tirar a bondade das pessoas. Os olhos dele são os olhos de meu pai. Verdes. E cheios de alívio.

CAPÍTULO 5

Os degraus da morte

Andamos por dias ou semanas novamente. Desde Auschwitz, ficamos na Alemanha, mas um dia chegamos à fronteira austríaca, onde esperamos para atravessar. Os guardas fofocam enquanto aguardamos em filas intermináveis que, para mim, se tornaram uma ilusão de ordenamento, a ilusão que uma coisa naturalmente segue a outra. É um alívio ficar parada. Escuto a conversa dos guardas. Falam que o presidente Roosevelt morreu. Truman agora deve ir até o fim da guerra. Como é estranho ouvir que lá fora, no mundo além de nosso purgatório, as coisas mudam. Um novo rumo é traçado. Esses eventos acontecem tão longe de nossa existência cotidiana que é um choque perceber que até mesmo nesse momento alguém está fazendo escolhas por mim. Não sobre a minha pessoa especificamente. Não tenho nome. Mas alguém com autoridade está tomando uma decisão que determinará o que acontece comigo. Norte, sul, leste ou oeste? Alemanha ou Áustria? O que deve ser feito com os judeus sobreviventes antes de a guerra acabar?

"Quando a guerra acabar...", diz um guarda. Ele não conclui o pensamento. Esse é o tipo de conversa sobre o futuro que Eric e eu tínhamos antigamente. *Depois da guerra...* Se eu me concentrar do jeito certo, será que consigo descobrir se ele ainda está vivo? Finjo que espero do lado de fora da estação onde compro um bilhete, mas tenho uma única chance de descobrir em qual cidade estou para encontrá-lo. Praga? Viena? Dusseldorf? Presov? Paris? Coloco a mão no bolso, tateando por meu passaporte. *Eric, meu amor, estou a caminho.* Uma guarda da fronteira grita em alemão comigo e com Magda e nos encaminha a uma fila diferente.

Eu começo a me mexer, mas Magda fica parada. A guarda grita novamente. Magda não se mexe, não responde. Ela está delirando? Por que não me segue? A guarda grita no rosto de Magda e Magda balança a cabeça.

– Não entendo – diz Magda para a guarda em húngaro.

É claro que ela entende. Somos fluentes em alemão.

– Sim, você entende! – grita a guarda.

– Não entendo – repete Magda.

Sua voz está totalmente neutra. Seus ombros estão retos e elevados. O que não estou percebendo? Por que ela está fingindo não entender? Não há nada a ganhar com o desafio. Ela enlouqueceu? As duas continuam a discutir. Só que Magda não está discutindo. Ela apenas repete, objetivamente, calmamente, que não compreende. A guarda se descontrola. Ela bate no rosto de Magda com a coronha da arma. Bate novamente nos ombros de Magda. Bate, bate, até que Magda cai e a guarda chama a mim e a outra garota para arrastá-la conosco.

Magda está machucada e tossindo, mas seus olhos brilham.

– Eu disse "Não"! – grita ela. – Eu disse "Não"!

Para ela, é uma surra maravilhosa. A prova de seu poder. Ela se manteve firme enquanto a guarda se descontrolou. A desobediência civil de Magda a faz se sentir como a autora da escolha, não como vítima do destino.

Mas o poder que Magda experimenta dura pouco. Logo estaremos caminhando novamente, rumo a um lugar pior do que qualquer outro que vimos até então.

Chegamos a Mauthausen. É um campo de concentração masculino em uma pedreira, onde os prisioneiros são obrigados a cortar e carregar o granito que será usado para construir a cidade de fantasia de Hitler, a nova capital da Alemanha, uma nova Berlim. Não vejo nada a não ser degraus e corpos. Os degraus são de pedra branca e se estendem acima e à nossa frente, como se nos levassem ao céu. Os corpos estão por toda parte, em pilhas. Corpos retorcidos e inclinados como pedaços de uma cerca. Corpos tão esqueléticos, desfigurados e emaranhados que mal têm forma humana. Ficamos em fila nos degraus brancos. Os "degraus da morte", como são chamados. Esperamos por outra seleção que, imaginamos, nos mandará para a morte ou para mais trabalho. Boatos percorrem a fila. Os prisioneiros em Mauthausen, aprendemos, têm que subir 186 degraus carregando um bloco de pedra de 50 quilos desde a pedreira lá embaixo, seguindo uma fila. Imagino os meus antepassados, os escravos do faraó, no Egito, vergados sob o peso das pedras. Aqui, nos degraus da morte, nos contam que, quando você está subindo carregando uma pedra e alguém na sua frente tropeça ou cai, você é o próximo a cair, e assim sucessivamente até a fila inteira entrar em colapso e virar uma pilha. Dizem que se você sobreviver é pior, pois tem que ficar em pé encostada numa parede à beira de um precipício. *Fallschirmspringerwand* é o nome em alemão – a parede do paraquedista. Sob a mira de uma arma você deve escolher entre receber um tiro ou empurrar o preso ao seu lado.

– Simplesmente me empurre – diz Magda. – Se chegarmos a esse ponto.

– Faça o mesmo comigo – digo.

Prefiro mil vezes cair a ver minha irmã levar um tiro. Estamos fracas e famintas demais para dizer isso por educação. Dizemos isso por amor, mas também por autopreservação. Não me dê outra coisa pesada para carregar. Deixe-me cair entre as pedras.

Eu peso menos, bem menos que as pedras que os prisioneiros carregam nos degraus da morte. Sou tão leve que poderia planar como uma folha ou uma pena, descendo, descendo. Eu poderia cair agora. Poderia simplesmente cair para trás em vez de dar o próximo passo. Acho que estou vazia. Não tenho peso para me segurar na terra. Estou quase me entregando a essa fantasia de leveza, de me liberar do peso de estar viva, quando alguém à minha frente quebra o encanto.

– Lá está o crematório – diz ela.

Olho para cima. Ficamos longe dos campos de extermínio por tantos meses que esqueci como as chaminés são altas. De certa forma, elas são tranquilizadoras. Sentir a proximidade e a iminência da morte numa coluna de tijolos, ver a chaminé como uma ponte que fará sua passagem do estado sólido para o gasoso, considerar-se já morta faz um certo sentido.

Ainda assim, enquanto aquela chaminé produzir fumaça, tenho algo por que lutar. Tenho um propósito. "Morreremos pela manhã", os boatos anunciam. Posso sentir a resignação me oprimindo como a gravidade, uma força constante e inevitável.

A noite cai e dormimos nos degraus. Por que eles demoraram tanto para começar a seleção? Minha coragem oscila. Morreremos pela manhã. Pela manhã morreremos. Será que minha mãe sabia o que ia acontecer quando se juntou à fila de crianças e idosos? Quando ela viu Magda e eu selecionadas para um caminho diferente? Será que ela lutou contra a morte? Ela a aceitou? Permaneceu alheia até o fim? Será que importa, quando se morre, se você tinha consciência de estar morrendo? *Morreremos pela manhã. Pela manhã morreremos.* Escuto o boato, a certeza, repetida como se estivesse ecoando nas pedras. Será que caminhamos tantas centenas de quilômetros para simplesmente desaparecer?

Quero organizar minha mente. Não quero que meus últimos pensamentos sejam meros chavões, tampouco frases desanimadas. *De que adianta? O que tudo significa?* Não quero que meus últimos pensamentos sejam uma repetição dos horrores que vimos. Quero me sentir viva. Quero desfrutar da vida. Penso na voz de Eric e em seus lábios. Tento pensar em coisas que ainda podem me fazer vibrar. *Nunca esquecerei os olhos dele. Nunca esquecerei as mãos dele.* É isso que quero lembrar – calor no peito e um arrepio percorrendo a pele –, embora "lembrar" não seja a palavra certa. Quero aproveitar meu corpo enquanto ainda tenho um. Há uma eternidade, em Kassa, mamãe me proibiu de ler *Naná*, de Émile Zola, mas escondi o livro no banheiro e o li em segredo. Se eu morrer amanhã, morrerei virgem. Por que tenho um corpo, se nunca o conheci completamente? Grande parte da minha vida foi um mistério. Eu me lembro do dia em que fiquei menstruada pela primeira vez. Voltei de bicicleta para casa do colégio e quando cheguei vi manchas de sangue na minha saia branca. Fiquei assustada. Corri para minha mãe, chorando, pedindo que ela me ajudasse a localizar o machucado. Ela me deu um tabefe. Eu não sabia que era uma tradição húngara estapear a garota quando ela menstrua pela primeira vez. Eu não sabia nada sobre menstruação. Ninguém, nem minha mãe nem minhas irmãs, nem professoras, instrutoras ou amigas me explicaram qualquer coisa sobre minha anatomia. Eu sabia que havia alguma coisa que os homens tinham e que as mulheres não tinham. Nunca vi meu pai nu, mas sentia aquela parte de Eric fazendo pressão em mim quando ele me abraçava. Ele nunca pediu que eu o tocasse, nunca me apresentou seu corpo. Eu gostava da sensação de que tanto o corpo dele quanto o meu eram mistérios aguardando descobertas, algo que provocava uma descarga de energia entre nós quando nos tocávamos.

Agora esse era um mistério que eu nunca resolveria. Eu havia experimentado estrelinhas do desejo, mas nunca conheceria a satisfação, a promessa completa da galáxia luminosa. Choro por causa disso agora, nos degraus da morte. É terrível perder, ter perdido tudo o que conheci: mãe, pai, irmã, namorado, país, casa. Por que também tenho que perder as coisas que não conheci? Por que tenho que perder o futuro? Meu potencial? Os filhos que nunca terei? O vestido de casamento que meu pai nunca fará? *Vou morrer virgem*. Não quero que esse seja o meu último pensamento. Devo pensar em Deus.

Tento imaginar uma força irremovível. Magda perdeu a fé. Ela e muitas outras. "Não posso acreditar em um Deus que deixaria isso acontecer", dizem. Entendo o que elas querem dizer. Mesmo assim, nunca tive dificuldade em compreender que não é Deus que está nos matando em câmaras de gás, em valas, em precipícios, em escadas com 186 degraus brancos. Deus não comanda os campos da morte. As pessoas comandam. Mas eis aqui o horror novamente e eu não quero me entregar a ele. Imagino Deus como uma criança dançando. Alegre, inocente e curiosa. Também devo ser assim para estar próxima de Deus agora. Quero manter viva até o fim a parte de mim que se maravilha, que sonha. Pergunto-me se alguém sabe que estou aqui, se alguém sabe o que está acontecendo, que existem lugares como Auschwitz e Mauthausen? Será que meus pais podem me ver agora? Gostaria de saber se Eric pode. Tenho curiosidade em saber como é um homem nu. Há muitos homens ao meu redor. Homens que já não vivem. Eu não vou ofendê-los se der uma olhada. O pior delito seria renunciar à minha curiosidade, eu me convenço.

Deixo Magda dormindo na escada e rastejo até a encosta barrenta onde os corpos são empilhados. Não tiro a roupa de ninguém que esteja vestido. Não vou mexer com os mortos. Mas se um homem estiver despido, vou olhar.

Vejo um homem com as pernas abertas. Elas não parecem pertencer ao mesmo corpo, mas posso imaginar o lugar onde as pernas se unem. Vejo pelos como os meus, escuros, grossos, e um pequeno apêndice. É como um pequeno cogumelo, uma coisa macia que sai da terra. Que estranho as partes femininas serem todas escondidas e as dos homens tão expostas, tão vulneráveis. Fico satisfeita. Não vou morrer ignorando a biologia que me fez.

Ao raiar do dia, a fila começa a andar. Não conversamos muito. Alguns gritam. Quase todos permanecem contidos em seu medo, em sua tristeza, em sua resignação ou em seu alívio. Não conto a Magda o que vi na noite anterior. Essa fila está andando rapidamente. Não vai haver muito tempo. Tento me lembrar das constelações que eu costumava identificar no céu estrelado. Tento me lembrar do gosto do pão da minha mãe.

– Dicuka – diz Magda, mas demoro algumas respirações para reconhecer meu nome.

Chegamos ao topo da escadaria. O oficial encarregado da seleção está logo à frente. Todo mundo é enviado na mesma direção. Isso não é uma fila de seleção. É um encaminhamento. É realmente o fim. Eles esperaram até o amanhecer para nos mandar para a morte. Devemos fazer promessas umas para as outras? Pedir perdão? O que há para ser dito? Cinco garotas na nossa frente agora. O que devo dizer à minha irmã? Duas garotas.

Então, a fila para. Somos levadas para um grupo de guardas da SS num portão.

– Se vocês tentarem correr, serão mortas! – gritam eles para nós. – Se ficarem para trás, serão mortas.

Fomos salvas novamente. Inexplicavelmente. Andamos.

Esta é a Marcha da Morte, de Mauthausen para Gunskirchen. É a distância mais curta que fomos forçadas a percorrer, mas estamos tão enfraquecidas a essa altura que somente cem das duas mil prisioneiras sobreviverão. Magda e eu nos agarramos uma à outra, determinadas a permanecer juntas, a ficar de pé. A cada hora, centenas de garotas caem nas valas dos dois lados da estrada. Fracas demais ou doentes demais para continuar andando, elas são mortas no local. Somos como a cabeça de um dente-de-leão espalhando suas sementes levadas pelo vento, sendo que uns poucos tufos brancos permanecem. Fome é o meu único nome.

Tudo em mim dói; tudo em mim está dormente. Não consigo dar nem mais um passo. Dói tanto que não consigo me obrigar a andar. Sou basicamente um circuito de dor, uma sensação que se retroalimenta. Não percebo que tropecei até sentir os braços de Magda e das outras garotas me levantando. Elas entrelaçaram os dedos para formar uma cadeira humana.

– Você dividiu o seu pão – diz uma delas.

As palavras não significam nada para mim. Quando eu saboreei um pão? Mas então a memória volta. Nossa primeira noite em Auschwitz. Mengele ordenando o início da música e me mandando dançar. Este corpo dançou. Esta mente sonhou com a Ópera de Budapeste. Este corpo comeu aquele pão. Eu sou aquela que tinha uma ideia fixa naquela noite e que volta a pensar nisso agora: Mengele matou a minha mãe; Mengele me deixou viver. Uma garota que compartilhou uma casca comigo há quase um ano me reconheceu. Ela gasta suas últimas forças para juntar seus dedos aos de Magda e das outras meninas e me levanta no ar. De certa forma, Mengele permitiu que este momento acontecesse. Ele não matou nenhuma de nós naquela noite ou em qualquer outra noite. Ele nos deu pão.

CAPÍTULO 6

Escolhendo uma folha de grama

Há sempre um inferno pior. Esta é a nossa recompensa por viver. Quando paramos de caminhar, chegamos a Gunskirchen Lager. É um subcampo de Mauthausen: algumas poucas construções de madeira em uma floresta pantanosa perto de uma aldeia, um campo construído para abrigar centenas de trabalhadores escravos, onde agora se amontoam 18 mil pessoas. Não é um campo de extermínio. Não há câmaras de gás aqui nem crematório. Mas não há dúvida de que estamos aqui para morrer.

Já é difícil dizer quem está vivo e quem está morto. A doença passa por dentro e entre os nossos corpos. Tifo. Disenteria. Piolho. Feridas abertas. Carne sobre carne. Apodrecendo em vida. Uma carcaça de cavalo meio consumida. Coma a carne crua. Quem precisa de faca para cortar a carne? Simplesmente arranque-a do osso. Você dorme profundamente com três pessoas nas estruturas de madeira lotadas, ou no chão. Se alguém embaixo de você morre, continue dormindo. Ninguém tem força para tirar o morto dali. Uma garota está toda encolhida, de tanta fome. Há um pé, negro, apodrecido. Fomos levados para uma floresta fechada e úmida para sermos mortos em uma explosão gigantesca, todos nós pegando fogo. O lugar está todo preparado com bananas de dinamite. Esperamos a explosão que nos consumirá em chamas. Até esse momento chegar existem outros perigos: inanição, febre, doenças. Há apenas vinte latrinas no campo todo. Se você não puder esperar a sua vez de defecar, eles atiram em você lá mesmo, onde suas fezes foram depositadas. O lixo entra em combustão. A terra é um lamaçal, e, se você tiver forças para andar, seus pés chafurdam em uma polpa que é parte lama, parte merda. Faz cinco ou seis meses que saímos de Auschwitz.

Magda paquera. É como consegue reagir diante da proximidade da morte. Ela encontra um francês, um cara de Paris que morou antes da guerra na *Rue* de alguma coisa, um endereço que digo a mim mesma que nunca mais vou esquecer. Mesmo nas profundezas desse horror existe química, pessoa a pessoa, com direito a nó na garganta e encantamento. Vejo os dois conversando como se estivessem sentados num café no verão, com pratinhos de comida entre eles. É isso que os vivos fazem. Usamos nossa vibração sagrada como anteparo para o medo. Não estrague sua imaginação. Acenda-a como uma tocha. Diga ao francês seu nome e devore o endereço dele, saboreie, mastigue-o lentamente como se fosse um pedaço de pão.

Depois de poucos dias em Gunskirchen, viro alguém que não consegue andar. Embora eu não saiba, estou com a coluna quebrada (ainda hoje não sei quando a lesão ocorreu, nem como). Percebo apenas que cheguei ao fim de minhas reservas. Eu me deito no meio daquela atmosfera pesada, meu corpo entrelaçado com os de gente estranha, todos juntos numa pilha, alguns já mortos há muito tempo, e outros, como eu, quase mortos. Vejo coisas que sei que não são reais. Eu as vejo misturadas com o que é real, mas que não deveria ser. Minha mãe lê para mim. Scarlett chora, *"Amei algo que não existe realmente"*. Meu pai joga um biscoito para mim. Klara começa um concerto para violino de Mendelssohn. Ela toca ao lado da janela para que um transeunte a veja, levante o olhar em sua direção e ela possa ter a atenção que deseja sem pedir diretamente. É isso que os vivos fazem. Nós ajustamos as cordas para que elas vibrem de acordo com as nossas necessidades.

Aqui no inferno eu vejo um homem comer carne humana. Será que eu faria isso para salvar minha vida? Será que consigo colocar na minha boca a pele pendurada nos ossos de uma pessoa e mastigar? Tenho visto a dignidade da carne ser tirada com imperdoável crueldade. Vi um garoto ser amarrado a uma árvore enquanto os oficiais da SS atiravam em seus pés, suas mãos, seus braços, uma orelha – uma criança inocente usada como alvo. Ou a grávida que de alguma forma chegou a Auschwitz sem ser morta imediatamente. Quando ela entrou em trabalho de parto, os guardas amarraram suas pernas. Nunca vi uma agonia como a dela. Mas olhar alguém passando fome comer a carne de uma pessoa morta faz minha bile subir, escurece a minha visão. Não seria capaz. Ainda assim, preciso comer. Preciso comer ou morrerei. Na lama pisoteada cresce grama. Olho para a folhagem, observo os diferentes tamanhos e cores. Vou comer grama. Escolher essa folha de grama e não aquela outra. Vou ocupar a mente com a escolha. Isso é o que significa escolher. Comer a grama ou comer carne. Comer esta grama ou aquela. Durmo a maior parte do tempo. Não há nada para beber. Perco a noção do tempo. Estou quase sempre adormecida. Mesmo acordada, luto para me manter consciente.

Quando vejo Magda rastejando até mim com uma lata na mão, uma lata que brilha no sol. Uma lata de sardinhas. A Cruz Vermelha, por sua neutralidade, foi autorizada a enviar ajuda aos prisioneiros. Magda se enfiou numa fila e recebeu uma lata de sardinhas. Mas não há como abrir. É só uma nova forma de crueldade. Mesmo uma boa intenção, uma boa ação, se torna uma bobagem. Minha irmã está morrendo lentamente de fome, minha irmã segura a comida na mão. Ela agarra a lata da maneira que antes segurou seu cabelo, tentando se manter firme. Uma lata de peixe impossível de ser aberta é a parte mais humana dela agora. Somos os mortos e os quase mortos. Não sei dizer qual deles eu sou.

Tenho noção, nos cantos da minha consciência, que estou trocando o dia pela noite. Quando abro os olhos, não sei se dormi ou desmaiei, nem por quanto tempo. Não tenho condições de perguntar: "Quanto tempo?" Às vezes consigo perceber que estou respirando. Às vezes tento mexer a cabeça para procurar Magda. Às vezes não consigo me lembrar do nome dela.

Gritos me arrancam de um sono que parece a morte. Os gritos devem ser o arauto da morte. Espero pela explosão e pelo calor prometido. Mantenho os olhos fechados e espero queimar. Mas não há explosão. Não há fogo. Abro os olhos e vejo jipes passando devagar pela floresta de pinheiros que esconde o campo da estrada e do céu. "Os americanos chegaram! Os americanos estão aqui!", é o que os moribundos estão gritando. Os jipes parecem borrões flutuantes, como se eu estivesse olhando através de água ou do calor intenso. Poderia ser uma alucinação coletiva? Alguém está cantando "When the Saints Go Marching In". Por mais de setenta anos essas impressões sensoriais ficaram guardadas comigo, indeléveis. Mas, quando aconteceram, eu não tive a menor ideia de seu significado. Vejo homens exaustos. Vejo bandeiras com estrelas e listras, bandeiras americanas. Vejo bandeiras com o número 71. Vejo um americano dando cigarros a prisioneiros tão famintos que comeram os cigarros com papel e tudo. Observo um emaranhado de corpos. Não sei dizer quais são as minhas pernas. "Tem alguém vivo aqui?", gritam os americanos em alemão. "Levante a mão se você está vivo." Tento mover os dedos para sinalizar que estou viva. Um soldado passa tão perto de mim que posso ver os respingos de lama em suas calças. Posso sentir o cheiro de seu suor. Estou aqui, quero chamar. *Estou aqui.* Não tenho voz. Ele faz uma busca entre os corpos. Os olhos dele passam por mim, mas ele não me vê. Ele segura um pedaço de pano sujo no rosto. "Levante a mão se você pode me ouvir", diz ele. Ele mal tira o pano da boca quando fala. Eu me esforço para encontrar meus dedos. *Vocês nunca sairão vivos daqui*, disseram a *kapo* que arrancou meus brincos, o oficial da SS com a máquina de tatuar que não quis desperdiçar a tinta, a capataz da tecelagem e o soldado da SS que atirou em nós na longa, longa marcha. É assim que eles sentem que estão certos.

O soldado grita alguma coisa em inglês. Alguém fora do meu campo de visão grita de volta. Eles estão indo embora.

E então um raio de luz explode no chão. Eis o fogo. Finalmente. Estou surpresa que não faça barulho. Os soldados voltam. Meu corpo dormente de repente fica quente – por causa das chamas, eu penso, ou da febre. Nada disso. Não há fogo. O raio de luz não é fogo. É o sol batendo na lata de sardinhas de Magda! De propósito ou por acidente, ela atraiu a atenção dos soldados com uma lata de peixe. Eles estão voltando. Temos mais uma chance. Se posso dançar na minha imaginação, posso fazer meu corpo ser visto. Fecho os olhos e me concentro, levantando as mãos acima da minha cabeça em um floreio. Escuto os soldados gritarem novamente, uns com os outros. Um está muito próximo. Mantenho os olhos fechados e continuo minha dança. Imagino que estou dançando com ele. Que ele me levanta sobre a cabeça como Romeu fez no alojamento com Mengele. Que existe amor e ele nasce da guerra. Que existe morte e sempre, sempre, o seu oposto.

Agora sinto a minha mão. Sei que é a minha mão porque o soldado está tocando nela. Abro os olhos. Vejo que sua mão grande e escura envolve os meus dedos. Ele pressiona algo na minha mão. Bolinhas. Bolinhas coloridas. Vermelhas, marrons, verdes, amarelas.

– Comida – diz o soldado.

Ele olha nos meus olhos. Sua pele é a mais escura que eu já vi, os lábios são grossos, os olhos marrom-escuros. Ele me ajuda a levar a mão até a boca. E a soltar as bolinhas na língua seca. A saliva se forma e eu sinto um gosto doce. Eu sinto chocolate. Eu me lembro do nome deste sabor. "Tenha sempre alguma coisa doce no bolso", dizia meu pai. Aqui está a doçura.

Mas, e Magda? Ela também foi encontrada? Ainda não consigo falar, não tenho voz. Não consigo balbuciar um agradecimento. Nem formar as sílabas do nome da minha irmã. Mal consigo engolir os pequenos chocolates que o soldado me deu. Mal consigo pensar em outra coisa que não seja o desejo por mais comida. Ou por um copo de água. A atenção dele está voltada para me retirar da pilha de corpos. Ele tem de afastar os mortos de mim. Eles estão flácidos, no rosto, nos membros. Por mais esqueléticos que estejam, são pesados, e o soldado faz caretas e se contorce para levantá-los. O suor cobre seu rosto. Ele tosse por causa do fedor e ajeita o pano sobre a boca. Quem sabe há quanto tempo os mortos estão mortos? Talvez apenas um suspiro ou dois me separe deles. Não sei como dizer o quanto estou agradecida. Mas sinto um formigamento de gratidão percorrer toda a minha pele.

Agora ele me carrega e me coloca no chão, de costas, a uma pequena distância dos cadáveres. Posso ver pedaços do céu por entre as copas das árvores. Sinto o ar úmido no rosto, a umidade da grama lamacenta embaixo de mim. Deixo a mente curtir a sensação. Imagino o cabelo comprido e encaracolado de minha mãe, a cartola e o bigode de meu pai. Tudo o que sinto e que já senti um dia veio deles, da união que me gerou. Eles me embalaram em seus braços. Fizeram de mim uma criança da Terra. Lembro-me da história que Magda conta sobre o meu nascimento. "Você me ajudou", gritou minha mãe para a imagem da mãe dela. "Você me ajudou."

E agora Magda está ao meu lado na grama. Ela segura sua lata de sardinhas. Sobrevivemos à seleção final. Estamos vivas. Estamos juntas. Estamos livres.

PARTE II

FUGA

CAPÍTULO 7

Meu libertador, meu agressor

Quando eu me permitia imaginar esse momento – o fim de meu encarceramento, o fim da guerra –, pensava na alegria florescendo em meu peito. Imaginei que gritaria o mais alto que pudesse: "ESTOU LIVRE! ESTOU LIVRE!" Mas agora estou sem voz. Somos um rio silencioso, uma corrente de libertos que flui do cemitério Gunskirchen em direção à cidade mais próxima. Sigo num carrinho improvisado. As rodas rangem. Mal consigo me manter consciente. Não há alegria ou alívio nessa liberdade. É uma caminhada lenta para fora da floresta. É um rosto atordoado. É mal se sentir vivo e voltar a dormir. É o perigo de sofrer uma congestão depois de comer demais. O perigo de ingerir o tipo errado de comida. A liberdade é ferida, piolho, tifo, barriga seca e olhos apáticos.

Tenho consciência da presença de Magda caminhando ao meu lado. Da dor em todo o meu corpo quando o carrinho balança. Por mais de um ano não pude me dar ao luxo de pensar no que doía e no que não doía. Apenas pensei em acompanhar os outros, em como me manter um passo à frente, em conseguir um pouco de comida, em caminhar rápido o suficiente, em nunca parar, em permanecer viva e não ser deixada para trás. Agora que o perigo passou, a dor interior e o sofrimento ao meu redor transformam consciência em alucinação. Um filme mudo. Uma marcha de esqueletos. A maioria está fisicamente arrasada demais para caminhar. Ficamos deitados em carrinhos, apoiados em varas. Nossos uniformes estão imundos e gastos, tão esfarrapados e rasgados que mal cobrem a pele. A pele mal cobre nossos ossos. Somos uma aula de anatomia. Cotovelos, joelhos, tornozelos, maçãs do rosto, articulações e costelas se projetam como perguntas.

O que somos agora? Nossos ossos parecem obscenos, nossos olhos são cavernas inexpressivas, vazias, escuras. Rostos irreais. Unhas pretas azuladas. Somos lesões em movimento. Um desfile de zumbis em câmara lenta. Cambaleamos ao andar, os carrinhos se arrastam pelos paralelepípedos. Fila após fila, enchemos a praça da cidade de Wels, na Áustria. A população nos olha das janelas. Somos assustadores. Ninguém fala. Nós sufocamos a praça com nosso silêncio. Os moradores correm para suas casas. As crianças tapam os olhos. Passamos pelo inferno e agora nos tornamos o pesadelo de outras pessoas.

    O importante é comer e beber. Não muito, nem muito rápido. É possível ter uma overdose de comida. Alguns de nós não conseguem se controlar. A moderação se dissolveu junto com nossa massa muscular, com nossa carne. Passamos fome por muito tempo. Mais tarde vou saber que uma garota da minha cidade, irmã de uma amiga de Klara, foi libertada de Auschwitz e morreu por comer demais. Manter o estado de inanição é tão mortal quanto sair dele. É uma bênção, então, que eu só recupere a força necessária para mastigar de maneira intermitente. Outra bênção é que os soldados americanos tenham pouca comida a oferecer, na maior parte chocolate, aquelas gotinhas coloridas de M&M, como aprendemos depois.

Ninguém quer nos abrigar. Hitler morreu há menos de uma semana, a Alemanha ainda está a dias de se render oficialmente. A violência diminui em toda a Europa, mas ainda é tempo de guerra. Alimento e esperança são escassos para todos. E nós, as sobreviventes, ex-prisioneiras, ainda somos o inimigo para alguns. Parasitas. Vermes. A guerra não acaba com o antissemitismo. Os soldados americanos levam a mim e Magda para a casa de uma família alemã, composta de mãe, pai, avó e três crianças. É ali que vamos morar até ficarmos fortes para viajar. Tenham cuidado, os americanos nos avisam num alemão capenga. Ainda não há paz. Qualquer coisa pode acontecer.

    Os adultos guardam todos os pertences da família num quarto e o pai faz questão de mostrar que está trancando a porta. As crianças se revezam para nos observar e depois correm para se esconder atrás da mãe. Somos alvo de fascínio e medo. Estou acostumada com o olhar vazio e a crueldade automática da SS, que lhes provoca um júbilo inadequado, seu prazer pelo poder. Estou acostumada à maneira como eles se vangloriam para se sentir importantes e aumentar a sensação de propósito e de controle. A maneira como as crianças olham para nós é pior. Somos uma ofensa à sua inocência. É assim que as crianças nos olham – como se fôssemos transgressoras. O choque delas é mais amargo do que o próprio ódio.

    Os soldados nos levam para o cômodo onde vamos dormir. É o quarto das crianças. Somos órfãs da guerra. Eles me colocam num berço de madeira. Estou pequena assim: peso 32 quilos. Não consigo andar sozinha. Sou um bebê. Mal consigo formar frases. Penso em termos de dor, de necessidade. Eu choraria para ser abraçada, mas não há ninguém para me abraçar. Magda se encolhe como uma bola na pequena cama.

Um barulho do lado de fora de nossa porta me desperta. Mesmo o descanso é frágil. Sinto medo o tempo todo. Temo o que já aconteceu e o que pode acontecer. Barulhos no escuro trazem de volta a imagem de minha mãe guardando a membrana do nascimento de Klara no casaco e de meu pai olhando para nosso apartamento na madrugada em que fomos despejados. Quando revivo o passado, perco minha casa e meus pais mais uma vez. Olho para as grades de madeira do berço e tento me acalmar e voltar a dormir, ou pelo menos me acalmar. Mas os barulhos continuam. Estrondos e passos fortes. Então, a porta se abre. Dois soldados americanos entram no quarto. Eles tropeçam um no outro, batem numa pequena prateleira. A luz de um abajur ilumina o quarto escuro. Um dos homens aponta para mim, ri e segura a virilha. Magda não está lá. Não sei onde ela está, se perto o suficiente para me ouvir se eu gritar ou escondida em algum lugar, tão amedrontada quanto eu. Ouço a voz de minha mãe. *Não ouse perder a virgindade antes de se casar*, ela nos recomendava antes até mesmo de eu saber o que era virgindade. Não perdi. Entendi a ameaça. Não se arruíne. Não seja uma decepção. Agora, uma brutalidade pode fazer mais do que me desonrar, poderia me matar. Estou frágil assim. Não tenho medo apenas de morrer ou de sentir mais dor. Tenho medo de perder o respeito de minha mãe. O soldado empurra o amigo de volta para a porta, para que ele monte guarda. Ele se aproxima de mim e fala de maneira irritantemente amorosa, com uma voz rascante, perturbada. Seu suor e o álcool de seu hálito têm um cheiro penetrante como mofo. Preciso mantê-lo longe de mim. Não há nada para atirar nele. Não consigo nem me sentar. Tento gritar, mas minha voz não passa de um murmúrio. O soldado parado na porta está rindo. De repente, ele para de rir e fala com rispidez. Não sei inglês, mas sei que ele diz algo sobre um bebê. O outro soldado se inclina contra a grade do berço. Sua mão tateia a cintura. Ele vai me usar. Me esmagar. Ele tira a arma e gesticula loucamente, como se ela fosse uma tocha. Aguardo suas mãos me apertarem. Mas, em vez disso, ele se afasta. Vai até a porta, na direção do amigo. A porta se fecha. Estou sozinha no escuro.

Não consigo dormir. Tenho certeza de que o soldado voltará. Onde está Magda? Será que algum outro soldado a pegou? Ela definhou, mas seu corpo está em melhor forma do que o meu, e ainda guarda algum indício de sua feminilidade. Para me acalmar, tento organizar o que conheço dos homens e da paleta humana: Eric, gentil e otimista; meu pai, decepcionado com ele mesmo e com as circunstâncias, às vezes, derrotado, às vezes, se esforçando ao máximo, encontrando as pequenas alegrias; Dr. Mengele, lascivo e controlado; o soldado da Wehrmacht que me flagrou com as cenouras frescas do chão, punitivo, porém misericordioso, depois gentil; o soldado americano que me tirou da pilha de corpos na Gunskirchen, determinado e corajoso; e agora este tipo novo. A linha tênue que o torna um libertador e ao mesmo tempo um agressor, uma presença pesada e vazia. Um enorme vazio, como se a humanidade tivesse deixado seu corpo. Nunca vou saber onde Magda estava naquela noite. Mesmo hoje ela não se lembra. Mas vou levar algo vital daquela noite terrível, algo que espero nunca esquecer. O homem que quase me estuprou, que poderia ter voltado para terminar o que começou, também viu o horror. Como eu, ele provavelmente passou o resto da vida tentando afugentá-lo, empurrá-lo para as bordas. Naquela noite, acredito que ele estava tão perdido na escuridão que quase foi consumido por ela. Mas acabou não sendo. Ele fez a escolha de não ser tragado pela escuridão.

Ele volta pela manhã. Sei que é ele porque ainda cheira a álcool, porque o medo me fez memorizar seu rosto, embora o tenha visto na penumbra. Abraço meus joelhos e gemo. Pareço um animal. Não consigo me controlar. É um barulho monótono, pungente, pareço um inseto. Ele se ajoelha ao lado do berço. Está chorando. Repete duas palavras. Não sei o que elas significam, mas lembro o som. *Me desculpe. Me desculpe.* Ele me entrega uma sacola de pano. É pesada demais para eu conseguir segurar, então ele a esvazia para mim, espalhando o conteúdo no colchão: latinhas de ração do exército. Ele me mostra as imagens nas latas. Aponta e fala, um maître louco explicando o *menu* e me convidando a escolher a próxima refeição. Não consigo entender nada do que ele diz. Analiso as imagens. Ele abre uma lata e me alimenta com uma colher. É presunto com qualquer coisa doce, passas talvez. Se meu pai não tivesse compartilhado os pedaços de porco que trazia escondido, eu não saberia o gosto daquilo – húngaros jamais misturariam presunto com qualquer coisa doce. Continuo abrindo a boca, recebendo outra colherada. Claro que o perdoo. Estou faminta e ele me traz comida.

Ele volta todos os dias. Magda está bem o suficiente para flertar novamente, e acho que, em algum momento, o soldado fez questão de voltar a esta casa porque gosta da atenção dela. Mas dia após dia ele mal toma conhecimento da presença de minha irmã. Ele vem por mim. Sou eu o problema que ele precisa resolver. Talvez ele esteja se penitenciando por sua quase agressão. Ou talvez precise provar a si mesmo que a esperança e a inocência podem ser recuperadas – a dele, a minha, a do mundo – e que uma garota depauperada pode andar novamente. Estou fraca e abalada demais para aprender a dizer ou soletrar o nome do soldado que durante seis semanas cuidou de mim, que me tirava do berço, segurava as minhas mãos e me incentivava a dar um passo por vez no quarto. Quando tento me movimentar, sinto as costas doerem como se queimadas por carvão em brasa. Eu me concentro em transferir o peso de um pé para o outro, tentando sentir o momento exato em que ocorre a transferência de peso. Minhas mãos ficam suspensas, apoiadas nos dedos dele. Finjo que ele é meu pai, o pai que gostaria que eu tivesse nascido menino e que depois me amou de qualquer maneira. "Você vai ser a garota mais bem-vestida da cidade", ele me disse infinitas vezes. Quando penso em meu pai, o calor sai das minhas costas e esquenta meu peito. Há dor e amor. Um bebê conhece esses dois lados do mundo, que eu também estou reaprendendo.

Como Magda se sente fisicamente melhor do que eu, ela tenta colocar nossas vidas em ordem. Um dia em que a família alemã está fora de casa, Magda abre os armários e encontra vestidos para usarmos. Na tentativa de descobrir quem está vivo e onde poderemos refazer a vida quando chegar a hora de partirmos de Wels, ela envia cartas para Klara, para o irmão de nossa mãe em Budapeste e para a irmã da nossa mãe em Miskolc, cartas que jamais serão lidas. Não consigo escrever o meu próprio nome. Muito menos um endereço. Uma frase. *Tem alguém aí?*

Um dia, o soldado traz papel e lápis. Começamos com o alfabeto. Ele escreve um *A* maiúsculo. Um *a* minúsculo. Um *B* maiúsculo. Um *b* minúsculo. Ele me dá o lápis e acena com a cabeça. Será que consigo fazer alguma letra? Ele quer que eu tente. Quer ver o quanto eu regredi, o quanto me recordo. Consigo escrever *C* e *c*. *D* e *d*. Eu me lembro! Ele me encoraja, me estimula a continuar. *E* e *e*. *F* e *f*. Mas então, hesito. Sei que o *G* vem a seguir, porém não consigo imaginá-lo nem pensar em como desenhá-lo na página.

Um dia, ele traz um rádio, que toca a música mais alegre que já ouvi. Ela é animada. Estimulante. Ouço instrumentos de sopro. Eles insistem que a gente se movimente, sem intenção de nos convencer. Mais que isso, é um convite impossível de ser recusado. O soldado e seus amigos mostram a Magda e a mim as danças que acompanham aquele som, o *jitterbug* e o *boogie-woogie*. Os homens formam pares como se fossem dançarinos de salão. Até a maneira como eles seguram os braços é nova para mim. Trata-se de um estilo de dança de salão, mais solto e versátil. Informal, mas não deselegante. Como eles conseguem ser tão ágeis e animados e ao mesmo tempo tão flexíveis? Tão *dispostos*? Seus corpos acompanham seja qual for a música tocando. Quero dançar dessa forma. Quero que os meus músculos se lembrem de como dançar.

Certa manhã Magda vai tomar banho e volta tremendo para o quarto. Seu cabelo está molhado, a roupa meio aberta. Ela se enrosca na cama com os olhos fechados. Como estou grande demais para o berço agora, cochilei na cama enquanto ela tomava banho e não sei dizer se ela sabe ou não que estou acordada.

Já faz mais de um mês desde a libertação. Magda e eu passamos quase todas as horas dos últimos quarenta dias juntas neste quarto. Recuperamos a força de nossos corpos, reconquistamos a capacidade de conversar, de escrever e até tentamos dançar. Conseguimos falar sobre Klara e sobre nossa esperança de que ela esteja viva em algum lugar, tentando nos encontrar. Mas não conseguimos falar sobre o que passamos.

Talvez, em nosso silêncio, estejamos tentando criar uma área onde nossos traumas não entrem. Wels é uma vida no limbo, mas presumivelmente uma vida nova se insinua. Talvez estejamos tentando dar uma à outra e aos outros um espaço vazio para lá construir o futuro. Não queremos macular o ambiente com imagens de violência e perda. Queremos poder ver algo além da morte. Portanto, concordamos tacitamente em não conversar sobre qualquer coisa que destrua nossa bolha de sobrevivência.

Agora minha irmã está tremendo e sofrendo. Se eu disser a ela que estou acordada, se perguntar o que houve de errado, se virar testemunha de seu colapso, ela não precisará encarar sozinha seja lá o que a faz tremer. Mas, se eu fingir que estou dormindo, posso evitar ser um espelho que reflita essa nova dor, e ser um espelho seletivo que reflita somente o que ela quer cultivar, deixando o restante invisível.

No fim, não preciso decidir o que fazer. Ela começa a falar:

– Antes de sair desta casa, vou ter a minha vingança – promete.

Raramente encontramos a família cuja casa ocupamos, mas a raiva silenciosa e amarga dela me leva a pensar no pior. Imagino o pai entrando no banheiro enquanto ela se despia.

– O que ele... – murmuro.

– Não. – Sua respiração está irregular. – Tentei usar o sabonete. O banheiro começou a girar.

– Você está doente?

– Não. Sim. Não sei.

– Você está com febre?

– Não. É o sabonete. Não consegui tocá-lo. Entrei em pânico.

– Ninguém machucou você?

– Não. Foi o sabonete. Você sabe o que dizem. Que ele é feito de pessoas. Daqueles que eles mataram.

Não sei se é verdade, mas assim tão perto de Gunskirchen? Talvez.

– Ainda quero matar uma mãe alemã – diz Magda.

Eu me lembro de todos os quilômetros que caminhamos no inverno quando essa era sua fantasia, seu refrão.

– Eu poderia fazer isso, você sabe.

Existem maneiras diferentes de se obrigar a continuar. Vou ter que encontrar a minha própria maneira de viver com o que aconteceu. Ainda não sei qual é. Estamos livres *dos* campos de extermínio, mas ainda precisamos ficar livres *para* criar, para construir uma vida e para escolher. Até encontrarmos a *liberdade*, estaremos apenas andando em círculos na mesma interminável escuridão.

Mais tarde, médicos nos ajudarão a recuperar a saúde física, mas ninguém explicará a dimensão psicológica da recuperação. Muitos anos vão se passar antes de eu começar a entender isso.

Um dia, o soldado americano e seus amigos vêm nos dizer que vamos deixar Wels e que os russos estão ajudando a transportar os sobreviventes para casa. Eles vieram se despedir. Trouxeram o rádio. "In the Mood", de Glenn Miller, começa a tocar e nos deixamos levar. Com a coluna lesionada, mal posso fazer os passos, mas, na minha imaginação e em meu espírito, somos as melhores dançarinas. Devagar, devagar, rápido, rápido, devagar. Devagar, devagar, rápido, rápido, devagar. Posso fazer isso também – deixar braços e pernas soltos, mas não frouxos. Glenn Miller. Duke Ellington. Repito os grandes nomes das grandes orquestras várias vezes. O soldado me conduz com cuidado num giro, me inclina suavemente e me solta. Ainda estou muito fraca, mas posso sentir o potencial em meu corpo, tudo o que serei capaz de fazer com ele quando estiver curada. Muitos anos depois, vou trabalhar com um amputado e ele explicará a desorientação de sentir um membro fantasma. Quando danço Glenn Miller seis semanas após a libertação, com minha irmã que está viva e com o soldado que quase me estuprou, tenho membros fantasmas reversos. A sensação não é de algo que perdi, mas de uma parte de mim que está retornando e se revelando. Sinto todo o potencial de meus membros e da vida que posso ter novamente.

Durante as longas horas no trem entre Wels e Viena, passando pela Áustria ocupada pela Rússia, eu coço as erupções cutâneas causadas pelos piolhos ou pela rubéola que ainda cobrem meu corpo. Para casa. Estamos indo para casa. Mais dois dias e estaremos em casa! No entanto, é impossível sentir a alegria do regresso desvinculada da devastação da perda. Sei que minha mãe e meus avós estão mortos, e certamente meu pai também. Estão mortos há mais de um ano. Ir para casa sem eles é perdê-los novamente. *Talvez Klara*, eu me permito ter esperança. *Talvez Eric.*

Na poltrona ao lado, estão sentados dois irmãos. Eles também são sobreviventes. Órfãos. De Kassa, como nós! Lester e Imre são seus nomes. Depois saberemos que o pai deles foi baleado nas costas quando andava entre eles na Marcha da Morte. Logo saberemos que estamos entre os setenta que sobreviveram dos mais de 15 mil deportados de nossa cidade.

– Nós temos um ao outro – dizem eles agora. – Temos sorte, muita sorte.

Lester e Imre, Magda e eu. Somos anomalias. Os nazistas não assassinaram apenas milhões de pessoas. Eles assassinaram famílias. Agora, apesar da incompreensível lista de desaparecidos e mortos, nossas vidas seguem em frente. Depois descobriremos que pessoas foram deslocadas por toda a Europa. Encontros. Casamentos. Nascimentos. Ouviremos falar dos tíquetes especiais de racionamento emitidos para casais adquirirem roupas de casamento. Também estudaremos os jornais da Administração das Nações Unidas para Auxílio e Reabilitação e vamos prender a respiração, na esperança de encontrar nomes conhecidos na lista de sobreviventes espalhados por todo o continente. Por enquanto, não fazemos nada a não ser olhar, pela janela do trem, os campos vazios, as pontes destruídas e, em alguns lugares, as incipientes e frágeis plantações. A ocupação dos Aliados na Áustria durará mais dez anos. O ambiente nas cidades em que passamos não é de alívio ou celebração, mas de incerteza e fome. A guerra acabou, mas ainda não acabou.

– Eu tenho lábios feios? – pergunta Magda ao nos aproximarmos dos arredores de Viena.

Ela está analisando seu reflexo no vidro da janela, sobreposto à paisagem.

– Por quê? Você está planejando usá-los? – brinco com ela, na tentativa de persuadi-la a retomar seu incansável lado provocador.

Tento bloquear as minhas próprias fantasias impossíveis de que Eric esteja vivo em algum lugar, que logo serei uma noiva do pós-guerra com um véu improvisado. Que estarei junto com meu amado para sempre, nunca sozinha.

– Falando sério – diz ela. – Diga a verdade.

Sua ansiedade me faz lembrar de nosso primeiro dia em Auschwitz, quando ela ficou de pé, nua, com a cabeça raspada, segurando os fios de seu cabelo. Talvez ela resuma o imenso pavor sobre o que acontecerá a seguir em temores mais específicos e pessoais, o medo de não ser atraente o suficiente para encontrar um homem, o medo de ter lábios feios. Ou talvez suas perguntas tenham relação com uma incerteza mais profunda, sobre seu valor essencial.

– O que seus lábios têm de errado? – pergunto.

– Mamãe os odiava. Uma pessoa na rua elogiou meus olhos certa vez e ela disse: "Sim, ela tem olhos lindos, mas veja os lábios dela como são grossos."

A sobrevivência é preto no branco, nenhum "mas" pode atrapalhar quando se luta pela vida. Agora os "mas" se apresentam. Temos pão para comer. *Sim, mas não temos um tostão. Você está engordando. Sim, mas o coração está pesado. Você está viva. Sim, mas minha mãe está morta.*

Lester e Imre decidem ficar em Viena por alguns dias, mas prometem nos procurar em casa. Magda e eu embarcamos em outro trem para uma viagem de oito horas na direção noroeste de Praga. Um homem bloqueia a entrada para o vagão de trem. "*Nasa lude*", desdenha ele. *Nosso povo.* Ele é eslovaco. Os judeus devem andar em cima do vagão.

– Os nazistas perderam – murmura Magda –, mas é a mesma coisa de antes.

Não há outra maneira de chegar em casa. Nós subimos para o teto do vagão, formando fileiras com as outras pessoas desterradas. Seguimos de mãos dadas. Magda se senta ao lado de um jovem chamado Laci Gladstein. Ele acaricia os dedos de Magda. Os dedos do rapaz ainda são pele e osso.

Ninguém pergunta aos outros onde estiveram. Nossos corpos e nossos olhos assustados dizem tudo o que é preciso saber. Magda se recosta no peito magro de Laci, em busca de aconchego. Tenho ciúmes do consolo que eles parecem encontrar um no outro, a atração, o pertencimento. Estou muito comprometida com meu amor por Eric, com a esperança de que o encontrarei novamente, para buscar os braços de um homem em que me apoiar agora. Mesmo que não carregasse comigo a voz de Eric, acho que teria muito medo de buscar conforto e intimidade. Sou pele e osso, estou coberta de bactérias e feridas. Quem iria me querer? Melhor não arriscar uma aproximação e ser rejeitada, melhor não ter a confirmação de minha degradação. Além disso, quem forneceria o melhor abrigo agora? Alguém que sabe o que passei, um colega sobrevivente? Ou alguém que não passou por isso e pode me ajudar a esquecer? Alguém que me conhecia antes de minha ida ao inferno e que pode me ajudar a recuperar o meu antigo eu? Ou alguém que consiga me olhar agora sem ver o que foi destruído? *Nunca esquecerei seus olhos*, Eric me disse. *Nunca esquecerei suas mãos*. Por mais de um ano eu me agarrei a essas palavras como a um mapa que poderia me levar à liberdade. Mas, e se Eric não conseguir aceitar o que eu me tornei? E se nós nos encontrarmos e construirmos uma vida e acabarmos descobrindo que nossos filhos são filhos de fantasmas?

Eu me aconchego em Magda. Ela e Laci falam sobre o futuro.

– Vou ser médico – diz ele.

É uma decisão generosa para um jovem que, como eu, estava praticamente morto um, dois meses atrás. Ele sobreviveu, vai se curar e vai curar outras pessoas. A ambição dele me tranquiliza. E surpreende. Ele saiu dos campos de extermínio com sonhos. Parece um risco desnecessário. Mesmo agora que conheço a fome e a atrocidade, eu me lembro da dor dos pequenos sofrimentos, do sonho arruinado pelo preconceito, da maneira como minha técnica falou comigo quando me cortou da equipe de treinamento olímpico. Eu me lembro de meu avô, de como ele se aposentou da fábrica de máquinas de costura e esperava por sua pensão. Lembro de quanto ele esperou, esperou, e como só conseguia falar disso. Por fim, ele recebeu o primeiro cheque. Uma semana depois, fomos levados para a fábrica de tijolos. Algumas semanas mais tarde, ele estava morto. Não quero sonhar com a coisa errada.

– Tenho um tio na América – continua Laci. – No Texas. Vou para lá, vou trabalhar, economizar para a faculdade.

– Talvez eu também vá para a América – diz Magda.

Ela deve estar pensando em tia Matilda, no Bronx. Todo mundo ao nosso redor no teto do vagão está falando sobre a América, sobre a Palestina. Por que continuar vivendo sobre as cinzas de nossas perdas? Por que continuar se esforçando para sobreviver onde não nos querem? Em breve seremos informados das restrições à imigração para os Estados Unidos e para a Palestina. Não existe paraíso sem limites, sem preconceitos. Para onde quer que formos, a vida poderá ser sempre assim. Tento ignorar o medo de que a qualquer momento seremos bombardeados, baleados, jogados numa vala. Ou, na melhor das hipóteses, forçados a viajar no teto do vagão. Damos as mãos para nos proteger do vento.

Em Praga, temos que trocar de trem novamente. Ao nos despedirmos de Laci, Magda dá a ele nosso velho endereço, Kossuth Lajos Utca, número 6. Ele promete manter contato. Temos um tempo antes da próxima partida, o suficiente para esticar as pernas, sentar ao sol e comer nosso pão com tranquilidade. Quero procurar um parque, ver a exuberância da natureza, das flores. Fecho os olhos a cada passo e sinto os cheiros da cidade, das ruas, das calçadas e da agitação das pessoas. Padarias, cano de descarga dos carros, perfumes. É difícil acreditar que tudo isso existia enquanto estávamos no inferno. Olho as vitrines das lojas. Não importa que eu não tenha um tostão. Vai importar, é claro. Em Košice a comida não será distribuída gratuitamente. Mas neste momento eu me sinto completamente satisfeita só por ver que existem vestidos e meias à venda, joias, cachimbos e artigos de papelaria. A vida e o comércio continuam. Uma mulher avalia o tecido de um vestido de verão. Um homem admira um colar. As coisas não são importantes, mas a beleza é. Aqui está uma cidade cheia de pessoas que não perderam a capacidade de imaginar, de produzir e de admirar as coisas bonitas. Serei novamente uma moradora – uma moradora de algum lugar. Vou executar as tarefas cotidianas e comprar presentes. Vou ficar na fila do correio. Vou comer o pão que eu mesma assei. Vou vestir roupas de alta-costura em homenagem ao meu pai. Vou à ópera em homenagem à minha mãe e, como ela, me sentarei na pontinha da cadeira para escutar Wagner e chorarei, como ela chorava. Vou à sinfônica e, por Klara, assistirei a todas as apresentações do concerto de violino de Mendelssohn. Saudade e melancolia. A urgência sugerida pelo crescendo da melodia, depois a cadência ondulante, seguida pelo estrépito dos acordes ressonantes. Depois, o tema mais sinistro nas cordas ameaçando o crescendo do solo de violino. Em pé na calçada, eu fecho os olhos para ouvir o eco do violino de minha irmã. Magda me assusta.

– Acorda, Dicu!

Quando abro os olhos, vejo um pôster anunciando um concerto com um solo de violino bem aqui, no centro da cidade, perto da entrada do parque.

A imagem do pôster é de minha irmã.

Naquele papel está Klarie segurando seu violino.

CAPÍTULO 8

Pela janela

Descemos do trem em Košice. Nossa cidade natal não pertence mais à Hungria. Agora ela faz parte novamente da Tchecoslováquia. O brilho do sol de junho nos faz cerrar os olhos. Não temos dinheiro para o táxi, não temos dinheiro para nada, não sabemos se o antigo apartamento da família está ocupado, nem como vamos viver. Mas estamos em casa. Estamos prontas para procurar Klara, que se apresentou em um concerto em Praga há algumas semanas. Klara, que está viva em algum lugar.

Cruzamos o parque Mestský em direção ao centro da cidade. Pessoas estão em mesas ao ar livre, em bancos. Crianças se juntam em torno das fontes. Lá está o relógio onde víamos os rapazes indo se encontrar com Magda. Eis a sacada da loja de nosso pai, as medalhas douradas brilhando na grade. *Ele está aqui!* Tenho tanta certeza disso que sinto o cheiro do tabaco dele, sinto o bigode dele no meu rosto. Mas as janelas da loja estão escuras. Vamos em direção ao nosso apartamento na Kossuth Lajos Utca, número 6, e na calçada, perto do lugar onde a carroça estacionou para nos levar para a fábrica de tijolos, ocorre um milagre. Klara se materializa, saindo pela porta da frente. O cabelo dela está trançado e preso num coque igual ao de nossa mãe. Ela carrega seu violino. Quando nos vê, deixa cair a caixa do violino na calçada e corre para mim, murmurando "Dicuka, Dicuka!". Ela chora e me segura como se eu fosse um bebê e seus braços um berço.

– Não nos abrace! – avisa Magda. – Estamos cheias de bactérias e feridas!

Acho que o que ela quer dizer é *Querida irmã, estamos desfiguradas.*

Ela quer dizer *Não deixe que o que passamos a magoe. Não torne isso ainda mais difícil. Não nos pergunte o que aconteceu. Não desapareça sem deixar rastros.*

Klara não para de me abraçar.

– Esta é a minha irmãzinha! – diz para o estranho que passa.

Naquele momento, ela virou minha mãe. Ela já viu em nossos rostos que a posição está vazia e deve ser preenchida.

Faz pelo menos um ano e meio desde que nos vimos pela última vez. Ela tem que ir à estação de rádio para tocar em um concerto. Não temos condições de perdê-la de vista, não podemos ficar longe dela.

– Fique, fique – pedimos.

Mas ela já está atrasada.

– Se eu não tocar, não comemos – diz ela. – Rápido, entrem.

Talvez seja uma bênção o fato de não haver tempo para conversar. Não saberíamos por onde começar. Embora seja um choque para Klara nos ver tão destruídas fisicamente, talvez também seja uma bênção. Há algo concreto que Klara pode fazer para demonstrar seu amor e alívio, nos indicar o caminho da cura. Isso vai precisar de mais do que descanso. Talvez nunca nos recuperemos. Mas há algo que ela pode fazer agora. Ela nos leva para dentro e tira nossas roupas sujas. Ela nos ajuda a deitar nos lençóis brancos da cama onde nossos pais dormiam e passa uma loção de calamina nas erupções que cobrem nossos corpos. A erupção que nos faz coçar sem parar passa instantaneamente de nossos corpos para o dela, de modo que ela mal consegue tocar por causa da queimação que sente em toda a pele. Nosso reencontro é físico.

Magda e eu ficamos pelo menos uma semana deitadas na cama, nuas, os corpos lambuzados de calamina. Klara não faz perguntas. Não pergunta onde estão nossos pais. Ela fala que não precisamos falar para não precisar ouvir. Tudo o que ela nos conta é formulado como um milagre. E é milagroso. Estamos juntas. Tivemos sorte. Há poucos reencontros como o nosso. Nosso tio e nossa tia, irmãos de mamãe, foram jogados de uma ponte e se afogaram no Danúbio. Klara nos conta, sem rodeios e de forma objetiva, que escapou de ser identificada quando os últimos judeus remanescentes da Hungria foram presos. Ficou morando na casa de seu professor, disfarçada como não judia.

– Um dia, meu professor disse: "Você tem que aprender a Bíblia amanhã, pois vai começar a ensiná-la. Vai morar num convento." Parecia a melhor maneira de me manter escondida. O convento ficava a quase 320 quilômetros de Budapeste. Usei um hábito de freira. Mas, um dia, uma garota da academia de música me reconheceu e fugi em um trem para Budapeste.

Em algum momento no verão, ela recebeu uma carta de nossos pais. Era a carta que eles tinham escrito na fábrica de tijolos, contando a Klara onde estávamos presos, juntos e seguros, e que achávamos que seríamos transferidas para um campo de trabalho chamado Kenyérmező. Eu me lembro de ver minha mãe deixar a carta cair na rua durante nossa retirada da fábrica de tijolos, já que não havia como enviá-la. Na época, achei que ela poderia ter jogado a carta fora por estar resignada. Mas ao ouvir Klara contar sua história de sobrevivência, vejo as coisas de forma diferente. Ao soltar a carta, mamãe não estava abrindo mão da esperança, muito pelo contrário. De qualquer forma, se deixou cair a carta por se sentir derrotada ou por ter esperança, assumiu um risco. A carta apontava o dedo para minha irmã, uma judia loura morando em Budapeste. Dava inclusive seu endereço. Enquanto nos arrastávamos no escuro rumo a Auschwitz, alguém, um estranho, pegou a carta. Ele poderia tê-la aberto e entregado Klara aos *nyilas*, poderia ter jogado a carta no lixo ou a deixado na rua mesmo. Mas esse estranho colocou um selo na carta e a enviou para Klara em Budapeste. Isso é tão inacreditável para mim quanto o reaparecimento de minha irmã, um truque de mágica, a prova do laço que nos une, uma prova também de que a gentileza ainda existia no mundo mesmo naquela época. Em meio à terra pisada pelos pés de três mil pessoas, muitas delas indo direto para uma chaminé na Polônia, a carta de nossa mãe voou. A garota loura colocou o violino de lado para abrir a carta.

Klara conta outra história com um final feliz. Sabendo que tínhamos sido levados para a fábrica de tijolos, que esperávamos ser mandados a qualquer hora para Kenyérmező ou para sabe-se lá onde, ela foi ao consulado alemão em Budapeste pedir para ser enviada para onde estávamos. No consulado, o porteiro lhe disse:

– Garotinha, vá embora. Não entre aí.

Não iam negar o pedido dela. Ela tentou entrar escondida no prédio. O porteiro a viu e lhe deu uma surra, socou seus ombros, braços, barriga e rosto. Mandou-a ir embora dali.

– Ele me deu uma surra e salvou minha vida – nos conta ela.

Perto do fim da guerra, quando os russos cercaram Budapeste, os nazistas ficaram ainda mais determinados a livrar a cidade dos judeus.

– Tínhamos que usar cartões de identificação com nome, religião e foto. Eles checavam os cartões o tempo todo e, se vissem que você era judeu, podiam matá-lo. Eu não queria carregar o meu cartão, mas tinha medo de precisar de algo que provasse quem eu era depois da guerra. Então, decidi pedir que uma amiga o guardasse. Como ela morava do outro lado do porto, era preciso cruzar a ponte para chegar lá. Quando pisei na ponte, os soldados estavam verificando documentos. Eles disseram: "Por favor, mostre sua identificação." Eu disse que estava sem o cartão e não sei como me deixaram atravessar. O cabelo louro e os olhos azuis os devem ter convencido. Nunca voltei à casa de minha amiga para pegar o cartão.

"Quando você não pode entrar pela porta, entre pela janela", nossa mãe costumava dizer. Não existe porta para a sobrevivência ou para a recuperação. Só janelas. Trincos que você não consegue alcançar com facilidade, vidraças pequenas demais, espaços onde um corpo não deveria caber. Mas você não consegue ficar onde está. Precisa encontrar um jeito.

Depois da rendição alemã, enquanto Magda e eu nos recuperávamos em Wels, Klara foi novamente ao consulado, desta vez ao consulado russo, porque Budapeste foi libertada do controle nazista pelo Exército Vermelho. Lá, ela tentou descobrir o que tinha acontecido conosco. Eles não tinham informações sobre nossa família, mas, em troca de um concerto gratuito, eles se ofereceram para ajudá-la a voltar para casa, em Košice.

– Toquei para duzentos russos e depois fui trazida para casa no teto de um trem. Eles cuidaram de mim quando paramos para dormir.

Ao abrir a porta de nosso antigo apartamento, Klara encontrou tudo desarrumado, nossos móveis e pertences saqueados. Os quartos tinham sido usados como estábulo e o chão estava coberto de estrume de cavalo. Enquanto reaprendíamos a comer, a andar e a escrever nossos nomes em Wels, Klara fazia concertos para ganhar dinheiro; entre um concerto e outro, limpava o chão.

E então nós chegamos. Quando nossas erupções cutâneas sararam, nos revezávamos para sair do apartamento. Existe apenas um par de sapatos em bom estado para nós três. Na minha vez de colocar os sapatos, caminho devagar pela calçada, na ida e na volta, ainda muito fraca para ir longe. Um vizinho me reconhece.

– Estou surpreso de ver que você conseguiu sobreviver – diz ele. – Você foi sempre uma criança tão magra.

Eu poderia me sentir vitoriosa. Contra todas as expectativas, um final feliz! Mas eu me sinto culpada. Por que eu? Por que eu sobrevivi? Não há explicação. É um golpe de sorte. Ou um erro.

As pessoas podem ser classificadas de duas maneiras: as que sobreviveram e as que não conseguiram sobreviver. As do segundo grupo não estão aqui para contar sua história. O retrato de nossa avó materna agora está pendurado na parede. Seu cabelo escuro está partido no meio e preso atrás num coque apertado. Alguns fios encaracolados enfeitam a testa lisa. Ela não sorri na foto, mas os olhos dela são mais sinceros do que severos. Ela nos observa, sábia e sensata. Magda conversa com o retrato como mamãe costumava fazer. Às vezes, pede ajuda. Às vezes, resmunga e esbraveja. "Esses nazistas cretinos... malditos *nyilas*..." O piano em que ficava a foto foi levado. O piano, de tão presente em nosso cotidiano, era quase invisível, como a respiração. Agora, sua ausência domina o ambiente. Magda se enfurece no espaço vazio. Sem o piano, falta algo nela também. Um pedaço de sua identidade. Um meio para se expressar. Ela se irrita com a falta do piano. Vibrante, determinada, obstinada. Eu a admiro por isso. Minha raiva se internaliza e congestiona meus pulmões.

Magda fica mais forte a cada dia que passa, mas eu ainda estou fraca. Minhas costas ainda doem, o que dificulta meu caminhar, e meu peito está pesado de tão congestionado. Raramente saio de casa. Mesmo que não estivesse doente, não há lugar aonde eu queira ir. Quando a morte é a resposta para cada pergunta, por que caminhar? Por que falar quando qualquer interação com os vivos serve para provar que você anda pelo mundo na companhia de uma congregação crescente de fantasmas? Por que sentir falta de alguém em particular quando todo mundo tem tanta gente para lamentar?

Dependo de minhas irmãs: Klara, minha enfermeira devotada, e Magda, minha fonte de notícias, minha conexão com o mundo lá fora. Um dia, ela chega em casa sem fôlego.

– O piano! – diz ela. – Eu o encontrei. Está numa cafeteria. *Nosso* piano. Temos que pegá-lo de volta.

O dono da cafeteria não acredita que ele seja nosso. Klara e Magda se revezam implorando. Elas descrevem os concertos de música de câmara em nossa sala de estar, de como János Starker, nosso amigo violoncelista, outra criança prodígio do conservatório, tocou com Klara em nossa casa no ano de sua estreia profissional. Nada do que as duas dizem o convence. Por fim, Magda procura o afinador do piano e vai com ele ao café para conversar com o proprietário. Depois de levantar a tampa do piano, olhar seu interior e ler o número de série, ele faz que sim com a cabeça, "este é o piano Elefánt". Ele chama um grupo de homens para levá-lo de volta para o nosso apartamento.

Será que existe algo dentro de mim que possa verificar a minha identidade, que possa me restaurar para mim mesma? Se tal coisa existisse, quem levantaria a tampa para ler o código?

Um dia, chega um pacote de tia Matilda. *Avenida Valentine, no Bronx*, diz o endereço do remetente. Ela envia chá e margarina. Nunca vimos gordura vegetal antes e, portanto, não temos noção de que é um substituto da manteiga para cozinhar e assar. Simplesmente passamos no pão e comemos. Reutilizamos os sacos de chá indefinidamente. Quantas xícaras podemos preparar com as mesmas folhas?

De vez em quando, nossa campainha toca e eu pulo na cama. Esses são os melhores momentos. Alguém está esperando do lado de fora e, nos segundos antes de abrir a porta, pode ser qualquer um. Às vezes imagino que é papai. Ele sobreviveu à primeira seleção, afinal de contas. Descobriu uma maneira de trabalhar, de parecer jovem pelo resto da guerra e está aqui, segurando um pedaço de giz, uma fita métrica enrolada no pescoço como um cachecol. Algumas vezes imagino Eric na varanda, carregando um buquê de rosas.

Meu pai nunca chega. É assim que temos certeza de que ele está morto.

Um dia, Lester Korda, um dos dois irmãos que viajaram com a gente no trem de Wels para Viena, toca a campainha. Ele veio ver como estávamos.

– Pode me chamar de Csicsi – diz ele.

Ele é como o ar fresco entrando em nosso velho apartamento. Estamos num limbo permanente, eu e minhas irmãs, divididas entre olhar para trás e seguir em frente. Grande parte de nossa energia é usada simplesmente para recuperar nossa saúde, nossos pertences e o que havia em nossa vida antes da perda e do encarceramento. O interesse e a solidariedade de Csicsi com relação ao nosso bem-estar me fizeram lembrar que existe mais na vida do que apenas a recuperação.

Klara está na outra sala tocando violino. Os olhos de Csicsi brilham quando ele ouve a música.

– Posso conhecer a violinista? – pergunta ele.

Klara faz uma gentileza e toca uma *czarda* húngara. Csicsi dança. Talvez seja tempo de tocar nossa vida, não de voltar ao que era, mas seguir na direção de algo novo.

Ao longo do verão de 1945, Csicsi se torna um visitante regular. Quando Klara tem de viajar para Praga para outro concerto, Csicsi se oferece para ir com ela.

– Devo preparar o bolo de casamento agora? – pergunta Magda.

– Pare com isso – diz Klara. – Ele tem uma namorada. Está sendo apenas educado.

– Você tem certeza de que não está se apaixonando? – pergunto.

– Ele me faz lembrar de nossos pais – diz ela – e eu o faço lembrar dos dele.

Algumas semanas depois de voltar para casa, embora fraca, faço o trajeto a pé até o antigo apartamento de Eric. Ninguém de sua família retornou. O apartamento está vazio. Prometo a mim mesma vir sempre que puder. A dor de ficar longe é maior do que minha decepção a cada vigília. Estar de luto por ele é lamentar a perda de mais do que uma pessoa. Nos campos, eu ansiava por sua presença física e me agarrava à promessa de nosso futuro. *Se eu sobreviver hoje, amanhã serei livre.* A ironia da liberdade é a dificuldade cada vez maior de encontrar esperança e propósito. Agora preciso aceitar o fato de que a pessoa que se casar comigo não conhecerá meus pais. Se um dia eu tiver filhos, eles não conhecerão os avós. Não é apenas a minha perda que dói. É a maneira como ela repercute no futuro e se perpetua. Mamãe costumava me dizer para procurar um homem com uma testa grande porque isso significa que ele é inteligente. "Observe como ele usa o lenço", dizia ela. "Certifique-se se sempre carrega consigo um limpo. Certifique-se de que os sapatos dele são engraxados." Ela não estará no meu casamento. Ela nunca saberá quem eu me tornei, quem eu escolhi.

Klara é minha mãe agora. Ela faz isso por amor e com uma competência natural. Também faz isso por culpa. Ela não estava lá em Auschwitz para nos proteger. Ela nos protegerá agora. Ela cuida da cozinha. Ela me dá comida na boca com uma colher, como se eu fosse um bebê. Eu a amo, amo sua atenção, amo ser abraçada e me sentir segura. Mas também é sufocante. Sua bondade não deixa espaço para mim. Parece que ela precisa de algo em troca. Não gratidão ou reconhecimento. Algo mais profundo. Posso sentir que ela depende de mim para ter o próprio senso de propósito. Para ter sua razão de existir. Ao cuidar de mim, ela encontra a razão por ter sido poupada. Meu papel é ser saudável o suficiente para ficar viva, mas indefesa o suficiente para precisar dela. Essa é a minha razão para ter sobrevivido.

No fim de junho, minha coluna ainda não está boa. A dor aguda é constante entre as omoplatas. Meu peito ainda dói quando respiro. De repente, tenho febre. Klara me leva para o hospital e insiste em que me deem um quarto particular e que eu receba o melhor atendimento. Eu me preocupo com as despesas, mas ela diz que terá apenas que tocar em mais concertos e que encontrará um jeito de pagar. Reconheço o médico que me examina. É o irmão mais velho da minha antiga colega de escola. O nome dele é Gaby. Lembro que sua irmã o chamava de Anjo Gabriel. Ela morreu, fico sabendo. Morreu em Auschwitz. Ele me pergunta se a vi lá alguma vez.

Gostaria de ter essa última imagem para ele se lembrar dela e cogito mentir, contar alguma história que eu teria testemunhado da menina fazendo algo corajoso ou falando dele com carinho. Mas não minto. Prefiro enfrentar o vácuo desconhecido de meu pai e dos últimos minutos de Eric do que ouvir algo que, apesar de reconfortante, não é verdade. O Anjo Gabriel me presta o primeiro atendimento médico desde a libertação. Ele diagnostica que tenho tifo, pneumonia, pleurisia e fratura na coluna. Faz um gesso removível que cobre todo o meu torso. Coloco-o na cama à noite e me encaixo nele, minha concha de gesso.

As visitas de Gaby não são apenas terapêuticas para o corpo. Ele não me cobra pelo atendimento médico. Nós conversamos e relembramos. Não posso viver o luto com minhas irmãs, pelo menos não explicitamente. É brutal demais, presente demais. Viver o luto com elas parece ser uma profanação do milagre da nossa reunião. Nunca nos abraçamos e choramos, mas com Gaby eu posso me permitir sofrer. Um dia, pergunto a ele sobre Eric. Ele se lembra de Eric, mas não sabe o que aconteceu. Gaby tem colegas que trabalham no centro de repatriação nas montanhas Tatra. Ele pedirá que tentem descobrir algo sobre Eric.

Certa tarde, Gaby examina minha coluna. Ele espera que eu me deite de bruços para me dizer o que descobriu.

– Eric foi mandado para Auschwitz – conta. – Morreu em janeiro, um dia antes da libertação.

Eu solto um gemido. Acho que meu peito vai estourar. A explosão de tristeza é tão forte que as lágrimas não vêm, somente um choro preso na garganta. Não consigo pensar com clareza ou fazer perguntas sobre os últimos dias do meu amor, sobre o sofrimento dele, sobre seu estado de espírito quando seu corpo desistiu. Estou consumida pela dor e pela injustiça de perdê-lo. Se ele tivesse sido capaz de aguentar por mais algumas horas, talvez até apenas alguns segundos a mais, podíamos estar juntos agora. Fico deitada gemendo até ficar rouca.

À medida que o choque se dissipa, entendo que de uma forma estranha a dor de saber é misericordiosa. Não tenho tanta certeza da morte do meu pai. Ter certeza de que Eric morreu é como receber um diagnóstico depois de muito tempo com dor. Posso identificar a razão do sofrimento. Posso definir o que tem de ser curado.

Mas um diagnóstico não é uma cura. Não sei o que fazer com a voz de Eric agora, com as lembranças, com a esperança.

No fim de julho, minha febre passa, mas Gaby ainda não está satisfeito com minha recuperação. Meus pulmões, comprimidos durante muito tempo por causa da coluna fraturada, estão cheios de fluidos. Ele teme que eu tenha contraído tuberculose e recomenda que eu vá para um hospital especializado no tratamento nas montanhas Tatra, perto do centro de repatriação onde ele soube da morte de Eric. Klara me acompanhará até a vila mais próxima das montanhas. Magda ficará no apartamento. Depois do esforço para retomá-lo, não podemos arriscar deixá-lo vazio nem por um dia, por mais rara que seja a chance de aparecer um ocupante inesperado. Klara toma conta de mim durante a viagem como se eu fosse uma criança. "Vejam a minha pequenina!", ela fala para os passageiros. Sorrio para eles como uma criança que cresceu demais. De fato, pareço uma. Meu cabelo, que tinha caído por causa do tifo, está começando a crescer, macio como o de um bebê. Klara me ajuda a cobrir a cabeça com um lenço. Conforme ganhamos altitude, o ar seco dos Alpes parece limpar meu peito, mas ainda é difícil respirar. Há uma secreção constante em meus pulmões. É como se todas as lágrimas que não posso derramar para fora estivessem escoando para uma piscina interna. Não consigo ignorar o sofrimento, mas, aparentemente, também não consigo exteriorizá-lo.

Klara é esperada em Košice para outra apresentação na rádio – seus concertos são nossa única fonte de renda – e não pode me acompanhar até o hospital onde vou ficar até me recuperar, mas ela não quer que eu vá sozinha. Perguntamos no centro de repatriação se eles conhecem alguém que esteja indo para o hospital, e recomendam um homem jovem hospedado em um hotel próximo que também vai fazer um tratamento lá. Ao me aproximar dele no saguão do hotel, ele está beijando uma garota.

– Me encontre no trem – murmura ele.

Quando o abordo na plataforma do trem, ele ainda está beijando a garota. Ele é grisalho, tem pelo menos dez anos mais do que eu. Completo 18 anos em setembro, mas meus braços finos, o peito reto e a cabeça careca me fazem parecer ter 12. Fico em pé ao lado do casal, constrangida enquanto eles se abraçam, insegura sobre como conseguir a atenção dele. Estou chateada. É esse o homem a quem estão me confiando?

– O senhor poderia me ajudar? – finalmente pergunto. – O senhor deveria me acompanhar até o hospital.

– Estou ocupado – diz ele, mal interrompendo o beijo para me responder.

Ele é como um irmão mais velho afastando a irmã chata.

– Encontre-me no trem.

Depois da atenção e adulação constante de Klara, o desprezo dele magoa. Não sei por que ele me incomoda tanto. Será que é porque a namorada dele está viva e o meu namorado está morto? Ou será que estou tão enfraquecida que, sem a atenção ou aprovação de outra pessoa, eu me sinto em risco de desaparecer completamente?

No trem, ele compra um sanduíche para mim e um jornal para ele. Não conversamos, só trocamos nomes e formalidades. Béla é o nome dele. Para mim, ele é apenas uma pessoa rude em um trem, uma pessoa a quem devo pedir ajuda com relutância, uma pessoa que reluta em ajudar.

Na estação, somos informados de que precisamos andar até o hospital. Agora não há o jornal para distraí-lo.

– O que você fazia antes da guerra? – pergunta ele.

Percebo o que não tinha escutado antes, ele é gago. Quando digo que era ginasta e bailarina, ele diz:

– Isso me lembra uma piada.

Olho para ele com expectativa, pronta para uma dose de humor húngaro, pronta para o alívio que senti em Auschwitz quando Magda e eu promovemos o concurso de peitos com nossas colegas de beliche, o estímulo do riso em tempos terríveis.

– Havia um pássaro – começa ele – e o pássaro estava prestes a morrer de frio. Uma vaca apareceu e o aqueceu um pouco fazendo cocô em cima dele. Aí o pássaro começou a se recuperar. Então, veio um caminhão e atropelou o pássaro. Um cavalo velho e sábio passou e viu o pássaro morto na estrada. O cavalo disse: "Não falei que nem sempre estar na merda é ruim?"

Béla ri da própria piada. Mas eu me sinto insultada. Sua intenção é fazer graça, mas acho que ele tenta me dizer "Você tem merda na cabeça". Acho que ele quer dizer "Você está um trapo, não devia dizer que é uma bailarina com essa aparência". Por um momento, antes do insulto, experimentei uma sensação de alívio ao receber a atenção dele, ao ouvi-lo me perguntar sobre o que fazia antes da guerra e reconhecer a pessoa que um dia existiu em mim, o eu que florescia antes da guerra. A piada reforça o quanto a guerra me mudou e me feriu de maneira irreparável. Dói que um estranho me diminua. Dói porque ele está certo. Estou um trapo. Ainda assim, não vou permitir que um homem insensível, ou seu sarcasmo húngaro, tenha a última palavra. Vou mostrar a ele que uma bailarina alegre ainda vive em mim, não importa quão curto esteja o meu cabelo, quão magro esteja o meu rosto, quão pesado esteja o sofrimento em meu peito. Dou um salto à frente dele e faço espacates no meio da estrada.

Acaba que eu não tenho tuberculose. Mesmo assim, eles me mantêm durante três semanas no hospital para tratar o fluido que se forma em meus pulmões. Tenho tanto medo de contrair tuberculose que uso os pés em vez das mãos para abrir as portas, embora saiba que a doença não é transmitida pelo toque e por germes em maçanetas. É ótimo não ter tuberculose, mas ainda não estou bem. Não sei como explicar a sensação de transbordamento no peito, a pulsação misteriosa na testa. É como se algo obscurecesse minha visão. Depois, essa sensação terá um nome. Depois, saberei que seu nome é depressão. Agora, tudo o que sei é que sair da cama exige esforço. Há o esforço para respirar. E, o pior, o esforço existencial. Por que acordar? O que há para se fazer? Eu não pensava em suicídio em Auschwitz, quando as coisas eram desesperadoras. Eu estava cercada por pessoas que diziam: "A única maneira de você sair daqui é como um cadáver." Mas as profecias terríveis me deram algo para lutar. Agora que estou me recuperando, agora que estou enfrentando o fato irrevogável de que meus pais não vão voltar, que Eric nunca vai voltar, os únicos demônios são os internos. Penso em tirar a própria vida. Quero uma saída para a dor. Por que não optar por não sofrer?

Béla foi colocado no quarto exatamente acima do meu. Um dia, ele passa no meu quarto para me ver.

– Vou fazer você rir e isso vai fazê-la se sentir melhor. Você vai ver.

Ele sacode a língua, puxa as orelhas, faz sons de animais, como se estivesse entretendo um bebê. É absurdo, quase insultante, embora eu não consiga me controlar. A gargalhada transborda de mim como uma onda. "Não ria", os médicos me avisaram, como se a risada fosse uma tentação constante, como se eu corresse o risco de rir até morrer. "Se você rir, sofrerá mais." Eles têm razão. Realmente dói, mas também é uma sensação boa.

Fico deitada sem dormir naquela noite, pensando nele na cama bem acima da minha, pensando em coisas para impressioná-lo, coisas que estudei na escola. No dia seguinte, quando ele me visita, digo tudo o que consegui lembrar ao longo da noite sobre mitos gregos, invocando os deuses e deusas mais obscuros. Falo sobre *A interpretação dos sonhos*, de Freud, o último livro que Eric e eu lemos juntos. Eu me exibo para ele do jeito que me apresentava para os convidados dos jantares organizados por meus pais, minha vez na ribalta antes de Klara, a protagonista, assumir o palco. Ele me observa como um professor olha para um aluno promissor. Béla fala pouco sobre si mesmo, mas sei que estudou violino e que gostava de ouvir gravações de música de câmara e de dar uma de maestro, regendo no ar.

Béla tem 27 anos. Eu sou apenas uma criança. Ele tem outras mulheres em sua vida. A mulher que estava beijando na plataforma de trem quando eu o interrompi. E outra paciente aqui no hospital, conta ele, a melhor amiga de sua prima Marianna, que ele namorou no colégio antes da guerra.

Ela está muito doente. Não vai se recuperar. Ele se diz seu noivo, um gesto de esperança para ela em seu leito de morte, um gesto de esperança para a mãe dela. Meses mais tarde, fico sabendo que Béla também tem uma esposa – uma quase estranha com quem ele nunca teve intimidade, uma não judia com quem fez um arranjo no papel nos primeiros dias da guerra, na tentativa de proteger a família e a fortuna.

Não é amor. É que estou ávida, e eu o divirto. Ele olha para mim do jeito que Eric olhou naquele dia no clube do livro há muito tempo, como se eu fosse inteligente, como se eu tivesse coisas interessantes para dizer. Por enquanto, isso é suficiente.

Na minha última noite no hospital para tuberculosos, estou deitada em meu quarto confortável quando escuto uma voz do interior das montanhas, do próprio centro da terra. Subindo pelo piso e pelo colchão fino, a voz me envolve, me cobra. *Se você viver,* diz a voz, *tem que lutar por alguma coisa.*

– Vou escrever para você – diz Béla pela manhã, quando nos despedimos. Não é amor. Não espero isso dele.

Magda me encontra na estação de trem de Košice. Klara tem se mostrado tão possessiva comigo desde o nosso reencontro que esqueci como é estar sozinha com Magda. O cabelo dela cresceu. Ondas emolduram seu rosto. Seus olhos brilham novamente. Ela parece bem. E mal consegue esperar para contar as fofocas das três semanas em que estive fora. Csicsi terminou com a namorada e agora está cortejando Klara descaradamente. Os sobreviventes de Košice criaram um clube de entretenimento, e ela já prometeu que eu me apresentaria. E Laci, o rapaz do teto do vagão, escreveu para nos contar que seus parentes no Texas já assinaram uma declaração de apoio financeiro – exigida a quem imigra para os Estados Unidos. Logo ele vai se juntar aos parentes em um lugar chamado El Paso, ela me conta, onde trabalhará na loja de móveis da família e guardará dinheiro para a faculdade de medicina.

– É melhor Klara não me humilhar se casando primeiro – diz Magda.

É assim que será nossa cura. Ontem, canibalismo e assassinato. Ontem, escolhendo folhas de grama para comer. Hoje, costumes antiquados e propriedades, regras e documentação que nos fazem sentir normais. Minimizamos as perdas e o horror, a terrível interrupção da vida, vivendo como se nada disso tivesse acontecido. Não seremos uma geração perdida.

– Aqui, tenho uma coisa para você – diz minha irmã, me passando um envelope com meu nome escrito à mão, conforme aprendemos na escola.
– Seu velho amigo passou para deixar.

Por um momento, acho que ela quer dizer Eric. Ele está vivo. Meu futuro está dentro do envelope. Ele esperou por mim. Ou ele já seguiu em frente.

O envelope não é de Eric. Ele não contém o meu futuro. Na verdade, guarda o meu passado. Nele está uma foto minha, talvez a última foto tirada antes de Auschwitz, a foto em que estou fazendo espacates na beira do rio, a foto que Eric tirou, a foto que pedi que minha amiga Rebeka guardasse para mim. Entre os dedos, seguro a foto da pessoa que ainda vai perder os pais e que não sabe em quanto tempo ela vai perder o seu amor.

Magda me leva ao clube de entretenimento naquela noite. Klara e Csicsi estão lá, assim como Rebeka e o irmão de Csicsi, Imre. Gaby, meu médico, também está lá e talvez seja por isso que, mesmo fraca como estou, concordei em dançar. Quero mostrar a Gaby que estou melhorando. Quero mostrar que o tempo que ele dedicou a cuidar de mim fez a diferença, que ele não desperdiçou seus esforços. Peço a Klara e aos outros músicos que toquem "Danúbio azul" e começo meu roteiro, o mesmo que encenei há pouco mais de um ano na primeira noite em Auschwitz, a dança com que Josef Mengele me premiou com um pedaço de pão. Os passos não mudaram, mas meu corpo sim. Não tenho mais músculos alongados e flexíveis, nem força nas pernas ou no centro de meu corpo. Sou uma magrela ofegante, sem cabelo e com a coluna fraturada. Fecho os olhos, como fiz na prisão. Naquela noite, há muito tempo, fechei os olhos para não ter que ver o olhar aterrorizador e assassino de Mengele e para evitar tropeçar e cair no chão diante da força de seu olhar. Agora, fecho os olhos para poder sentir o meu corpo, não para fugir da sala, mas para sentir o calor do entusiasmo do público. À medida que encontro o caminho para os movimentos e os passos tão conhecidos, para o *grand battement*, para os espacates, fico mais confiante e confortável. E volto no tempo, para os dias em que não imaginávamos nenhuma intromissão pior em nossa liberdade do que os toques de recolher e as estrelas amarelas. Danço em direção à minha inocência. Em direção à garota que subia correndo as escadas do estúdio de balé. Em direção à mãe amorosa e sábia que levou a garota lá pela primeira vez. *Ajude-me*, eu peço. *Ajude-me. Ajude-me a viver novamente.*

Alguns dias depois, chega um envelope grosso endereçado a mim. É de Béla. A primeira das muitas cartas que ele escreverá, de início enviada do hospital para tuberculosos, depois da casa onde nasceu e foi criado, em Prešov – a terceira maior cidade da Eslováquia, distante apenas 32 quilômetros de Košice. À medida que aprendo mais sobre Béla, começo a juntar os fatos que ele me revela nessas cartas e monto uma vida. O homem grisalho com uma gagueira e senso de humor sarcástico se torna uma pessoa que tem contornos.

A memória mais antiga de Béla, segundo ele mesmo, é de sair para passear com o avô, um dos homens mais ricos do país, e ter um biscoito negado na confeitaria. Quando ele sair do hospital, vai assumir os negócios do avô, de venda no atacado da produção dos fazendeiros da região e de beneficiamento de café e trigo para toda a Eslováquia. Béla é uma despensa cheia, um país da abundância, ele é uma festa.

Como minha mãe, Béla perdeu um dos pais quando era bem jovem. O pai, que foi prefeito de Prešov e, antes disso, um famoso advogado dedicado aos pobres, viajou para uma conferência em Praga no inverno quando Béla tinha 4 anos. Ao descer do trem, ele foi pego por uma avalanche de neve. Ou foi isso que a polícia disse à mãe de Béla. Béla suspeita que o pai, uma figura controversa por ter se rebelado contra a elite de Prešov ao defender os pobres e marginalizados, tenha sido assassinado, mas a versão oficial era que ele tinha sufocado sob a neve. Com a morte do pai, Béla ficou gago.

A mãe de Béla nunca se recuperou da morte do marido, até porque seu pai a manteve trancada em casa para impedir que ela conhecesse outros homens. Durante a guerra, a tia e o tio de Béla a convidaram para ficar com eles na Hungria, onde estavam escondidos usando documentos de identificação falsos. Um dia, no mercado, a mãe de Béla viu um grupo de soldados da SS e entrou em pânico. Correu até eles e confessou. "Sou judia!", disse ela. Eles a enviaram para Auschwitz, e ela morreu na câmara de gás. O restante da família, exposta pela confissão da mãe de Béla, teve que fugir para as montanhas.

O irmão de Béla, George, se mudou para os Estados Unidos antes da guerra. Decidiu imigrar depois do dia em que, andando numa rua em Bratislava, a capital da Eslováquia, foi atacado por gentios e teve os óculos quebrados. Ele deixou o crescente antissemitismo da Europa para viver com o tio-avô em Chicago. Sua prima Marianna fugiu para a Inglaterra. Béla, mesmo tendo estudado na Inglaterra quando menino e falando inglês fluentemente, se recusou a deixar a Eslováquia. Queria proteger toda a família. Isso não foi possível. O avô morreu de câncer de estômago. A tia e o tio, convencidos a sair das montanhas pela promessa feita pelos alemães de tratar com civilidade todos os judeus que retornassem, foram colocados no paredão e fuzilados.

Béla escapou dos nazistas se escondendo nas montanhas. Ele mal conseguia segurar uma chave de fenda, tinha medo de armas, não queria lutar, era desajeitado, mas virou um *partisan*. Pegou uma arma e juntou-se aos russos que lutavam contra os nazistas. Quando estava com os *partisans*, contraiu tuberculose. Ele não precisou sobreviver aos campos de concentração. Em vez disso, precisou sobreviver às florestas nas montanhas. Por isso, sou grata. Nunca verei as chaminés gravadas em seus olhos.

Prešov fica a apenas uma hora de carro de Košice. Num fim de semana, Béla me visita e tira da sacola queijo suíço e salame. Comida. É isso que faz eu me apaixonar imediatamente. Se eu conseguir manter seu interesse por mim, ele vai alimentar a mim e a minhas irmãs – é nisso que penso. Não suspiro por ele do jeito que suspirava por Eric. Não fantasio sobre beijá-lo nem anseio por tê-lo por perto. Tampouco flerto com ele, não de um jeito romântico. Somos como dois náufragos olhando para o mar em busca de sinais de vida. E vemos um lampejo um no outro. Descubro que estou voltando a viver. Sinto que vou pertencer a alguém. Sei que Béla não é o amor de minha vida, não da forma que Eric era. Não estou tentando substituir Eric. Porém, Béla conta piadas e escreve cartas de vinte páginas, e eu tenho uma escolha a fazer.

Quando conto a Klara que vou me casar com Béla, ela não me felicita. Ela se vira para Magda:

– Ah, dois complicados se juntando – diz ela. – Como isso vai funcionar?

Depois, à mesa, ela fala comigo diretamente:

– Você é uma criança, Dicuka. Não pode tomar decisões como esta. Você ainda não voltou ao normal. Nem ele. Ele tem tuberculose. É gago. Você não pode se casar com ele.

Agora eu tenho uma nova motivação para esse casamento dar certo. Tenho que provar que minha irmã está errada.

A objeção de Klara não é o único impedimento. Há o fato de Béla ainda ser legalmente casado com a não judia que protegeu a fortuna da família dos nazistas, e ela se recusa a se divorciar dele. Eles nunca viveram juntos, nunca tiveram um relacionamento de qualquer outro tipo que não o da conveniência – para ela, o dinheiro dele; para ele, a situação de gentia dela

– mas ela não concederá o divórcio, pelo menos não até que ele concorde em lhe pagar uma grande soma de dinheiro.

E também tem a noiva nas montanhas Tatra, morrendo de tuberculose. Ele pede à prima Marianna, que fugiu para a Inglaterra, mas voltou depois da guerra, que dê a notícia de que ele não se casará com a noiva. Marianna fica furiosa com razão. "Você é horrível!", grita ela. "Você não pode fazer isso com ela. Nem em um milhão de anos direi a ela que está quebrando sua promessa." Béla pede que eu vá com ele ao hospital para que ele mesmo conte à moça. Ela é graciosa e gentil comigo e está muito, muito doente. É desconcertante ver alguém fisicamente tão destruída. É parecido demais com o passado recente. Tenho medo de ficar tão perto da porta da morte. Ela me diz que está feliz por Béla se casar com alguém como eu, alguém com tanta energia e vida. Fico satisfeita por ter a sua bênção. Ainda assim, penso que poderia ser eu naquela cama, recostada em travesseiros amassados, tossindo entre as palavras e enchendo o lenço de sangue.

Naquela noite, Béla e eu nos hospedamos juntos no hotel onde nos conhecemos. Em todas as suas visitas à Košice, dormimos em quartos separados. Nunca dividimos uma cama. Nunca vimos um ao outro sem roupa. Mas hoje é diferente. Tento me lembrar das palavras proibidas no livro *Naná*, de Zola. O que mais pode me preparar para lhe dar prazer, para buscar o meu próprio prazer? Ninguém me instruiu a respeito da coreografia de intimidade. Até agora, a nudez foi degradante, humilhante, aterrorizante. Preciso reaprender a habitar minha pele.

– Você está tremendo – diz Béla. – Está com frio?

Ele pega em sua mala um pacote embrulhado com uma fita brilhante. Dentro da caixa, enrolado em papel de seda, está uma linda camisola. Um presente extravagante. Mas não é isso que me emociona. De alguma forma ele sabia que eu precisaria de uma segunda pele. Não que eu quisesse me proteger dele, de meu futuro marido. Não é proteção que busco, mas uma maneira de me elevar, de me estender, uma maneira de iniciar o capítulo que ainda não foi escrito. Estremeço quando ele desliza a camisola pela minha cabeça, quando o tecido encosta nas minhas pernas. O figurino certo pode melhorar a dança. Eu rodopio para ele.

– *Izléses* – diz ele.

Elegante.

Estou tão feliz porque alguém está olhando para mim. O olhar dele é mais do que um elogio. Assim como as palavras da minha mãe uma vez me ensinaram a valorizar minha inteligência, através dos olhos de Béla, descubro um novo apreço por meu corpo e pela minha vida.

CAPÍTULO 9

Ano que vem em Jerusalém

Eu me casei com Béla Eger no dia 12 de novembro de 1946, na prefeitura de Košice. Podíamos ter comemorado de maneira luxuosa na mansão dos Eger, podíamos ter escolhido uma cerimônia judaica. Mas sou uma menina, tenho apenas 19 anos, não tive a oportunidade de terminar o ensino médio. Meus pais estão mortos. Um velho amigo do meu pai, que não é judeu, tem visitado a mim e às minhas irmãs. Ele é juiz e conhece o irmão de Béla, George, da faculdade de Direito, o que o torna um elo entre a minha família e o meu futuro marido, além de ser um elo com meu pai, e por isso o escolhi para celebrar nosso casamento.

Nos quinze meses desde que Béla e eu nos conhecemos, meu cabelo passou de uma penugem rala para ondas cheias. Eu o deixo solto, sob um casquete branco inclinado na cabeça. Uso um vestido emprestado de viscose preta, na altura do joelho, de mangas compridas justas, com ombreiras, e gola branca. Levo um pequeno buquê de lírios e rosas amarrado com uma fita larga de cetim. Sorrio para fotografias na varanda da loja do meu pai. Estão presentes apenas oito pessoas: eu, Béla, Magda, Klara, Csicsi, Imre e dois velhos amigos do meu pai, um deles presidente de um banco e o outro o juiz que nos casa. Béla gagueja quando fala seus votos e Klara me olha com reprovação. A recepção é em nosso apartamento. Klara preparou toda a comida. Frango assado. Cuscuz húngaro. Batatas com manteiga e salsa. E a *torta Dobos*, com sete camadas de bolo de chocolate. Tentamos criar um ambiente feliz, mas as ausências nos pesam. Órfão casa com órfã. Depois vou escutar que casamos com nossos pais. Mas eu direi que casamos com nossas questões não resolvidas. Para Béla e eu, a questão não resolvida é o luto.

Passamos a lua de mel em Bratislava, no Danúbio. Danço com meu marido as valsas que conhecíamos de antes da guerra. Visitamos a Fonte de Maximiliano e a Colina da Coroação. Béla finge ser o novo monarca, apontando sua espada para o norte, o sul, o leste e o oeste, prometendo defender-me. Vemos a antiga cidade murada, duplamente fortificada para enfrentar os turcos. Achamos que a tempestade já passou.

Naquela noite, no hotel, acordamos com alguém batendo a nossa porta. Policiais forçam a entrada em nosso quarto. A polícia está constantemente checando os civis; nossas vidas se tornam um labirinto de requisitos burocráticos, com permissões oficiais necessárias até para as ninharias mais cotidianas. Podem prendê-lo sob qualquer pretexto. Como meu marido é rico, uma pessoa importante, não deveria me surpreender termos sido seguidos. Mas estou surpresa. E com medo (estou sempre com medo). E também constrangida. E zangada. Essa é a minha lua de mel. Por que estão nos incomodando?

– Acabamos de nos casar – diz Béla em eslovaco.

Cresci sabendo falar apenas húngaro, mas Béla é fluente em tcheco, em eslovaco e em outras línguas, necessárias para seus negócios comerciais. Ele mostra nossos passaportes, a certidão de casamento, tudo para confirmar nossas identidades e a razão de estarmos em um hotel.

– Por favor, não nos incomodem.

A polícia não dá explicação alguma para invadir nossa privacidade, para suspeitar de nós. Há algum motivo para seguirem Béla? Será que o confundiram com outra pessoa? Tento não considerar a intrusão como um presságio. Foco na suavidade da voz do meu marido por baixo de sua gagueira. Não temos nada a esconder. Mas *alerta* é meu estado permanente. E não consigo deixar de sentir que sou culpada de alguma coisa. Que serei descoberta.

Minha transgressão é a vida. E o início de uma alegria cautelosa.

No trem de volta para casa, temos uma cabine particular. Prefiro sua elegância simples ao hotel. Posso me imaginar em uma história. Somos exploradores, colonos. O movimento do trem dissipa a apreensão e o tumulto de meu cérebro e me ajuda a focar no corpo de Béla. Ou talvez seja apenas o tamanho reduzido da cama. Meu corpo me surpreende. O prazer é um elixir. Um bálsamo. Procuramos um ao outro repetidas vezes enquanto o trem acelera noite adentro.

Tenho que correr para o banheiro quando vamos a Košice visitar minhas irmãs. Vomito sem parar. Serão boas notícias, mas ainda não sei. Nesse momento só sei que, depois de um ano de uma recuperação lenta, estou doente novamente.

– O que você fez com meu bebê? – grita Klara.

Béla molha o lenço na água fria e passa no meu rosto.

Enquanto minhas irmãs continuam morando em Košice, passo a ter uma inesperada vida de luxo. Eu me mudo para a mansão Eger em Prešov, um antigo monastério de meio século de existência, amplo e comprido, uma casa do tamanho de um quarteirão, com cavalos e carruagens alinhadas ao longo da entrada. O negócio de Béla fica no térreo e nós, no andar de cima. Inquilinos ocupam outras partes da casa enorme. Uma mulher cuida de nossa roupa, fervendo os lençóis, passando, tudo branco. Comemos em uma louça com o sobrenome da família – meu novo nome – gravado em dourado. Na sala de jantar, há um botão que posso apertar para chamar Mariska, a governanta, na cozinha. Não consigo parar de comer o pão de centeio que ela faz. Aperto o botão e peço mais pão.

– Vocês estão comendo feito porcos – murmura ela para mim.

Ela não disfarça a infelicidade com minha entrada na família. Sou uma ameaça a seu estilo de vida, ao modo como ela administra a casa. Fico condoída ao ver Béla dar a ela dinheiro para as compras. Sou sua esposa e me sinto inútil.

– Por favor, me ensine a cozinhar – peço a Mariska um dia.

– Não quero você nesta cozinha – responde ela.

Para me lançar em minha vida nova, Béla me apresenta à elite de Prešov, advogados, médicos e empresários e suas esposas, mas eu me sinto deslocada, jovem e inexperiente ao lado deles. Conheço duas mulheres da minha idade. Ava Hartmann é uma mulher moderna casada com um milionário mais velho. Ela usa o cabelo negro repartido na lateral. Marta Vadasz é casada com o melhor amigo de Béla, Bandi. Ela é ruiva e tem um rosto gentil e paciente. Observo Ava e Marta com atenção, tentando entender como devo me comportar e o que dizer. Ava, Marta e as outras mulheres bebem conhaque. Eu bebo conhaque. Ava, Marta e as outras mulheres fumam. Numa noite, depois de um jantar na casa de Ava – ela preparou o melhor fígado picado que eu provei na vida, com pimenta-verde e cebolas –, comento com Béla que sou a única que não fuma. No dia seguinte ele me traz uma cigarreira de prata e uma piteira prateada. Não sei como usar a piteira, nem mesmo como prender o cigarro na ponta, inalar e soltar a fumaça. Tento imitar as outras mulheres. Eu me sinto como um papagaio elegante, nada além de um eco envolta em roupas bonitas que meu pai não fez para mim.

Será que eles sabem onde estive? Nos salões e sentada a mesas de jantar decoradas, olho para nossos amigos e conhecidos e imagino: será que eles perderam as mesmas coisas que Béla e eu perdemos? Não falamos sobre isso. A negação é o nosso escudo. Ainda não sabemos o dano que perpetuamos ao nos afastar do passado, ao manter nossa conspiração de silêncio. Estamos convencidos de que, quanto mais isolarmos o passado, mais seguros e felizes seremos.

Tento relaxar na minha nova vida rica e privilegiada. Não haverá mais batidas fortes na porta interrompendo o sono, digo a mim mesma. Apenas o conforto dos edredons e lençóis limpos. Acabou-se a fome. Como sem parar o pão de centeio de Mariska e os bolinhos de peixe, que têm uma mistura de chucrute com *bryndza*, um queijo eslovaco de leite de ovelha. Estou engordando. As memórias e as perdas ocupam apenas uma fatiazinha de mim. Vou lutar contra elas para que saibam o seu lugar. Vejo minha mão levar a piteira prateada até o rosto e se afastar. Finjo que é uma nova dança. Posso aprender cada gesto.

O peso que estou ganhando não tem a ver apenas com o excesso de comida. No início da primavera, descubro que estou grávida. Em Auschwitz, não ficávamos menstruadas. A tensão constante e a inanição, ou talvez a magreza extrema, interrompiam os ciclos menstruais. Mas agora meu corpo, antes faminto, emaciado e largado para morrer, abriga uma nova vida. Conto as semanas desde que sangrei pela última vez e calculo que Béla e eu devemos tê-lo concebido em nossa lua de mel, talvez no trem. Ava e Marta contam que também estão grávidas.

Espero que meu médico, o médico da família Eger, o mesmo homem que fez o parto de Béla, me dê os parabéns. Mas, em vez disso, ele me dá uma bronca.

– Você não está forte o suficiente – diz ele, insistindo que eu marque um aborto, e logo.

Eu me recuso. Corro para casa chorando. Ele me segue. Mariska o leva até o salão.

– Sra. Eger, a senhora morrerá se tiver esta criança – diz ele. – A senhora é muito magra, muito fraca.

Olho diretamente em seus olhos.

– Doutor, vou gerar uma vida – digo. – Boa noite.

Béla o acompanha até a porta. Escuto meu marido se desculpando por meu desrespeito.

– Ela é filha de um alfaiate, não se pode esperar algo diferente – explica ele.

As palavras que ele usa para me proteger fazem outro pequeno buraco em meu ego ainda frágil.

Mas, à medida que meu útero se expande, o mesmo acontece com minha autoconfiança e determinação. Não me escondo nos cantos. Engordo 22 quilos e, quando caminho nas ruas, empurro a barriga e observo o reflexo dessa minha nova versão desfilar pelas vitrines das lojas. Não reconheço de imediato esse sentimento. Depois, eu me lembro. É a sensação de estar feliz.

Klara e Csicsi se casam na primavera de 1947, e Béla e eu vamos à Košice para a cerimônia em nosso Opel Adam verde. Outra ocasião importante na qual sinto falta de nossos pais, outro dia feliz afetado pela ausência deles. Mas estou grávida, minha vida está completa, não vou deixar a tristeza me puxar para baixo. Magda toca no piano da família. Ela canta a música que nosso pai costumava cantar. Béla luta com ideias contraditórias: me tirar para dançar ou me obrigar a sentar e descansar os pés. Minhas irmãs colocam as mãos na minha barriga. Essa vida nova dentro de mim pertence a todas. É o nosso recomeço. Um pedaço de nossos pais e avós que continuará no futuro.

Esse é o tema da conversa quando fazemos uma pausa da música e os homens acendem seus charutos. O futuro. O irmão de Csicsi, Imre, logo viajará para Sydney. Nosso grupo familiar já é tão pequeno... Não gosto da ideia de nos dispersarmos. Prešov já parece muito distante de minhas irmãs. Antes de a noite acabar, antes de Béla e eu irmos para casa, Klara puxa Magda e eu para o quarto.

– Tenho que dizer uma coisa a você, pequenina – diz ela.

Pela testa franzida de Magda, percebo que ela já sabe o que Klara vai falar.

– Se Imre for para Sydney – diz Klara –, nós também iremos.

Austrália. Por causa do golpe comunista em andamento na Tchecoslováquia, nossos amigos em Prešov também falam em emigrar, talvez para Israel, talvez para os Estados Unidos, mas as políticas de imigração são menos rígidas na Austrália. Ava e o marido também mencionaram Sydney, mas é muito longe.

– E a sua carreira? – pergunto a Klara.

– Há orquestras em Sydney.

– Você não fala inglês.

Tento qualquer desculpa, como se ela ainda não tivesse refletido sobre essas mesmas objeções.

– Csicsi fez uma promessa – diz ela. – Um pouco antes de morrer, seu pai pediu que ele tomasse conta do irmão. Se Imre for, nós vamos.

– Então, vocês duas estão me abandonando – diz Magda. – Depois de todo aquele esforço para sobreviver, achei que ficaríamos juntas.

Lembro da noite em abril, apenas dois anos antes, em que achei que Magda podia morrer, quando me arrisquei a levar uma surra ou coisa pior por escalar um muro e colher cenouras frescas para ela. Nós sobrevivemos a uma provação horrenda porque tínhamos a responsabilidade de proteger uma à outra e porque cada uma de nós se agarrou à outra como algo para se dedicar. Tenho que agradecer à minha irmã por minha vida.

– Vai se casar logo – garanto a ela –, você vai ver. Não existe ninguém mais sexy que você.

Ainda não entendo que a dor da minha irmã tem menos a ver com solidão e mais com a crença de que ela não merece ser amada. Onde ela vê sofrimento, inferno, deficiência e perda, eu vejo outra coisa. Vejo sua coragem, seu triunfo e sua força. É como nosso primeiro dia em Auschwitz, quando a ausência de seu cabelo revelou para mim, com uma nitidez nova, a beleza de seus olhos.

– Você está interessada em alguém? – pergunto.

Quero fofocar como fazíamos quando éramos garotas. Magda sempre oferece informações preciosas ou imitações engraçadas. Ela consegue dar leveza às coisas mais pesadas. Quero que ela sonhe.

Magda balança a cabeça.

– Não estou pensando em uma pessoa – explica. – Estou pensando em um lugar. – E aponta para um cartão-postal que escondeu na moldura do espelho de seu guarda-roupa.

A imagem mostra um deserto árido, uma ponte. El Paso, informam as letras na parte de cima da imagem. É de Laci.

– Ele partiu – diz Magda. – Eu também posso.

Para mim, El Paso parece o fim do mundo.

– Laci a chamou para ficar com ele?

– Dicuka, minha vida não é um conto de fadas. Não espero que um homem apareça para me salvar.

Ela bate com os dedos no colo como se estivesse tocando piano. Há mais coisas que ela quer dizer.

– Você se lembra do que Mama tinha no bolso no dia em que morreu?

– Uma membrana do nascimento de Klarie.

– E uma nota de dólar que tia Matilda havia enviado, numa época qualquer, dos Estados Unidos.

Por que não sei disso? Havia tantas coisas que nossa mãe tinha feito para sinalizar a esperança. Não apenas a nota de dólar, da qual não me lembro, e aquela membrana – de que me lembro –, mas o *schmaltz*, a gordura de galinha que ela embrulhou para cozinhar na fábrica de tijolos, e a carta para Klara. Magda parece refletir sobre a praticidade de nossa mãe e também sobre sua esperança.

– Laci não vai casar comigo – diz ela. – Mas de alguma forma eu vou para os Estados Unidos.

Ela escreveu para tia Matilda pedindo que ela enviasse uma declaração de apoio financeiro para patrocinar sua imigração.

Austrália. Estados Unidos. Enquanto a próxima geração se agita dentro de mim, minhas irmãs ameaçam flutuar para longe. Fui a primeira a escolher uma nova vida depois da guerra. Agora, são elas que estão escolhendo. Fico feliz por minhas irmãs. Ainda assim, penso no dia, durante a guerra, em que eu estava doente demais para trabalhar e Magda foi para a fábrica de munições sem mim. Quando a fábrica foi bombardeada, Magda podia ter fugido para a liberdade. No entanto, optou por voltar ao alojamento para me resgatar. Tive uma vida boa e tive sorte. Não há necessidade alguma que ela acompanhe a minha sobrevivência agora. Mas se há alguma coisa de que sinto falta naquele inferno é o entendimento de que a sobrevivência é uma questão de interdependência, que não se consegue sobreviver sozinha. Ao escolhermos destinos diferentes, minhas irmãs e eu, será que corremos perigo de destruir nossa ligação?

Béla está fora da cidade quando sinto as primeiras contrações, numa manhã de setembro. Elas são fortes o suficiente para me imobilizar. Ligo para Klara. Quando ela chega, duas horas depois, o médico ainda não está lá. Entro em trabalho de parto no mesmo quarto em que Béla nasceu, na mesma cama. Enquanto me reviro de dor, sinto uma conexão com a mãe dele, uma mulher que não tive a oportunidade de conhecer. Esse bebê que estou me esforçando para trazer ao mundo não terá avós. O médico ainda não chegou. Klara fica ao meu lado, oferecendo água, secando meu rosto.

– Saia daqui! – grito com ela. – Não aguento seu cheiro.

Não posso ser um bebê e dar à luz um bebê. Tenho que ter controle sobre meu corpo, e ela está me distraindo. No meio da clara falta de noção sobre o que estava acontecendo durante o trabalho de parto, me vem à memória a agonia da mulher grávida em Auschwitz que teve as pernas amarradas. Não consigo afastar seu rosto e sua voz do meu quarto. Ela me assombra e me inspira. Cada impulso de seu corpo e de seu coração apontavam para a vida, embora ela e seu bebê estivessem condenados a uma morte indescritivelmente cruel. A tristeza toma conta de mim. Sou uma avalanche. Vou me abrir no limiar exato de seu tormento. Vou aceitar essa dor porque ela não tinha escolha. Vou aceitar a minha dor para apagar a dela, cada memória dela, pois, se essa dor não me destruir, a memória pode acabar comigo. O médico finalmente chega. A bolsa das águas estoura e sinto o bebê sair de dentro de mim.

— É uma menina! — grita Klara.

Por um momento eu me sinto completa. Estou aqui. Minha bebê está aqui. Tudo está bem e certo.

Quero batizá-la de Anna-Marie, um nome romântico, meio afrancesado, mas os comunistas têm uma lista dos nomes permitidos e Anna-Marie não está entre eles. Então, escolhemos o inverso: Marianne, uma homenagem à prima de Béla, aquela que ainda me chama de idiota por ter destruído o noivado entre Béla e sua amiga, que agora está morta. Béla distribui charutos. Ele não vai se curvar à tradição de distribuir charutos apenas no nascimento de filhos homens. A chegada de sua filha será comemorada com todos os rituais, todas as demonstrações de orgulho. Ele me traz uma caixa de joias. Dentro está uma pulseira dourada de quadrados interligados do tamanho de selos postais, feita de dois tipos de ouro. Ela parece ser pesada, mas é leve.

— Ao futuro — diz Béla, e a coloca no meu pulso.

Ele diz isso e eu sei o sentido da minha vida. É isso que vou defender: essa criança. Meu compromisso com ela será tão completo e coeso quanto o círculo dourado no meu pulso. Vejo o meu propósito. Viverei para garantir que ela jamais passe pelo que eu passei. Terei minha continuidade nela, crescendo através de nossas raízes comuns, criando um novo ramo, um galho que se espalha na direção da esperança e da alegria.

Ainda assim, tomamos precauções. Nós a batizamos por segurança. A mesma razão pela qual nossos amigos Marta e Bandi usam o sobrenome húngaro, Vadasz, que significa "caçador", em vez do sobrenome judeu.

Mas que tipo de controle nós realmente temos? O bebê de Marta nasce morto.

Marianne nasceu com 4,5 quilos. Ela ocupa todo o carrinho.

— Devo amamentar? — pergunto à pediatra alemã.

— Para o que você acha que servem os seus peitos? — responde ela.

Meu leite é abundante. Tenho mais do que suficiente para alimentar Marianne e a bebê de minha amiga Ava. Posso alimentar cada fome. Eu represento a abundância. Eu me inclino quando amamento a fim de que Marianne não precise se contorcer para alcançar o meu corpo, sua fonte. Dou a ela cada gota de leite. Quando ela me esvazia, eu me sinto mais plena.

Marianne é tão protegida, abraçada, cuidada e agasalhada que custo a acreditar quando ela adoece aos 14 meses, em novembro de 1948. Sei identificar quando ela faz manha. Ela está com fome, eu penso. Está cansada. Mas, quando dou uma checada à noite, a febre está alta. Ela está quente e os olhos, vidrados. Seu corpo reclama, ela grita, mas está doente demais para registrar minha presença, ou não faço a menor diferença. Ela não quer mamar. Meus braços não a reconfortam. A todo momento, seu peito é sacudido por acessos de tosse forte. Acordo a governanta. Béla chama o médico, o médico que fez o seu parto, o parto de Marianne, e anda de um lado para outro no quarto.
    O médico é duro comigo. Ela está com pneumonia.
    – Isso é vida ou morte – diz ele.
    Ele parece zangado, como se a doença fosse culpa minha, como se não quisesse me deixar esquecer que, desde o início, a vida de Marianne foi estruturada no risco, na minha tola audácia. Agora veja o que aconteceu. Mas talvez o que soa como raiva seja só cansaço. Ele vive para curar. Com que frequência seus esforços são infrutíferos?
    – O que podemos fazer? – pergunta Béla. – Diga-nos o que fazer.
    – Já ouviu falar de penicilina?
    – Sim, claro.
    – Consiga penicilina para seu bebê. E rápido.
    Béla olha para o médico, confuso, quando ele começa a abotoar seu casaco.
    – Você é o médico. Onde está a penicilina? – pergunta ele.
    – Sr. Eger, não existe penicilina neste país. Nada disso pode ser comprado legalmente. Boa noite. Boa sorte.
    – Eu pagarei o que for!
    – Sim – diz o médico. – O senhor deve dar seu jeito.
    – Os comunistas? – sugiro, quando o médico sai.
    Eles libertaram a Eslováquia da ocupação nazista. Os comunistas têm

se aproximado de Béla, cortejando sua riqueza e influência. Eles lhe ofereceram o cargo de ministro da Agricultura, com a condição de que se filie ao partido.

Béla faz que não com a cabeça.

– É mais fácil conseguir no mercado negro – diz ele.

Marianne recaiu num sono interrompido. Preciso mantê-la hidratada, mas ela não aceita água ou leite.

– Me dê dinheiro – ordeno – e me diga aonde ir.

Os operadores do mercado negro fazem seus negócios ao lado do comércio legal no centro da cidade. Béla será reconhecido, mas eu posso preservar meu anonimato. Devo ir ao açougueiro e passar uma mensagem cifrada, depois, dizer outro código ao padeiro, e então alguém me procurará. O negociador do mercado negro me intercepta perto da florista.

– Penicilina – digo. – O suficiente para uma criança doente.

Ele ri com a impossibilidade de meu pedido.

– Não existe penicilina aqui – diz ele. – Terei que ir a Londres. Posso viajar hoje e voltar amanhã. Isso tem um preço.

A quantia que ele pede é duas vezes a quantidade de dinheiro que Béla embrulhou num jornal e colocou em minha bolsa.

Não hesito. Informo o quanto pagarei a ele. Digo o valor exato que carrego.

– Isso precisa ser feito. Se você não for, procurarei outra pessoa.

Penso no guarda no dia em que deixamos Auschwitz, nas estrelas que dei, na piscada dele. Tenho que me conectar com a parte desse homem que vai cooperar.

– Vê esta pulseira?

Levanto a manga de meu vestido e mostro a pulseira de ouro que uso desde o dia em que Marianne nasceu.

Ele inclina a cabeça. Talvez imaginando como ficará no pulso de sua esposa ou de sua namorada. Talvez esteja calculando mentalmente o preço que vai conseguir pela pulseira.

– Meu marido me deu isso quando nossa filha nasceu. Agora, estou dando a você a oportunidade de salvar a vida da nossa filha.

Vejo os olhos dele brilharem com algo maior do que a cobiça.

– Me dê o dinheiro – diz ele. – Fique com a pulseira.

O médico vem de novo na noite seguinte para ajudar a administrar a primeira dose de penicilina. Ele aguarda até a febre de Marianne baixar e ela aceitar meu peito.

– Eu sabia que você encontraria um jeito – diz o médico.

Pela manhã, Marianne já consegue sorrir. Ela dorme enquanto mama. Béla beija a testa dela, beija o meu rosto.

Marianne está melhor, mas outras ameaças surgem. Béla recusa o cargo de ministro da Agricultura. "Os nazistas de ontem são os comunistas de hoje", diz ele, e seu Opel Adam conversível é jogado para fora da estrada certo dia. Béla não se machuca, mas o motorista sofre ferimentos leves. Béla vai à casa do motorista levar alguns mantimentos e desejar uma pronta recuperação. O motorista abre só uma fresta da porta. A mulher o chama no outro cômodo. "Não o deixe entrar", diz ela. Béla escancara a porta e vê, sobre a mesa deles, uma das melhores toalhas de sua mãe.

Quando chega em casa. Béla verifica o armário onde as melhores toalhas de mesa estão guardadas. Muitos itens estão faltando. Imagino que ele ficará zangado, despedirá o motorista, talvez outros empregados. Ele dá de ombros.

– Sempre use o que você tem de mais bonito – me diz ele. – Nunca se sabe quando as coisas vão sumir.

Penso no apartamento de minha família coberto de estrume, em nosso piano na cafeteria ali pertinho, na maneira que os grandes momentos políticos, como a mudança de comando do poder e a revisão de fronteiras, também são sempre muito pessoais. Košice vira Kassa e depois volta a ser Košice.

– Não aguento mais – digo a Béla. – Não consigo viver com um alvo nas costas. Minha filha não vai perder os pais.

– Não – concorda ele.

Penso em tia Matilda. Magda recebeu sua declaração de apoio financeiro e está esperando o visto. Estou a ponto de sugerir a Béla que tentemos acompanhar Magda em sua viagem para os Estados Unidos. Mas então lembro que minha irmã foi avisada que ela talvez leve anos para conseguir o visto, pois, mesmo com patrocínio, a imigração é sujeita a restrição de cotas. Não podemos confiar em um processo de muitos anos para nos proteger dos comunistas. Precisamos de uma saída mais rápida.

No dia 31 de dezembro de 1948, Marta e Bandi vêm comemorar a passagem de ano em nossa casa. Eles são sionistas fervorosos e brindam à saúde do novo Estado de Israel taça após taça.

– Podíamos ir para lá – diz Béla. – Podíamos começar um negócio.

Não é a primeira vez que me imagino na Palestina. No ensino médio, eu era sionista, e Eric e eu nos imaginávamos vivendo juntos na Palestina depois da guerra. No meio do preconceito e da incerteza, não conseguimos impedir que nossos colegas cuspissem em nós nem que os nazistas se apossassem de nossas ruas, mas podemos defender um lar futuro, podemos construir um lugar seguro.

Não sei se devo acolher a sugestão de Béla de realizarmos um antigo sonho adiado, ou se devo me preocupar por apostar numa ilusão, numa expectativa que levará à decepção. Israel é um Estado tão recente que ainda nem teve as primeiras eleições e já está em guerra com os vizinhos árabes. Além do mais, ainda não existe a Lei do Retorno, legislação que vários anos depois concederá a qualquer judeu, de qualquer país, a possibilidade de emigrar e se estabelecer em Israel. Teríamos de chegar lá ilegalmente, confiando na Berihá – a organização clandestina que ajudou os judeus a fugirem da Europa durante a guerra – para arranjar nossa passagem em um navio. Ainda clandestina, a Berihá auxilia os refugiados, os desabrigados, os sem casa e os apátridas a encontrarem uma vida nova. Mesmo que possamos garantir nossos lugares num barco, nosso plano não é uma aposta certa. Apenas um ano antes, o navio *Exodus*, levando 45 imigrantes judeus que buscavam asilo e reassentamento em Israel, foi enviado de volta para a Europa.

Chega a véspera do ano-novo. Estamos esperançosos, nos sentimos corajosos. Nas últimas horas de 1948, nosso plano para o futuro toma forma. Vamos usar a fortuna dos Eger e comprar o necessário para começar um negócio em Israel. Nas semanas seguintes, depois de muita pesquisa, Béla decidirá que uma fábrica de macarrão é o investimento mais recomendado, e lotaremos um contêiner com nossos pertences, com o suficiente para nos sustentar ao longo dos primeiros anos em nosso novo lar.

Nós, húngaros, não encerramos uma noite de bebedeira sem tomar uma sopa de chucrute. Mariska traz tigelas fumegantes de sopa. "Ano que vem em Jerusalém", dizemos.

Nos meses seguintes, Béla compra o contêiner que levará a fortuna dos Eger para a Itália e depois para Haifa de navio. Ele compra os equipamentos básicos para uma fábrica de macarrão. Cuido do acondicionamento da prataria, da louça com as iniciais douradas. Compro roupas para Marianne, o suficiente para os próximos cinco anos, e costuro joias nos bolsos e bainhas.

Mandamos os pertences na frente e pretendemos ir logo em seguida, assim que a Berihá nos ajudar a achar um jeito.

No fim de um dia de inverno, com Béla ausente em viagem a negócios, uma carta registrada chega para ele de Praga. Assino o recibo da carta, que leio sem esperar que meu marido retorne. Antes da guerra, cidadãos tchecos que haviam emigrado para a América, diz a carta, podiam indicar qualquer parente que vivesse na Europa para se beneficiar da lei que concedia vistos de entrada no país a quem sofresse perseguição, sem precisar se sujeitar às cotas que restringiam o número de refugiados nos Estados Unidos. O tio-avô de Béla, Albert, que se estabeleceu em Chicago no início dos anos 1900, indicou a família Eger. Somos agora uma das duas famílias tchecas convidadas a se refugiar na América, de acordo com o registro, feito antes da guerra. Béla deve se apresentar imediatamente no consulado americano em Praga com nossos documentos.

Nosso contêiner está a caminho de Israel. Uma vida nova surge no horizonte. Já organizamos tudo. Já escolhemos. Mas o meu coração acelera com essa notícia, com essa inesperada oportunidade. Podemos ir para a América como Magda, mas sem precisar esperar. Béla volta de viagem e eu imploro a ele para ir a Praga com nossos documentos.

– Só para garantir – insisto. – Só como precaução.

Mesmo relutante, ele vai. Coloco os papéis na primeira gaveta de meu guarda-roupa, junto com minhas roupas íntimas. Só para garantir.

CAPÍTULO 10

Fuga

Em 19 de maio de 1949, chego em casa do parque com Marianne, e Mariska está chorando.
– Prenderam o Sr. Eger! – choraminga ela. – Ele foi levado!
Durante meses sabíamos que nossos dias de liberdade estavam contados. Além de tirarem o carro de Béla da estrada no ano anterior, os comunistas haviam se apossado do negócio dele, confiscado nosso carro, grampeado nosso telefone. Com nossa fortuna segura a caminho de Israel, ficamos à espera dos arranjos de viagem da Berihá. Ficamos porque não podíamos nos imaginar partindo. Agora, corro o risco de criar minha filha sem o pai. Não vou aceitar isso. Não vou. Primeiro, preciso afastar a preocupação e o medo que estão crescendo em mim. Preciso excluir a possibilidade de Béla estar sendo torturado ou que já tenha sido morto. Preciso agir como minha mãe na manhã em que fomos despejados de nosso apartamento e mandados para a fábrica de tijolos. Preciso me tornar uma agente da criatividade e da esperança. Preciso agir como uma pessoa que tem um plano.
Dou um banho em Marianne e almoço com ela. Deixo-a tirar uma soneca. Estou ganhando tempo para pensar e garantindo que ela seja bem alimentada e tenha todo o conforto possível. Quem sabe se vamos dormir hoje à noite, ou onde? Vivo um minuto de cada vez. Não sei o que farei a seguir, só que preciso encontrar uma maneira de tirar Béla da prisão e de manter nossa filha em segurança. Reúno tudo o que pode ser útil sem levantar suspeita. Enquanto Marianne dorme, abro meu armário e pego o anel de diamantes que Béla encomendou para mim quando casamos. É um anel lindo, um diamante perfeito, redondo, numa base de ouro,

mas ele sempre me fez sentir constrangida, então nunca o uso. Hoje, eu o coloco. Guardo os documentos que Béla obteve no consulado americano em Praga por dentro do meu vestido, na parte das costas, presos ao meu corpo pelo cinto. Não posso parecer uma pessoa que está fugindo. Não posso usar nosso telefone grampeado para chamar alguém para me ajudar. Mas não suporto deixar a casa sem avisar minhas irmãs. Não espero que elas possam nos ajudar, mas quero que saibam que estamos em perigo, que há uma chance de que não nos vejamos novamente. Ligo para Klara. Ela atende e eu improviso. Tento não chorar. Tento não deixar minha voz tremer ou falhar.

– Estou muito feliz que você esteja vindo nos visitar – digo.

Não há nenhuma visita planejada. Estou falando em código. Espero que ela entenda.

– Marianne tem perguntado pela tia Klarie. Me confirme a hora de seu trem.

Ela começa a me corrigir ou a me questionar. Depois de uma breve pausa, Klara percebe que estou tentando lhe dizer alguma coisa. Trem, visita. O que ela fará com essas pistas escassas?

– Chegaremos esta noite – diz ela. – Estarei na estação.

De alguma forma, hoje à noite, ela nos encontrará em um trem? Isto é o que nós acabamos de combinar? Ou nossa conversa foi codificada demais até mesmo para nós entendermos?

Coloco nossos passaportes em minha bolsa e espero Marianne acordar. Ela tem sido treinada para ir ao banheiro desde os nove meses, mas, quando a visto após a soneca, ela permite que eu lhe coloque uma fralda, onde eu escondo minha pulseira. Não levo nada além disso. Não posso parecer uma pessoa que está fugindo. Tudo o que eu falar no resto do dia, não importa o tempo que levar para ficarmos em segurança, será dito nessa linguagem que acho ameaçadora, aquela maneira de ser que não é autoritária ou dominadora, nem covarde ou fraca. Ser passiva é deixar que os outros decidam por você. Ser agressiva é decidir pelos outros. Ser assertiva é decidir por si mesma. E confiar que há o suficiente, que você é o suficiente.

Ah, mas estou tremendo. Saio de casa com Marianne em meus braços. Se eu agir corretamente, não voltarei à mansão dos Eger, não hoje, talvez nunca. Esta noite, estaremos a caminho de nossa nova casa. Mantenho minha voz baixa. Converso sem parar com Marianne. Nos doze meses desde o nascimento dela, além da amamentação, esse foi o meu sucesso como mãe: falo a respeito de tudo com minha filha. Narro o que estamos fazendo ao longo do dia. Falo os nomes das ruas e das árvores. Palavras são tesouros que ofereço a ela seguidamente. Ela é capaz de falar em três idiomas: húngaro, alemão e eslovaco. "*Kvetina*", diz ela, apontando para uma flor, falando a palavra em eslovaco. Com Marianne, reaprendo como é me sentir em segurança *e* ter curiosidade. E, em troca, é isso que posso oferecer a ela. Não posso evitar o perigo, mas posso ajudá-la a saber onde está vivendo e entender sua própria importância. Mantenho o monólogo para que não haja espaço para a voz do medo.

– Sim, a flor, olha o carvalho todo desfolhado, e lá está o caminhão de leite. Agora nós vamos ver o homem na delegacia, um prédio grande, muito grande, como a nossa casa, mas com longos corredores...

Falo como se esse fosse um passeio normal, como se eu pudesse ser para ela a mãe que preciso ser para mim mesma.

A delegacia é intimidadora. Quando guardas armados me conduzem para dentro do prédio, quase dou meia-volta e corro. Homens em uniformes. Homens com armas. Não suporto essa demonstração de autoridade. Isso me deixa desnorteada e deslocada. Sinto-me perdida diante da ameaça deles. Porém, cada minuto que espero aumenta o perigo para Béla. Ele já demonstrou que não se conforma em obedecer às regras. E os comunistas já mostraram que não toleram dissidentes. O que serão capazes de fazer para lhe dar uma lição, para extrair aquela informação imaginada, para dobrá-lo à vontade deles?

E quanto a mim? Como serei punida quando revelar meu propósito aqui? Invoco a confiança que demonstrei no dia em que comprei a penicilina do negociante do mercado negro. Naquela ocasião, o maior risco era o negociante dizer não. Eu arriscaria mais ao *não* pedir o que era necessário para salvar a vida de Marianne. Hoje, manter uma postura assertiva pode levar à retaliação, à prisão e à tortura. Ainda assim, *não* tentar também é arriscado.

O guarda está sentado em um banco atrás de um balcão alto. É um homem grande. Temo que Marianne diga que ele é gordo em alto e bom som e destrua nossas chances. Olho nos olhos dele. Sorrio. Vou tratá-lo não pelo que ele é, mas pelo que eu confio que seja. Vou conversar com ele como se já tivesse o que desejo.

– Obrigada, senhor – falo em eslovaco –, muito obrigada por devolver o pai de minha filha.

A testa dele se franze, demonstrando confusão. Mantenho os olhos nele. Tiro meu anel de diamante. Ofereço-o a ele.

– Um reencontro entre um pai e uma filha é uma coisa linda – continuo falando e girando a pedra de modo que ela brilhe como uma estrela na luz mortiça.

Ele olha o diamante e depois me encara por um momento interminável. Ele vai ligar para seu superior? Vai tirar Marianne dos meus braços e me prender também? Ou aproveitará algo bom para ele mesmo e me ajudará? Sinto um aperto no peito e meus braços doem enquanto ele avalia as possibilidades. Por fim, ele toca a campainha e coloca o anel no bolso.

– Nome? – pergunta ele.

– Eger.

– Venha.

Ele me leva por uma porta e descemos algumas escadas.

– Estamos indo buscar o papai – digo a Marianne, como se estivéssemos indo encontrá-lo no trem.

O lugar é sombrio e triste. E existe uma inversão aqui. Quantos dos que estão aprisionados são inocentes, vítimas de um abuso de poder? Não convivo com prisioneiros desde que eu estava entre eles. Sinto-me quase envergonhada por estar desse lado das grades. Estou aterrorizada pela possibilidade de que, em um momento de horror arbitrário, sejamos obrigados a trocar de lugar.

Béla está numa cela sozinho. Ele veste as próprias roupas, nada de uniforme, e pula da cama quando nos vê, esticando o braço entre as grades para segurar as mãos de Marianne.

– Marchuka – diz ele. – Está vendo minha caminha engraçada?

Ele acha que estamos aqui para uma visita. Um de seus olhos está roxo. Há sangue em seus lábios. Percebo que ele apresenta duas facetas, a inocente e feliz para Marianne e a inquisitiva para mim. Por que eu trouxe uma criança a uma prisão? Por que oferecer a Marianne uma imagem dele que ela nunca esquecerá mesmo que não entenda o que é? Tento não ficar na defensiva. Tento fazer com que meus olhos mostrem que ele pode confiar em mim. Tento inundá-lo de amor, a única coisa mais forte do que o medo. Nunca o amei mais do que nesse momento, quando ele sabe instintivamente inventar uma brincadeira para Marianne e, assim, transformar esse lugar assustador e desolador em algo inofensivo.

O guarda abre a cela.

– Cinco minutos! – ele grita alto e então apalpa o bolso onde guardou o anel de diamante. E recua para o fundo do corredor, dando as costas para nós.

Puxo Béla para fora da cela e não respiro até estarmos novamente na rua, Béla, Marianne e eu. Ajudo Béla a limpar o sangue dos lábios com seu lenço sujo. Vamos na direção da estação de trem. Não precisamos discutir sobre o que fazer. É como se tivéssemos planejado tudo: sua prisão, a fuga repentina. Combinamos tudo à medida que caminhamos, em meio à sensação vertiginosa de andar rapidamente pela neve fofa, pisando em pegadas deixadas por outras pessoas, surpresos que elas estejam prontas para acomodar nossos pés e nossa velocidade. É como se já tivéssemos feito essa jornada em outra vida e agora a repetimos de memória. Fico feliz por Béla carregar Marianne. Meus braços estão quase dormentes.

O importante é sair do país. Escapar dos comunistas. Chegar o mais próximo de onde os Aliados têm postos. Na estação de trem, deixo Béla e Marianne num banco mais isolado e vou sozinha comprar três bilhetes para Viena e alguns sanduíches. Quem sabe quando comeremos novamente?

Ainda faltam 45 minutos para o próximo trem. Quarenta e cinco minutos a mais para a cela vazia de Béla ser descoberta. É claro que eles vão enviar guardas para a estação de trem. É para a estação de trem que você vai quando quer localizar um fugitivo, que é o que Béla é agora. E eu sou sua cúmplice. Para evitar a tremedeira, me concentro em contar quantas vezes puxo o ar a fim de respirar. Quando volto, Béla está contando a Marianne uma história divertida sobre um pombo que pensa que é uma borboleta. Tento não olhar para o relógio. Sento no banco, Marianne está no colo de Béla, eu me encosto neles, na tentativa de manter o rosto de Béla escondido. Os minutos passam lentamente. Desembrulho um sanduíche para Marianne. Tento comer um pedaço.

Então, um aviso faz os meus dentes baterem tão forte que não consigo comer. "Béla Eger, por favor se apresente no balcão de informações", o locutor fala monotonamente. A voz se sobrepõe aos sons das transações nas bilheterias, às reprimendas dos pais aos filhos, às separações e despedidas.

– Não olhe – sussurro. – Faça qualquer coisa, mas não levante os olhos.

Béla faz cócegas em Marianne para que ela ria. Estou preocupada que eles estejam fazendo muito barulho.

"Béla Eger, dirija-se imediatamente ao balcão de informações", chama o locutor.

Podemos sentir a urgência aumentando.

Enfim, o trem rumo a oeste chega à estação.

– Entre no trem – digo. – Esconda-se no banheiro caso eles façam uma busca.

Tento não olhar para os policiais ao redor quando nos apressamos para embarcar. Béla corre com Marianne nos ombros. Ela grita, encantada. Não temos bagagem, o que fazia sentido ao andar pelas ruas até aqui. No entanto, agora estou preocupada que a ausência de bagagem levante suspeitas. Serão quase sete horas até Viena. Se conseguirmos sair de Prešov, ainda há o risco de a polícia embarcar em qualquer parada para fazer uma busca no trem. Não há tempo para obter identidades falsas. Somos quem somos.

Encontramos uma cabine vazia, então trato de manter Marianne ocupada na janela, contando os sapatos na plataforma. Depois de tirar Béla da cadeia, quase não posso tolerar a ideia de que ele saia do meu lado. Não suporto o perigo contínuo e crescente. Béla me beija, beija Marianne e vai se esconder no banheiro. Espero o trem começar a se movimentar. Se conseguirmos ao menos sair da estação, estaremos um pouco mais perto da liberdade, um segundo mais perto do retorno de Béla.

O trem não se mexe. *Mama, Mama*, eu rezo. *Ajude-nos, Mama. Ajude--nos, Papa.*

A porta da cabine se abre e um policial nos olha rapidamente antes de fechar a porta. Escuto o som das botas dele conforme ele avança pelo corredor, ouço os ruídos de outras portas abrindo e fechando, o policial gritando o nome de Béla. Converso com Marianne, canto e a mantenho olhando pela janela. Depois, fico com medo de ver Béla ser retirado do trem algemado. Finalmente, o condutor levanta o banquinho da plataforma e embarca no trem. As portas do vagão se fecham. O trem começa a se mover. Onde está Béla? Ainda está no trem? Conseguiu escapar à busca ou está a caminho da cadeia para uma surra certa – ou coisa pior? E se cada volta das rodas nos afasta e nos distancia da vida que podemos ter juntos?

Quando chegamos a Košice, Marianne está dormindo no meu colo. Ainda não há sinal de Béla. Procuro Klara na plataforma. Será que ela veio nos encontrar? Csicsi virá? Será que ela entendeu o perigo que estamos correndo? Que preparações ela fez desde que nos falamos?

Um pouco antes de o trem deixar a estação de Košice, a porta da cabine se abre e Béla entra, eufórico por causa da adrenalina.

– Tenho uma surpresa! – ele fala antes de eu conseguir acalmá-lo.

Marianne abre os olhos, desorientada, irritada. Eu a nino e me aproximo de meu marido. Béla está confiante.

– Você não quer ver minha surpresa? – ele pergunta e abre a porta novamente.

Lá estão minha irmã Klara e Csicsi, uma mala e o violino dela.

– Algum lugar livre aqui? – pergunta Csicsi.

– Pequenina! – diz Klara ao me puxar para junto de seu peito.

Béla quer contar como escapou da busca policial em Prešov, e Csicsi quer contar como eles se encontraram aqui em Košice, mas sou supersticiosa. Parece que estamos contando com o ovo dentro da galinha. Nas lendas, nada de bom vem quando se conta vantagem. Você deve deixar os deuses manterem a imagem de seu poder. Ainda nem falei com Béla sobre o anel, sobre como o tirei da prisão. Ele não perguntou.

O trem está novamente em movimento. Marianne adormece outra vez, com a cabeça no colo do pai. Csicsi e Klara falam aos sussurros sobre seus planos: Viena é o lugar perfeito para aguardar os vistos australianos, o momento é perfeito para deixar a Europa e encontrar com Imre em Sydney. Ainda não consigo me imaginar em Viena. Prendo a respiração a cada estação. Spišska Nová Ves. Poprad-Tatry. Liptovský Mikuláš. Žilina. Mais três paradas antes de Viena. Trenčín não resulta em nenhuma catástrofe. Nenhuma crise em Trnava. Estamos quase lá. Em Bratislava, a fronteira, o lugar de nossa lua de mel, o trem se demora na estação. Marianne acorda, sentindo a quietude.

– Dorme, bebê, dorme – diz Béla.

– Silêncio – digo. – Silêncio.

Na plataforma, no escuro, vemos uma dúzia de soldados eslovacos se dirigindo para o trem. Eles se espalham, abordando os vagões em pares. Logo estarão batendo em nossa porta. Vão pedir nossa identificação. Mesmo que não reconheçam o rosto de Béla, verão seu nome no passaporte. É tarde demais para se esconder.

– Já volto – diz Csicsi.

Ele sai para o corredor, escutamos a voz dele, a voz do condutor e o vemos descendo na plataforma bem quando os soldados chegam à nossa porta. Nunca saberei o que Csicsi disse a eles. Nunca saberei se dinheiro ou joias trocaram de mãos. Tudo que sei é que, depois de momentos excruciantes, os soldados inclinaram os quepes para Csicsi, deram meia-volta e retornaram à estação. Como eu aguentava enfrentar a fila de seleção, às vezes todo dia, às vezes mais de uma vez ao dia? Pelo menos numa fila de seleção o veredito vem rápido.

Csicsi volta para a cabine. Meu coração parou de bater enlouquecidamente, mas não consigo perguntar como ele convenceu os soldados a darem meia-volta. Nossa segurança parece frágil demais para confiar. Se falarmos abertamente sobre o alívio, nos arriscamos a destruí-lo. Permanecemos calados enquanto o trem segue para Viena.

Em Viena, somos pequenas gotas em um fluxo de 250 mil pessoas que buscam refúgio e passagem para a Palestina ou para a América do Norte desde o fim da guerra. Vamos nos abrigar no Hospital Rothschild, localizado na parte da cidade ocupada pelos americanos. O hospital é usado como centro para os refugiados do Leste Europeu. Nós cinco ficamos no mesmo quarto com outras três famílias. Embora já seja tarde, Béla sai do quarto antes mesmo que eu acomode Marianne na cama. Ele quer entrar em contato com Bandi e Marta, os amigos com quem estávamos planejando ir para Israel, para contar a eles onde estamos. Afago as costas de Marianne enquanto ela dorme, escutando a conversa sussurrada de Klara com uma mulher com quem dividimos o quarto. Somos milhares, aqui no Hospital Rothschild, todos aguardando ajuda da Berihá. Quando nos sentamos à mesa para comer a sopa de chucrute com Bandi e Marta na véspera do ano-novo, concebendo o plano para recomeçar a vida em Israel, estávamos construindo algo, não fugindo. Mas agora, num quarto apinhado de outros refugiados, entendo o significado da Berihá. Berihá é "fuga" em hebraico. Estamos fugindo.

Nosso plano é viável? A mulher em nosso quarto no Rothschild nos conta sobre os amigos que já emigraram para Israel. Não é um lugar fácil de viver, eles dizem. Depois de um ano, a guerra árabe-israelense está finalmente acabando, mas o país ainda é uma zona de guerra. As pessoas vivem em barracas e fazem o que é preciso numa época de profunda agitação política e hostilidades permanentes entre árabes e judeus. Essa não é a vida para a qual nos preparamos quando empacotamos nossas coisas num contêiner. De que servirá a prataria e a louça numa barraca cercada por conflitos violentos? E as joias que costurei nas roupas de Marianne? Elas só valem o que os outros pagam por elas. Quem quer comer em pratos dourados que trazem nosso sobrenome? Não é a ideia de trabalho duro ou de pobreza que faz aflorar essa resistência no meu estômago. É a realidade de mais um tempo de guerra. Por que recomeçar se nada se produz além do mesmo sofrimento?

No escuro, esperando Béla voltar, abro os documentos do consulado americano, os papéis que insisti tanto para Béla recuperar em Praga e que cruzaram a fronteira conosco, presos às minhas costas. Duas famílias tchecas se qualificaram para emigrar para os Estados Unidos. Só duas. A outra família, Béla soube quando foi à Praga, já deixou a Europa e escolheu emigrar para Israel. É a nossa vez, se decidirmos ir. Viro os papéis na mão, olho as palavras borradas na penumbra e espero que elas se misturem em minhas mãos, para se reorganizar. "América, Dicuka", posso ouvir minha mãe dizer. É muito difícil entrar nos Estados Unidos. As cotas são restritas. Mas se a carta não for uma fraude, uma farsa, temos uma maneira de entrar. Porém, nossa fortuna está em Israel. A carta deve ser um convite falso, eu me convenço. Ninguém o quer se você está sem um tostão.

Béla volta empolgado, acordando nossos companheiros de quarto. Ele conseguiu contatar Bandi no meio da noite. Nossos amigos vêm amanhã à noite para Viena. Vamos encontrá-los na estação de trem na manhã seguinte e juntos viajaremos até a Itália, onde Bandi, com a ajuda da Berihá, garantiu nossa passagem para Haifa de navio. Vamos para

Israel com Bandi e Marta como havíamos planejado desde a véspera do ano-novo. Vamos montar nossa fábrica de macarrão. Temos sorte por deixar Viena logo que chegamos. Não ficaremos anos aguardando, como Klara e Csicsi talvez fiquem, antes de irem para a Austrália.

No entanto, eu não me sinto alegre com a perspectiva de deixar Viena em 36 horas, de fugir do caos do pós-guerra em Prešov apenas para levar minha filha de volta a uma zona de conflito. Sento na beira da cama, com os documentos do consulado americano no colo. Percorro as letras com meus dedos. Béla me observa.

– Está um pouco tarde – diz ele.

É seu único comentário.

– Você não acha que devemos discutir isto?

– O que há para discutir? Nossa fortuna, nosso futuro, está em Israel.

Ele está certo. Meio certo. Nossa fortuna está em Israel, provavelmente assando num contêiner no deserto. Nosso futuro, não. Ele ainda não existe. Nosso futuro é a soma de uma equação que é parte intenção e parte circunstância. E nossas intenções podem mudar, ou se dividir.

Quando finalmente me deito, Klara sussurra para mim por cima do corpo adormecido de Marianne:

– Pequenina, escute o que vou dizer. Você precisa amar o que está fazendo. De outra forma, não deve fazer. Não vale a pena.

O que ela está me dizendo para fazer? Discutir com Béla sobre algo que já decidimos? Deixá-lo? Ela é justamente a pessoa que eu esperava que defendesse as escolhas que fiz. Sei que ela não quer ir para a Austrália, mas vai para ficar ao lado do marido. Ela, melhor do que ninguém, deve entender por que estou indo para Israel embora não queira. Pela primeira vez em nossas vidas Klara está me dizendo para não fazer o que ela faz, para não seguir o exemplo dela.

Pela manhã, Béla sai rapidamente a fim de arranjar as coisas de que precisamos para a viagem para Israel. Malas, casacos, roupas e outros itens necessários fornecidos aos refugiados pelo comitê judeu de distribuição conjunta, a empresa de caridade americana que dá apoio ao Hospital Rothschild. Vou à cidade com Marianne, os documentos de Praga guardados na minha bolsa do jeito que Magda costumava esconder os doces – parte tentação, parte ajuda. O que significa ser aquela família tcheca autorizada a emigrar? Quem irá se recusarmos? Ninguém? O plano de Israel é um bom plano. É o melhor que podemos fazer com o que temos. Mas agora há uma oportunidade que não existia quando firmamos esse compromisso, esse plano. Agora temos uma nova possibilidade que não envolve morar em barracas em uma zona de guerra.

Não consigo me controlar. Sem a permissão de Béla, sem seu conhecimento, peço indicações para chegar ao consulado dos Estados Unidos e entro lá com Marianne nos braços. Vou pelo menos verificar se os papéis são um erro ou uma farsa.

– Parabéns – diz o funcionário quando mostro a ele os documentos. – Você pode ir assim que seus vistos forem processados.

Ele me entrega os formulários para nossos pedidos de visto.

– Quanto vai custar?

– Nada, a senhora é uma refugiada. A viagem é uma cortesia de seu novo país.

Fico tonta. Uma tontura boa, aquela que senti na noite anterior, quando o trem deixou Bratislava com a minha família ainda completa. Pego os formulários e levo para nosso quarto no Hospital Rothschild. Mostro a Klara e Csicsi, analiso as perguntas, procurando pela armadilha. Não demora e encontro a primeira: *Você já teve tuberculose (TB)?* Béla sim. Ele não tem sintomas desde 1945, mas não importa quão saudável ele é agora. É preciso apresentar radiografias junto ao formulário. Existem cicatrizes nos pulmões dele. O dano é visível. E tuberculose não tem cura. Como os traumas, ela pode reaparecer a qualquer momento.

Israel, então. Amanhã.

Klara me vê colocando os formulários embaixo do colchão.

– Lembra que aos 10 anos fui aceita na Juilliard e Mama não me deixou ir? Vá para a América, Dicu. Mama gostaria que você fosse.

– Mas e a tuberculose? – pergunto.

Estou tentando ser leal, não à lei, mas aos desejos de Béla, às escolhas de meu marido.

– Quando você não pode entrar pela porta, entra pela janela. – Klara me relembra.

A noite chega. Nossa segunda noite em Viena, nossa última noite em Viena. Espero até Marianne adormecer, até Klara e Csicsi e as outras famílias irem para a cama. Sento com Béla em cadeiras perto da porta. Nossos joelhos se encostam. Tento memorizar seu rosto para que eu possa descrevê-los para Marianne. A testa grande, os arcos perfeitos de suas sobrancelhas, a suavidade de sua boca.

– Querido Béla – começo –, o que estou prestes a dizer não vai ser fácil de ouvir. Não há maneira de evitar a dureza que será, e não há maneira de me dissuadir do que falarei.

Sua linda testa fica vincada.

– O que está acontecendo?

– Se você for encontrar Bandi e Marta para ir para Israel amanhã, como planejamos, não vou culpá-lo. Não vou tentar convencê-lo do contrário, mas eu fiz a minha escolha. Não vou com você. Estou levando Marchuka para a América.

PARTE III

LIBERDADE

CAPÍTULO 11

O dia da imigração

O dia da imigração, 28 de outubro de 1949, foi o dia mais otimista e promissor da minha vida. Depois de morar em um quarto lotado do Hospital Rothschild durante um mês e passar outros cinco em um pequeno apartamento em Viena aguardando os vistos, estamos no limiar de nosso novo lar. Um céu azul ensolarado iluminou o Atlântico enquanto estávamos no convés do navio de transporte de tropas norte-americano *General R. L. Howze*. A Estátua da Liberdade apareceu, minúscula, à distância, como uma bonequinha em uma caixa de música. Então, a cidade de Nova York ficou visível, a silhueta dos prédios surgindo, nítida, onde durante semanas havia apenas horizonte. Segurei Marianne contra a grade do convés.

– Estamos na América – eu disse a ela. – A terra das pessoas livres.

Acreditei que estivéssemos finalmente livres. Assumimos o risco. Agora, segurança e oportunidades eram nossas recompensas. Parecia uma equação justa e simples. Milhares de milhas oceânicas nos separaram do arame farpado, das buscas policiais, dos campos para os condenados, dos campos para os refugiados. Ainda não sei que os pesadelos desconhecem a geografia, que a culpa e a ansiedade vagueiam sem fronteiras. Por vinte minutos no convés superior de um navio de passageiros, em pé sob o sol de outubro, com minha filha nos braços, Nova York à vista, acreditei que o passado não podia me alcançar aqui. Magda já tinha vindo. Em julho, ela finalmente recebera o visto e havia viajado de navio para Nova York, onde agora vivia com tia Matilda e seu marido, no Bronx. Ela trabalhava em uma fábrica de brinquedos, encaixando cabeças em pequenas girafas. *É preciso uma Elefánt para fazer uma girafa*, ela brincou numa carta. Em mais uma hora, ou duas, eu abraçaria minha irmã, minha corajosa irmã, suas piadas prontas para fazer transcender o sofrimento. Enquanto Marianne e eu contávamos os quepes brancos entre o navio e a terra firme e eu agradecia as bênçãos recebidas, Béla saiu da cabine onde estava fechando a mala.

Meu coração se encheu novamente de ternura por meu marido. Nas semanas de viagem, na cama minúscula do quarto que tremeu e sacudiu na água negra, no ar negro, eu me senti mais apaixonada por ele do que em nossos três anos juntos, mais do que no trem em nossa lua de mel, quando concebemos Marianne.

Em Viena, em maio, ele não foi capaz de decidir, de escolher, até o último minuto. De mala na mão, Béla ficou atrás de uma pilastra na estação de trem onde encontraria Bandi e Marta. Ele viu nossos amigos chegarem e nos procurarem na plataforma. E continuou escondido. Ele viu o trem chegar, escutou o aviso para os passageiros embarcarem. Viu as pessoas entrando no trem. Viu Bandi e Marta na porta do vagão esperando por ele. Então, escutou o funcionário no alto-falante chamando seu nome. Ele queria se juntar aos amigos, queria embarcar no trem e depois no navio para resgatar sua fortuna. Mas ficou ali, paralisado, atrás da pilastra. Os passageiros embarcaram, Bandi e Marta também. Quando as portas dos vagões fecharam, Béla finalmente se forçou a andar. Contra sua vontade, contra todas as apostas que tinha feito para o que imaginou que seria um futuro seguro, ele assumiu o maior risco de sua vida. Foi embora.

Agora, a poucos minutos de nossa nova vida nos Estados Unidos, nada parecia mais forte ou mais profundo do que termos feito a mesma escolha, de trocar a segurança por uma oportunidade para nossa filha e de recomeçarmos juntos do zero. Seu compromisso com nossa filha e com essa nova aventura comigo me tocou profundamente.

Ainda assim. Eu estava preparada para abandonar nosso casamento e levar Marianne para os Estados Unidos. Embora fosse doloroso, estava disposta a sacrificar nossa família, nossa parceria, as coisas que Béla não conseguia aceitar perder. E assim começamos a vida nova em um patamar desigual. Embora a devoção de Béla por nós duas o tivesse levado a abrir mão de tudo, ele ainda estava atordoado com o que havia perdido. O que para mim era alívio e alegria, para ele era sofrimento. Por mais feliz que eu estivesse com a vida nova, dava para sentir que a perda de Béla colocava uma pressão perigosa em todas as incógnitas à frente.

Portanto, havia sacrifício na essência de nossa escolha. E havia também uma mentira: o relatório médico, as radiografias que ele colocou dentro da pasta com nossos pedidos de visto. Não podíamos permitir que o fantasma da antiga doença de Béla, a tuberculose, impedisse nosso futuro, então Csicsi se passou por Béla e foi comigo ao exame médico. Carregamos as imagens dos pulmões de Csicsi, translúcidos como água mineral. Quando os funcionários da naturalização liberaram Béla para a imigração, foi o corpo de Csicsi e seu histórico médico que eles legitimaram como saudável.

Eu queria respirar livremente. Valorizar nossa segurança e nossa sorte como milagres, não ter de defendê-las com rigor e cautela. Queria ensinar minha filha a se sentir confiante onde ela pisasse. Lá estava ela, o cabelo emoldurando seu rosto, as bochechas vermelhas por causa do vento. "Liberdade!", ela gritou, satisfeita com a nova palavra. Num repente, peguei a chupeta que estava pendurada num cordão em volta do pescoço dela e joguei no mar.

Se eu tivesse me virado, teria visto Béla pedindo prudência. Mas não me virei.

– Somos americanos agora. Crianças americanas não usam chupetas – eu disse de maneira impetuosa ao jogar no mar o símbolo de segurança de minha filha como se fosse confete.

Eu queria que Marianne fosse o que *eu* queria ser: alguém que faz parte, que não é perseguida pela ideia de ser diferente, de ser defeituosa, de brincar eternamente de pique-esconde numa corrida incessante para fugir das garras do passado.

Ela não reclamou. Estava empolgada pela novidade de nossa aventura, distraída por meu ato estranho e aceitando a minha lógica. Nos Estados Unidos, faremos como os americanos (como se eu soubesse o que os americanos faziam). Eu queria confiar na minha escolha, em nossa nova vida, então reneguei qualquer traço de tristeza ou de medo. Quando desci pela rampa de madeira para nosso novo lar, já estava usando uma máscara.

Eu havia fugido. Mas ainda não estava livre.

CAPÍTULO 12

Greener

Novembro de 1949. Pego um ônibus em Baltimore. Amanhecer cinzento. Ruas molhadas. Estou indo para o trabalho, para a confecção onde passo o dia inteiro cortando fios soltos das bainhas de shorts de meninos, ganhando 7 centavos de dólar por dúzia. A confecção me faz lembrar da fábrica de linhas na Alemanha em que eu e Magda trabalhamos depois de sermos levadas de Auschwitz. Ar poeirento e seco, concreto frio, máquinas tão barulhentas que a capataz precisa gritar para ser ouvida. "Reduzam as idas ao banheiro!", grita ela. Mas eu escuto a capataz do passado, aquela que nos disse que trabalharíamos até estarmos completamente exauridas e então seríamos mortas. Trabalho sem parar. Para maximizar minha produtividade e meu pequeno salário. Mas também porque trabalhar sem pausas é uma antiga necessidade, um hábito impossível de substituir. Quando consigo me cercar de barulho e urgência o tempo todo, não fico sozinha com meus pensamentos nem por um momento. Trabalho tanto que minhas mãos tremem sem parar no escuro quando chego em casa.

Como tia Matilda e o marido não tinham espaço nem recursos para acolher minha família – afinal, Magda já era uma boca extra para alimentar –, começamos nossa nova vida não no Bronx, como eu havia imaginado, mas em Baltimore. Fomos morar com o irmão de Béla, George, sua esposa e as duas filhinhas num apartamento abarrotado em um prédio sem elevador. George era um advogado famoso na Tchecoslováquia, mas em Chicago, onde morou inicialmente ao imigrar para os Estados Unidos, nos anos 1930, ele ganhava a vida como vendedor de vassouras e produtos de limpeza de porta em porta. Agora, em Baltimore, ele vende seguros. Tudo na vida de George é difícil, baseado no medo, desencorajador. Ele me segue pelos cantos do apartamento, observando cada movimento que faço e instando para que eu feche a lata de café com mais força. Ele está zangado com o passado, com o fato de ter sido atacado em Bratislava e roubado em Chicago nos primeiros dias de imigrante. Ele está zangado com o presente. Não nos perdoa por termos chegado sem um tostão, por termos desistido da fortuna dos Eger. Eu me sinto tão constrangida na presença dele que não consigo descer as escadas sem tropeçar.

Um dia, quando entro no ônibus para ir trabalhar, minha cabeça está tão entupida do meu próprio descontentamento, já se preparando para o ritmo barulhento da fábrica e ao mesmo tempo refletindo sobre o comportamento desagradável de George, além de obcecada com as preocupações sobre dinheiro, que demoro a perceber que o ônibus não deu a partida. O ônibus permanece parado e os outros passageiros me olham de maneira desaprovadora, balançando as cabeças. Começo a suar frio. É a sensação que tive quando acordei com os *nyilas* armados batendo em nossa porta ao amanhecer. O medo que senti quando o soldado alemão apontou uma arma para o meu peito depois que peguei as cenouras. A sensação de que errei, de que serei punida e que minha vida está em perigo. Estou tão dominada pela sensação de perigo e de ameaça que não consigo entender o que aconteceu – subi no ônibus do jeito europeu: eu me sentei e esperei o trocador me abordar para vender um bilhete. Esqueci de colocar meu cartão na caixa que recolhe as passagens. Agora o motorista do ônibus está gritando comigo: "Pague ou desça! Pague ou desça!" Mesmo que eu falasse inglês, não seria capaz de entendê-lo. Estou aterrorizada por imagens de arame farpado e armas apontadas, pela fumaça espessa que sai das chaminés e escurece minha realidade atual e pelas paredes de prisões do passado se fechando sobre mim. É o contrário do que aconteceu quando dancei para Josef Mengele na primeira noite em Auschwitz. Na época, eu me transportei do barracão diretamente para o palco da Ópera de Budapeste. Na época, minha visão interior me salvou. Agora, minha vida interior me leva a interpretar um simples erro, um mal-entendido, como uma catástrofe. Nada no presente está realmente errado, não há nada que não possa ser corrigido facilmente. O homem está zangado e frustrado porque ele me entendeu mal, porque não consigo compreendê-lo. Há gritos e conflitos. Porém, minha vida não está em perigo. Ainda assim, é dessa forma que entendo a situação atual. Perigo, perigo, morte.

"Pague ou desça! Pague ou desça!", grita o motorista. Ele se levanta de seu lugar. E vem na minha direção. Caio no chão, cubro o meu rosto. Ele está em cima de mim agora, segurando meu braço, tentando me levantar. Eu me encolho no chão do ônibus, chorando, tremendo. Uma passageira se apieda de mim. É imigrante como eu. A passageira pergunta, primeiro em ídiche, depois em alemão, se eu tenho dinheiro, conta as moedas em minha mão suada, me ajuda a voltar para o meu lugar e se senta ao meu lado até que eu respire normalmente. O ônibus parte.

"*Greener* idiota", alguém fala dissimuladamente quando ela se levanta e volta para o lugar dela. *Greener* é como são chamados os imigrantes que receberam o *green card*, que garante direito a residência e trabalho nos Estados Unidos.

Quando conto a Magda sobre o incidente em uma carta, transformo-o em uma piada, em um esquete de comédia sobre um imigrante. Mas algo mudou em mim naquele dia. Serão necessários mais vinte anos para eu dominar a linguagem e o treinamento psicológico e entender que estava tendo um flashback. As sensações físicas inquietantes – coração disparado, palmas das mãos suadas, visão reduzida – experimentadas naquele dia (e que continuarei a ter muitas vezes na vida, mesmo agora, aos 80 e tantos anos) são respostas automáticas ao trauma. É por isso que eu me oponho à definição patológica do estresse pós-traumático, chamando-o de uma doença. Não é uma reação doentia em relação a um trauma, mas uma reação comum e natural. No entanto, naquela manhã de novembro em Baltimore eu não sabia o que estava acontecendo comigo. Achei que meu colapso nervoso significava que eu estava profundamente perturbada. Gostaria de saber, à época, que eu não era uma pessoa debilitada, que estava sofrendo as consequências de uma vida interrompida.

Sobrevivi a Auschwitz, a Mauthausen e à Marcha da Morte porque me aproximei de meu mundo interior. Encontrei esperança e fé na minha vida interior, mesmo rodeada de inanição, tortura e morte. Após o primeiro flashback, passei a acreditar que demônios viviam no meu mundo interior.

Que havia algo maligno dentro de mim. Meu mundo interior já não me confortava. Na verdade, ele se tornou uma fonte de sofrimento: memórias ininterruptas, perdas e medo. Às vezes, na fila da peixaria, quando o vendedor chamava o meu nome, eu enxergava o rosto de Mengele sobre o dele. Algumas manhãs, quando entrava na fábrica, eu via minha mãe ao meu lado, tão nitidamente quanto o dia, e depois ela virava de costas e se afastava. Tentei banir as memórias do passado. Achei que era uma questão de sobrevivência. Somente depois de muitos anos entendi que fugir não cura o sofrimento. Fugir faz tudo piorar. Nos Estados Unidos, eu estava mais distante geograficamente do que jamais estive de minha antiga prisão. Mas, aqui, fiquei mais presa psicologicamente do que estava antes. Ao fugir do passado e do medo, não encontrei a liberdade. Criei uma cela com meu pavor e selei a fechadura com silêncio.

Marianne, enquanto isso, desabrochava. Eu desejava que ela fosse normal, normal, normal. E ela era. Apesar do meu medo de que ela descobrisse que estávamos pobres, que sua mãe tinha medo o tempo todo, que a vida nos Estados Unidos não era o que eu imaginava, Marianne era uma criança feliz. Aprendeu inglês rapidamente na creche que frequentava sem pagar graças à simpatia que a diretora, Sra. Bower, tinha por imigrantes. Tornou-se a miniassistente da Sra. Bower e ajudava quando as outras crianças choravam ou faziam birra. Ninguém pediu que assumisse esse papel, mas ela tinha uma sensibilidade inata à dor dos outros e confiava em sua própria força. Béla e eu a chamávamos de pequena embaixadora. A Sra. Bower enviava livros para me ajudar a aprender inglês – e também incentivar o aprendizado de Marianne. Tentei ler *O galinho Chicken Little*. Não consegui entender os personagens. Quem é o patinho sortudo? Quem é o gansinho Goosey Loosey? Marianne ri de mim. Ela me ensina novamente. Ela finge irritação. Finjo que estou brincando, que estou apenas fingindo não entender.

Mais do que a pobreza, eu temia constranger minha filha. Eu temia que ela tivesse vergonha de mim. Nos fins de semana, ela me acompanhava à lavanderia e me ajudava a programar as máquinas, depois me levava ao mercado para comprar manteiga de amendoim e uma dezena de outros alimentos sobre os quais eu nunca tinha ouvido falar e cujos nomes eu não conseguia soletrar ou pronunciar. Em 1950, o ano em que Marianne fez 3 anos, ela insistiu que comêssemos peru no Dia de Ação de Graças, como suas colegas. Como dizer a ela que não podemos comprar um? Paro no supermercado na véspera do Dia de Ação de Graças e tenho sorte. Havia uma promoção de frango a 29 centavos de dólar por cada 450 gramas. Escolho o menor. "Veja, querida!", eu a chamo quando chego em casa. "Temos um peru, um bebê peru!" Quero muito me encaixar, por ela, por nós três.

A alienação é a minha condição crônica, mesmo entre nossos amigos imigrantes judeus. No inverno em que Marianne completa 5 anos, somos convidados para uma festa de Hanuká, em que todas as crianças se revezam cantando canções típicas. O anfitrião convida Marianne para cantar. Estou muito orgulhosa de ver minha filha inteligente e precoce, que já fala inglês como se fosse sua primeira língua, feliz e com os olhos brilhando ao aceitar com segurança o convite para assumir seu lugar no centro da sala. Depois das aulas do jardim de infância, ela faz atividades em um programa coordenado por um judeu que se converteu ao Jews for Jesus, uma organização judaica que prega a conversão ao cristianismo. Marianne sorri para os convidados, depois fecha os olhos e começa a cantar: "Jesus me ama, isso eu sei, pois a Bíblia assim me diz..." Os convidados olham para ela e para mim. Minha filha desenvolveu a habilidade que mais quero que ela tenha, a habilidade de se sentir à vontade em qualquer lugar. Agora é exatamente sua falta de compreensão dos códigos que separam as pessoas que me faz querer me enfiar debaixo do assoalho e desaparecer. Esse constrangimento, essa sensação de exílio, mesmo em minha própria comunidade, não vem de fora. Vem de dentro. Foi a parte de mim que criou a própria prisão que achava que eu não merecia ter sobrevivido, que eu nunca seria digna o suficiente para pertencer.

Marianne floresceu nos Estados Unidos, mas Béla e eu nos esforçávamos muito. Eu ainda sofria com meu próprio medo, com as memórias aterrorizantes e o pânico que fervilhava logo abaixo da superfície. Eu temia o ressentimento de Béla. Ele não precisava se esforçar para aprender inglês como eu. Quando garoto, havia estudado em um colégio interno em Londres e falava um inglês tão fluente quanto tcheco, eslovaco, alemão e diversas outras línguas. Porém, sua gagueira ficou mais pronunciada nos Estados Unidos, um sinal para mim de que ele estava atormentado pela escolha que eu havia lhe imposto. Seu primeiro trabalho foi como carregador em um depósito. Sabíamos que o esforço de carregar caixas pesadas era perigoso para alguém com tuberculose, mas George e sua esposa, Duci, que era assistente social e nos ajudou a encontrar os empregos, nos convenceram que tínhamos sorte por ter trabalho. O salário era péssimo, o trabalho exigente e humilhante, mas era a realidade dos imigrantes. Os imigrantes não trabalhavam como médicos, advogados ou prefeitos independentemente de sua formação e experiência (exceto minha notável irmã Klara, que garantiu uma posição como violinista na Orquestra Sinfônica de Sydney logo que ela e Csicsi emigraram). Os imigrantes dirigiam táxis, trabalhavam por empreitada nas fábricas e abasteciam prateleira de mercados. Eu internalizei o sentimento de desmerecimento. Béla lutava contra essa sensação. Ele se tornou mal-humorado e explosivo.

Em nosso primeiro inverno em Baltimore, Duci chegou em casa com um casaco de neve que comprou para Marianne. O casaco tinha um zíper comprido. Marianne quis experimentá-lo imediatamente. Demorei séculos para colocar o casaco em cima das roupas de Marianne, mas finalmente ficamos prontas para ir ao parque. Descemos os cinco lances de escadas até a rua. Quando chegamos na calçada, Marianne disse que precisava fazer xixi.

– Por que você não falou antes?! – explode Béla.

Ele nunca havia gritado com Marianne.

– Vamos sair desta casa – sussurro naquela noite.

– Como quiser, princesa – rosna ele.

Não o reconheço. A raiva dele me assusta.

Não, a raiva que eu mais temo é a minha própria.

Conseguimos guardar dinheiro suficiente e nos mudamos para um quartinho de serviço nos fundos de uma casa em Park Heights, o maior bairro judeu de Baltimore. Nossa senhoria é uma imigrante da Polônia, mas está nos Estados Unidos há décadas, desde bem antes da Guerra. Ela nos chama de *greeners* e ri de nosso sotaque. Ela mostra o banheiro, na expectativa de que fiquemos encantados com a água encanada. Penso em Mariska e no sininho que eu tocava quando queria mais pão. É mais fácil fingir surpresa para atender as expectativas da nossa senhoria sobre quem somos do que explicar, até para mim mesma, o abismo entre o antes e o agora.

Béla, Marianne e eu dividimos o quarto. Apagamos a luz quando Marianne vai dormir e nos sentamos no escuro. O silêncio entre nós dois não é do tipo íntimo; ele é tenso e carregado, uma corda começando a ceder com o peso de sua carga.

Nós nos esforçamos para ser uma família normal. Em 1950, esbanjamos e vamos ao cinema ao lado da lavanderia na Avenida Park Heights. Enquanto nossas roupas giram na máquina, levamos Marianne para ver *Os sapatinhos vermelhos*, um filme escrito, estamos orgulhosos de saber, por Emeric Pressburger, um imigrante judeu húngaro. Lembro muito do filme porque ele me emocionou de duas formas. Sentada no escuro, comendo pipoca com minha família, senti um contentamento que havia se tornado raro para mim – uma confiança de que tudo estava bem, que podíamos ter uma vida feliz no pós-guerra. Mas o próprio filme, os personagens, a história, me derrubaram pela força do reconhecimento. Algo rompeu a minha máscara cautelosa e encarei diretamente o meu desejo.

O filme é sobre uma dançarina, Vicky Page, que atrai a atenção de Boris Lermontov, o diretor artístico de uma famosa companhia de balé. Ela faz bem o *grand battement*, ela dança com paixão *O lago dos cisnes*, e sente falta da atenção e consideração de Lermontov. Não consigo tirar os olhos da tela. Parece que estou assistindo à minha própria vida, à vida que eu teria tido se não fosse Hitler, se não tivesse havido uma guerra. Por um momento acho que Eric está no assento ao lado, esqueço que tenho uma filha. Tenho apenas 23 anos, mas a sensação é a de que a melhor parte da minha vida acabou. Em determinado ponto no filme, Lermontov pergunta a Vicky "Por que você quer dançar?". Ela responde "Por que você quer viver?" e Lermontov responde "Não sei exatamente por quê, mas eu preciso". Vicky, então, diz: "Essa também é a minha resposta." Antes de Auschwitz, mesmo em Auschwitz, eu teria dito o mesmo. Havia uma luz interior permanente, uma parte de mim que sempre festejou e dançou, que nunca desistiu da vida. Agora, meu propósito básico é agir de tal forma que minha filha nunca conheça a minha dor.

É um filme triste. O sonho de Vicky não se realiza como ela imaginou. Quando ela dança o papel principal em um novo balé de Lermontov, é perseguida por demônios. Essa parte do filme é tão aterrorizante que eu mal posso assistir. As sapatilhas de balé vermelhas de Vicky parecem assumir o controle, elas a fazem dançar quase até a morte, ela está dançando através de seus próprios pesadelos – zumbis e cenários áridos, um parceiro de dança feito de papel de jornal se desintegrando –, mas não consegue parar de dançar, não consegue acordar. Vicky tenta desistir de dançar. Vicky esconde as sapatilhas vermelhas em uma gaveta. Ela se apaixona por um compositor e se casa com ele. No fim do filme, é convidada para dançar mais uma vez no balé de Lermontov. Seu marido lhe implora que não vá. Lermontov a avisa: "Ninguém pode ter duas vidas." Ela precisa escolher. *O que leva uma pessoa a fazer uma coisa e não outra*, eu me questiono. Vicky calça as sapatilhas de balé vermelhas novamente. Dessa vez, elas a fazem dançar na beira de um edifício até morrer. As outras dançarinas continuam o balé sem ela, que vira um ponto de luz no espaço vazio onde estaria dançando.

Não é um filme sobre o trauma. Na realidade, ainda não entendo que estou experimentando um trauma. Mas *Os sapatinhos vermelhos* me fornece um vocabulário de imagens, me ensina algo sobre mim mesma e sobre a tensão entre minhas experiências internas e externas. Há alguma coisa na maneira como Vicky coloca as sapatilhas vermelhas pela última vez e levanta voo que não parece uma escolha. Parece uma atitude compulsiva. Automática. Do que ela tinha tanto medo? O que a fez correr? Seria algo com o qual ela não poderia viver ou algo sem o qual ela não poderia existir?

– Você teria me trocado pela dança? – pergunta Béla no ônibus de volta para casa.

Imagino que ele está pensando da noite em Viena em que eu disse a ele que estava levando Marianne para os Estados Unidos, com ou sem ele. Ele já sabe que eu sou capaz de escolher alguém ou outra coisa.

Desarmo sua pergunta com uma evasiva.

– Se você tivesse me visto dançar na época, não pediria que eu escolhesse – respondo. – Você nunca viu um *grand battement* como o meu.

Eu finjo, eu finjo. Em algum lugar no fundo do meu peito eu seguro um grito. *Não tive escolha!* O silêncio me deixa furiosa. *Hitler e Mengele escolheram por mim. Não tive escolha!*

Béla é o primeiro a entrar em colapso sob a pressão. Acontece no trabalho. Ele está levantando uma caixa e cai no chão, sem conseguir respirar. No hospital, uma radiografia revela que a tuberculose voltou. Ele parece mais desestruturado e pálido do que no dia em que o tirei da prisão, o dia em que fugimos para Viena. Os médicos o transferem para um hospital especializado em tuberculose. Levo Marianne para visitá-lo todos os dias depois do trabalho, mas tenho medo de que ela o veja cuspindo sangue, que perceba a possibilidade de morte apesar de nossos esforços para esconder dela a gravidade da doença. Ela tem 4 anos, já sabe ler e traz livros ilustrados da Sra. Bower para entreter o pai. Ela também avisa às enfermeiras quando ele termina de comer ou precisa de mais água. "Sabe o que iria animar papai?", pergunta ela. "Uma irmãzinha!" Não nos permitimos tentar outro filho porque somos muito pobres. É um alívio não ter a pressão da fome de outra pessoa pesando sobre a recuperação de Béla e sobre meu salário miserável. Mas corta o meu coração ver a solidão de minha filha, sua ânsia por uma companhia. Isso me deixa com saudade de minhas próprias irmãs. Magda conseguiu um emprego melhor em Nova York, onde usa as habilidades de costura que aprendeu com nosso pai para fazer casacos para uma grife. Ela não quer recomeçar em outra cidade, mas eu imploro que venha para Baltimore. Em Viena, em 1949, por um breve período, foi assim que imaginei minha vida – criar Marianne com minha irmã em vez de com meu marido. Era uma questão de escolha, um sacrifício para evitar que minha filha vivesse em uma zona de guerra. Agora, se Béla morrer, ou se ficar inválido, será uma necessidade. Moramos em um apartamento um pouco maior, mas, mesmo com os dois trabalhando, lutamos para ter o que comer. Não consigo imaginar como pagarei por tudo sozinha. Magda concorda em pensar sobre o assunto.

– Não se preocupe – diz Béla, tossindo no lenço. – Não vou deixar nossa menina crescer sem o pai. Não vou.

Ele tosse e gagueja tanto que as palavras mal conseguem sair.

Béla de fato se recupera, mas ainda está fraco. Não tem condições de reassumir seu trabalho no depósito, mas vai viver. A equipe médica do hospital, seduzida pelo bom humor e pelo charme de Béla, promete ajudá-lo e encontrar um caminho profissional que nos tire da pobreza e lhe proporcione muitos anos de saúde. Béla faz um teste vocacional que considera bobo até os resultados voltarem. Ele tem aptidão para uma carreira como maestro ou contador, o teste revela.

– Nós podemos fazer uma vida nova no balé – brinca ele. – Você como bailarina e eu como maestro da orquestra.

– Você algum dia quis estudar música quando era jovem? – É perigoso brincar de "e se" com o passado.

– Estudei música quando era jovem.

Como fui esquecer? Ele estudou violino, como minha irmã. Ele escreveu sobre isso naquelas cartas, quando me cortejava. Ouvi-lo falar sobre isso agora é como ouvir que ele costumava usar um nome diferente.

– Eu era muito bom. Meus professores chegaram a dizer que eu poderia ir para o Conservatório, e eu teria ido, se não tivesse que tocar os negócios da família.

Meu rosto esquenta. De repente, estou zangada. Não sei por quê. Quero dizer algo para machucá-lo, mas não sei se é a mim mesma que quero castigar.

– Pense só – digo –, se você tivesse continuado, teria conhecido Klara primeiro em vez de mim.

Béla tenta compreender minha expressão. Dá para vê-lo decidindo se vai me provocar ou me tranquilizar.

– Você realmente quer me convencer que eu não sou feliz por estar casado com você? Foi um violino. Não importa agora.

É então que entendo o que tem me chateado. É a aparente facilidade com que meu marido deixou de lado um sonho antigo. Se algum dia Béla se sentiu angustiado por ter desistido da música, ele escondeu de mim.

O que havia de errado comigo para que eu ainda tivesse tanto desejo pelo que *não foi*?

Béla mostra ao antigo patrão no depósito os resultados do teste vocacional. O chefe o apresenta a seu contador, um homem generoso que concorda em colocá-lo como assistente enquanto Béla frequenta um curso de contabilidade e se esforça para se diplomar.

Sinto-me inquieta. Estive tão envolvida com preocupações financeiras e com a doença de Béla, tão envolvida na rotina dura na fábrica e contando moedas para comprar mantimentos que as boas notícias me deixam sem rumo. O alívio das preocupações abre um vazio inesperado que não sei como preencher. Béla tem novas perspectivas, um novo caminho, mas eu não. Troco de emprego várias vezes na tentativa de ganhar mais, de me sentir melhor comigo mesma. O dinheiro extra ajuda e os avanços levantam a moral por um tempo. Mas a sensação não é duradoura. Em uma empresa de seguros, sou promovida de operadora de mimeógrafo e vou para o departamento de contabilidade. Meu supervisor percebeu que eu trabalho duro e decidiu me ensinar. Estou feliz na companhia das outras secretárias, feliz de ser uma delas, até que minha nova amiga me aconselha: "Nunca sente ao lado dos judeus no almoço; eles fedem." No fim das contas, não faço parte. Preciso esconder quem eu sou. Na fábrica de malas onde vou trabalhar depois, tenho um chefe judeu e acho que finalmente vou me encaixar. Sinto-me confiante, aceita. Apesar de ser assistente administrativa, certo dia que o telefone toca sem parar, me ofereço para atender, já que as secretárias estavam sobrecarregadas. Meu chefe sai de seu escritório gritando: "Quem lhe deu autorização? Você está querendo arruinar minha reputação? Nenhum *greener* representará esta empresa. Estou sendo claro?" O problema não é a bronca. O problema é que acredito em sua avaliação sobre a minha falta de valor.

No verão de 1952, logo após a recuperação de Béla e alguns meses antes de Marianne fazer 5 anos, Magda se muda para Baltimore. Ela fica conosco por algumas semanas até encontrar um trabalho. Preparamos uma cama para ela no espaço onde comemos, perto da porta da frente. O apartamento é abafado no verão, mesmo à noite, então Magda deixa a porta entreaberta quando vai dormir.

– Cuidado – avisa Béla. – Não sei em que tipo de palácio você morava no Bronx, mas este bairro não é seguro. Se você deixar a porta aberta, alguém pode entrar.

– Bem que eu queria – ronrona Magda, dando uma piscadela.

Minha irmã. Seu sofrimento é visível apenas no humor que ela usa para transcendê-lo.

Organizamos uma festinha de boas-vindas para ela. George e Duci vieram (George reprova o pequeno gasto) e alguns vizinhos do prédio, incluindo nosso senhorio, que traz seu amigo Nat Shillman, um engenheiro naval aposentado. Magda conta uma história engraçada sobre sua primeira semana nos Estados Unidos, quando tia Matilda lhe comprou um cachorro-quente na rua.

– Na Europa, quando você compra um cachorro-quente de um vendedor de rua, sempre recebe duas salsichas e elas vêm cobertas de chucrute e cebolas. Matilda vai pagar pelo meu cachorro-quente e volta com um pãozinho insignificante com uma salsichinha. Achei que ela era pão-duro demais para pagar o preço cheio para duas salsichas, ou que estava fazendo uma insinuação por conta do meu peso. Fiquei magoada durante meses, até o dia em que comprei meu próprio cachorro-quente e vi que é assim que ele é feito aqui.

Todos os olhos estão em Magda, em seu rosto expressivo, esperando pela próxima coisa engraçada que ela vai dizer. E ela tem mais; sempre tem. Nat está visivelmente fascinado por ela. Quando os convidados vão embora e Marianne cai no sono, sento com Magda em sua cama para fofocar como fazíamos quando éramos garotas. Ela pergunta o que eu sei sobre Nat Shillman.

– Sei que ele tem a idade de papai – diz ela –, mas estou com uma sensação boa sobre ele.

Conversamos até eu quase pegar no sono na cama dela. Não quero parar. Há uma coisa que preciso perguntar a Magda, algo que tem a ver com a minha angústia. Mas se eu perguntar a ela sobre o medo, o vazio, então terei que admitir esses sentimentos – e estou muito acostumada a fingir que eles não estão lá.

– Você é feliz? – finalmente reúno coragem para perguntar.

Quero que ela diga que é, para que eu possa ser também. Quero que ela diga que nunca será feliz, não de verdade, de modo que eu saiba que a angústia não existe apenas em mim.

– Dicuka, aqui vai um conselho de sua irmã mais velha. Ou você é sensível ou não é. Quando você é sensível, sofre mais.

– Será que vamos ficar bem? – pergunto. – Algum dia?

– Sim – diz ela. – Não sei. Mas uma coisa é certa: Hitler com certeza nos ferrou.

Béla e eu agora ganhamos 60 dólares por semana, o suficiente para tentarmos um segundo filho. Fico grávida. Minha filha nasce no dia 10 de fevereiro de 1954. Quando acordo da anestesia que os médicos americanos rotineiramente aplicavam em todas as mulheres em trabalho de parto na época, ela está no berçário. Peço para segurar minha bebê, quero amamentá-la. Quando a enfermeira a traz, dormindo, vejo que é perfeita. Não tão grande quanto a irmã quando nasceu, mas seu nariz é bem pequenininho e as bochechas, macias.

Béla traz Marianne, agora com 6 anos, para ver a bebê.

– Eu tenho uma irmã! Eu tenho uma irmã! – comemora Marianne, como se eu tivesse colocado dinheiro em um envelope e encomendado uma irmã para ela em um catálogo, como se eu tivesse a capacidade de sempre atender os seus desejos.

Ela logo terá também uma prima, pois Magda se casou com Nat Shillman, em 1953, e está grávida de uma menina, que nascerá em outubro. Ela se chamará Ilona, em homenagem à nossa mãe.

Batizamos nossa segunda filha de Audrey, como Audrey Hepburn. Ainda estou atordoada por causa da anestesia. Nem a intensidade do trabalho de parto, nem conhecer e amamentar minha bebê pela primeira vez ganharam do entorpecimento da minha vida escondida.

É uma reação automática esperar que algo ruim aconteça depois de algo bom. Nos primeiros meses de vida de Audrey, Béla estuda para seu exame de certificação de contador como se estivesse se preparando para o teste final, para a prova crucial que determinará para sempre se ele encontrará ou não o seu lugar e a paz consigo mesmo e com nossas escolhas.

Ele não passa no teste. Além disso, dizem que, com sua gagueira e seu sotaque, nunca conseguirá um emprego, independentemente de ser capaz de obter o certificado.

– Sempre haverá uma pedra no caminho – diz ele –, não importa o que eu faça.

Eu contesto o que ele diz e o tranquilizo. Afirmo que encontraremos uma maneira, mas não consigo calar a voz de minha irmã Klara em minha cabeça. *Dois complicados. Como isso vai funcionar?* Choro no banheiro. Faço isso em silêncio e saio fingindo estar animada. Ainda não sei que o medo, quando mantido escondido, apenas se torna mais forte. Não sei que meus hábitos de suprimir tudo, de aplacar e de fingir estão apenas nos fazendo piorar.

CAPÍTULO 13

Você esteve lá?

No verão de 1955, quando Marianne tinha 7 anos e Audrey, 1, enchemos nosso velho Ford cinza de malas e saímos de Baltimore em direção a El Paso, Texas. Desmotivado pela falta de perspectivas de emprego, cansado dos ressentimentos e julgamentos do irmão e preocupado com a própria saúde, Béla entrou em contato com o primo, Bob Eger, em busca de aconselhamento. Bob era filho adotivo do tio-avô de Béla, Albert, que imigrou para Chicago com dois irmãos no início dos anos 1900, deixando o quarto irmão – o avô de Béla – em Prešov para administrar o negócio que Béla herdou após a guerra. Foram os Egers de Chicago que financiaram a imigração de George para a América nos anos 1930. Eles também garantiram a oportunidade de obtermos nossos vistos ao registrarem a família Eger antes da guerra. Eu era grata pela generosidade e visão dos Egers de Chicago, sem os quais nunca poderíamos ter um lar nos Estados Unidos.

Mas fiquei preocupada quando Bob, que vivia com a esposa e os dois filhos em El Paso, disse a Béla: "Venha para o Oeste!" Não queria entrar em outro beco sem saída disfarçado de oportunidade. Bob nos tranquilizou. Segundo ele, a fronteira era o lugar perfeito para começar do zero, para se reinventar. A economia estava crescendo em El Paso, e, numa cidade de fronteira, os imigrantes eram menos segregados e marginalizados. Ele ajudou Béla a encontrar um emprego como assistente de um contador profissional com um salário duas vezes maior do que tinha em Baltimore.

– O ar do deserto será bom para os meus pulmões – disse Béla. – Podemos alugar uma casa em vez de outro apartamento minúsculo.

Então, eu concordei.

Tentamos transformar a mudança em uma aventura divertida, em férias. Dirigimos por estradas com paisagens deslumbrantes, paramos em motéis com piscinas. Para sobrar tempo para um mergulho refrescante antes do jantar, pegávamos a estrada bem cedo. Apesar da angústia com a mudança, do custo da gasolina, dos motéis e das refeições em restaurantes, além dos quilômetros separando Magda de mim novamente, me vi sorrindo com mais frequência. Não a máscara de um sorriso desgastado para tranquilizar a família. O sorriso verdadeiro, marcado nas bochechas e nos olhos. Senti uma camaradagem nova com Béla, que ensinou piadas bobas a Marianne e brincou de jogar Audrey na água quando estávamos na piscina.

A primeira coisa que notei em El Paso foi o céu. Aberto, limpo, vasto. As montanhas ao norte da cidade também atraíram meu olhar. Eu estava sempre olhando para cima. Em determinadas horas do dia, o ângulo do sol transformava a montanha num recorte de papelão desbotado, num cenário de cinema, os picos de um marrom monótono. Então, a luz mudava e as montanhas ficavam rosadas, alaranjadas, roxas, vermelhas, douradas, azul-escuras, a cordilheira surgindo como o fole de um acordeão esticado expondo todas as suas dobras.

A cultura também me impressionou. Eu esperava encontrar uma cidade de fronteira empoeirada e isolada de um filme de faroeste, um lugar com homens estoicos e solitários e mulheres mais solitárias ainda. Mas El Paso parecia mais europeia e cosmopolita do que Baltimore. Era uma cidade bilíngue, multicultural e sem uma segregação rígida. E havia a fronteira em si, a união dos mundos. El Paso e Juárez, em Chihuahua, no México, não eram cidades tão separadas assim; pareciam as duas metades do mesmo todo. O Rio Grande dividia a cidade entre os dois países, mas a fronteira era tão arbitrária quanto marcante. Lembrei-me de minha cidade natal, Košice, que virou Kassa e depois voltou a ser Košice, em que a fronteira mudou tudo e ao mesmo tempo não mudou nada. Meu inglês ainda era básico e eu não falava nada de espanhol. Mas me senti menos marginalizada e condenada ao ostracismo do que em Baltimore, onde morávamos em um bairro de judeus imigrantes, na expectativa de encontrar acolhimento, mas que, em vez disso, eu me sentia exposta. Em El Paso, nós fazíamos parte da mistura.

Certa tarde, logo após nossa mudança, estou no parque do bairro com Audrey quando ouço uma mãe chamar os filhos em húngaro. Observo essa outra mãe húngara por alguns minutos, esperando reconhecê-la, mas então rio de mim mesma. Que ingenuidade imaginar que só porque a língua dela é familiar, um espelho da minha própria voz, podíamos ter algo em comum. Ainda assim, não consigo parar de acompanhar a brincadeira entre ela e os filhos, não consigo ignorar a sensação de que a conheço.

De repente, me lembro de uma coisa em que não penso desde a noite do casamento de Klara: o cartão-postal preso no espelho de Magda em Košice.

A letra manuscrita sobre a imagem da ponte de El Paso. Como pude esquecer que, dez anos antes, Laci Gladstein se mudou para essa cidade? Laci, o jovem que foi liberado conosco de Gunskirchen, que estava no teto do trem que levou Magda e eu de Viena até Praga, que segurou nossas mãos para nos confortar, que eu achava que poderia se casar com Magda um dia, que tinha vindo para El Paso trabalhar na loja de móveis dos tios para guardar dinheiro para a faculdade de medicina. El Paso, o lugar que no cartão-postal parecia o fim do mundo, o lugar onde eu vivia agora.

Audrey me tira do devaneio, pedindo para brincar no balanço. Quando eu a pego no colo, a húngara se aproxima com o filho. Falo com ela em húngaro sem perceber.

– Você é húngara – digo. – Talvez conheça um velho amigo que veio para El Paso depois da guerra.

Ela me olha daquele jeito distraído que os adultos olham para as crianças, como se minha pergunta fosse absurdamente ingênua.

– Quem é seu amigo? – pergunta ela, querendo me ajudar.

– Laci Gladstein.

Lágrimas correm de seus olhos.

– Sou irmã dele! – grita ela.

Ela entendeu meu código. *Velho amigo. Depois da guerra.*

– Ele é médico – diz ela. – Agora é conhecido como Larry Gladstone.

Como posso explicar o que senti naquele momento? Dez anos haviam se passado desde que tinha viajado com Laci e outros sobreviventes expatriados em cima de um trem. Naquela década, ele havia realizado seu sonho de se tornar médico. Saber disso faz com que nenhuma esperança ou ambição pareça fora de alcance. Ele tinha se reinventado nos Estados Unidos. Então eu também podia.

Mas isso é apenas metade da história. Em pé num parque sob o sol quente do deserto, eu estava de fato no fim do mundo, mais longe no tempo e no espaço do que jamais estive daquela garota deixada para morrer em uma pilha de corpos em uma floresta úmida na Áustria. Ao mesmo tempo nunca estive mais perto dela porque estava quase reconhecendo a existência dela para uma estranha, encontrando um fantasma do passado em plena luz do dia enquanto minha filha pedia que eu empurrasse o balanço mais alto. Talvez seguir em frente também signifique voltar.

Encontro o telefone de Larry Gladstone na lista telefônica e espero uma semana ou mais para ligar. Sua esposa, uma americana, atende o telefone. Ela anota a mensagem e pergunta diversas vezes como se escreve o meu nome. Digo a mim mesma que ele não vai se lembrar de mim. Naquela noite, Bob e sua família vêm jantar em nossa casa. Marianne pediu para eu fazer hambúrgueres e eu preparo a carne moída do jeito que minha mãe faria, misturada com ovo, alho e farinha de rosca, depois enrolada como almôndegas e servida com couve de Bruxelas e batatas cozidas com sementes de cominho. Quando levo a refeição à mesa, Marianne revira os olhos.

– Mãe – diz ela –, eu queria hambúrgueres *à moda americana*.

Ela quer a carne achatada e servida entre dois pedaços de pão sem gosto, com batatas fritas oleosas e um bocado de catchup insosso. Ela está constrangida perante Dickie e Barbara, seus primos americanos. Sua desaprovação dói. Fiz o que tinha prometido a mim mesma que não faria: me sentir envergonhada. O telefone toca e fujo da sala para atender.

– Edith – diz o homem. – Sra. Eger. Aqui é o Dr. Larry Gladstone.

Ele fala em inglês, mas sua voz é a mesma de antes. Ela traz o passado para a minha cozinha, o vento cortante no teto do trem. Fico tonta. Estou faminta, como estava na época, meio morta de fome. Minha coluna lesionada dói.

– Laci – respondo com uma voz distante, como se viesse pelo rádio de um outro cômodo.

Nosso passado em comum dominante, embora não mencionado.
– Nos encontramos novamente – diz ele.
Conversamos em húngaro. Ele conta sobre a esposa e seu trabalho filantrópico, sobre as três filhas, eu falo sobre minhas filhas e sobre as aspirações de Béla de se qualificar como contador. Ele me convida a visitar seu consultório, convida minha família para jantar na casa dele. Portanto, começa – novamente – uma amizade que vai durar o resto de nossas vidas. Quando desligo o telefone, o céu está ficando rosa e dourado. Escuto as vozes de minha família na sala de jantar. Dickie, o filho de Bob, pergunta à mãe sobre mim, se eu sou realmente americana e por que meu inglês é tão ruim. Meu corpo fica tenso, do jeito que costuma ficar quando o passado se aproxima muito. É como a mão que se projeta na frente das minhas filhas quando o carro freia muito abruptamente. Um reflexo de proteção. Desde a gravidez de Marianne, quando desafiei o conselho do médico e decidi que minha vida sempre defenderia outra vida, resolvi não deixar que os campos de extermínio projetassem uma sombra sobre as minhas filhas. Essa convicção virou um propósito: *minhas filhas nunca poderão saber*. Elas nunca vão me imaginar esquelética e faminta, sonhando com o *strudel* de minha mãe sob o céu enfumaçado. Não serei uma imagem que elas não conseguem tirar da cabeça. Vou protegê-las, poupá-las. Mas as perguntas de Dickie me lembram que, embora eu tenha optado pelo silêncio – e também conte com a solidariedade ou a camuflagem pelo silêncio dos outros –, não posso decidir o que as outras pessoas dizem ou fazem quando não estou presente. O que minhas filhas devem ouvir? O que os outros dizem a elas apesar de meus esforços para manter a verdade escondida?

Para meu alívio, a mãe de Dickie muda o rumo da conversa. Ela sugere que Dickie e Barbara conversem com Marianne sobre os melhores professores da escola que ela iniciará no outono. Será que Béla a instruiu para manter a conspiração do silêncio? Ou ela intuiu? É algo que ela faz para o meu bem, para o bem das crianças, para o bem dela? Mais tarde, quando eles se reúnem na porta na hora de ir embora, escuto a mãe de Dickie sussurrar para ele em inglês: "Nunca pergunte a tia Dicu sobre o passado. Não é uma coisa que conversamos." Minha vida é um tabu na família. Meu segredo está salvo.

Existem sempre dois mundos. O que eu escolho e o que renego, mas que insiste em se infiltrar, mesmo sem a minha permissão.

Em 1956, Béla passa no exame de capacitação para contador e obtém o certificado. Alguns meses antes de nosso terceiro filho, Johnny, nascer, compramos uma casa modesta de três quartos em Fiesta Drive. Não há nada atrás da casa a não ser deserto, o chocalho das cobras e flores rosa, cinza e vermelhas. Escolhemos móveis de cores claras para mobiliar a sala de estar e de TV. Lemos as manchetes dos jornais enquanto comemos o mamão papaia fresco que Béla compra no mercado dos produtores de Juárez, depois de cruzar a fronteira, nas manhãs de domingo. Na Hungria, há um levante, com tanques soviéticos reprimindo a rebelião anticomunista. Béla é lacônico com as meninas, sua gagueira volta a piorar. Está quente. Estou com a barriga enorme. Ligamos o climatizador e nos reunimos diante da TV na área de lazer para assistir à transmissão dos Jogos Olímpicos de verão, em Melbourne.

Ligamos a TV bem na hora em que Ágnes Keleti, uma judia de Budapeste, da equipe feminina de ginástica, se aquece para fazer sua rotina de solo. Ela tem 35 anos, é seis anos mais velha do que eu. Se ela tivesse sido criada em Kassa, ou eu em Budapeste, teríamos treinado juntas.

– Prestem atenção! – diz Béla para as meninas. – Ela é húngara, como nós.

Assistir a Ágnes Keleti é como assistir à minha outra metade, meu outro eu. Aquela que não foi enviada para Auschwitz. (Keleti, depois eu fico sabendo, comprou documentos de uma menina cristã em Budapeste e fugiu para uma vila remota, onde esperou a guerra acabar trabalhando como empregada doméstica.) Aquela cuja mãe sobreviveu. Aquela que retomou a antiga vida antes da guerra, que não deixou as dificuldades ou a idade destruírem seu sonho. Ela levanta os braços, alonga o corpo longilíneo, está pronta para começar. Béla torce enlouquecidamente. Audrey o imita. Marianne me observa, a maneira como eu me inclino em direção à TV. Ela não sabe que um dia fui ginasta, muito menos que a mesma guerra que interrompeu a vida de Ágnes Keleti também interrompeu, e ainda atrapalha, a minha vida. Mas percebo que minha filha está atenta à minha respiração suspensa, à maneira como sigo o corpo de Keleti com o meu próprio corpo, não apenas com os olhos. Béla, Marianne e Audrey aplaudem cada salto. Acompanho sem fôlego o quanto Keleti está lenta e controlada quando ela se inclina sobre as pernas até tocar o chão e, em seguida, gira a partir de uma inclinação sentada frontal para um arco para trás e para cima em uma parada de mão, tudo com movimentos graciosos e fluidos. Sua série termina.

A concorrente soviética sobe no tablado. Por causa do levante na Hungria, as tensões entre os atletas húngaros e soviéticos estão especialmente preocupantes. Béla vaia aos gritos. A pequena Audrey, de 2 anos, faz o mesmo. Digo aos dois para se calarem. Observo Larisa Latynina da maneira que os juízes observam, da maneira que Keleti deve estar observando. Vejo que o *grand battement* dela talvez seja um pouco mais alto do que o de Keleti, vejo a leveza de seus saltos, a maneira como ela aterrissa num espacate completo. Marianne dá um suspiro de aprovação. Béla vaia novamente.

– Ela é muito boa, papai – diz Marianne.

– Ela é de um país de opressores e agressores – diz Béla.

– Ela não escolheu onde nasceu – digo.

Béla dá de ombros.

– Experimente girar assim quando *seu* país está sob ataque – diz ele. – Nesta casa, nós torcemos pelas húngaras.

No fim, Keleti e Latynina dividem o ouro. O ombro de Latynina encosta no de Keleti quando as duas se perfilam lado a lado na cerimônia de premiação. Keleti faz caretas no pódio.

– Mamãe, por que você está chorando? – me pergunta Marianne.

– Não estou – respondo.

Negar. Negar. Negar. Quem estou protegendo? Minha filha? Ou eu mesma?

Marianne fica cada vez mais curiosa, e é uma leitora voraz. Depois de ler todos os livros na seção infantil da biblioteca pública de El Paso, ela começa a vasculhar as estantes de nossa casa, lê meus livros de filosofia e literatura, e também os livros de história de Béla. Em 1957, quando completa 10 anos, ela senta Béla e eu no sofá bege na sala de TV, fica em pé na nossa frente como uma pequena professora e abre um livro que diz ter encontrado escondido atrás de outros em uma das prateleiras. Ela aponta para a foto de uma pilha de cadáveres esqueléticos nus.

– O que é isso? – pergunta.

Estou suando, a sala gira. Eu devia ter previsto que esse momento chegaria, mas é tão surpreendente, espantoso e aterrorizante para mim quanto entrar em casa e descobrir que o fosso do jacaré da praça San Jacinto foi instalado em nossa sala de jantar. Encarar a verdade e encarar minha filha encarando a verdade é como enfrentar um monstro. Saio correndo da sala para vomitar na pia do banheiro. Escuto Béla contando à nossa filha sobre Hitler, sobre Auschwitz. Escuto Béla dizendo as palavras terríveis: *Sua mãe esteve lá*. Eu podia quebrar o espelho. *Não! Não! Não!* Quero gritar. *Eu não estive lá!* O que eu quero dizer é: *Isso não é um peso para você carregar!*

– Sua mãe é muito forte – escuto Béla dizendo a Marianne. – Mas você precisa entender que é filha de uma sobrevivente, você precisa sempre, sempre protegê-la.

Poderia ter sido uma oportunidade. Para acalmar Marianne. Para aliviá-la da necessidade de se preocupar ou ter pena de mim. De dizer a ela o quanto seus avós a amariam. De dizer a ela: *Tudo bem, estamos seguras agora*. Mas não consigo sair do banheiro. Não confio em mim mesma. Se eu disser uma palavra sobre o passado, vou ativar a raiva e a perda, vou me afundar na escuridão, e levá-la para lá junto comigo.

Foco nas crianças, nas coisas que posso fazer para nos sentirmos seguros, aceitos e felizes em nossa nova casa.

Há os rituais diários, os destaques da semana e das estações do ano, as coisas que fazemos por prazer, as coisas com que contamos: a prática incomum de Béla raspar sua cabeça calva pela manhã antes de levar Audrey para a escola de carro. Béla indo fazer compras no mercado no imenso deserto atrás da nossa casa. Inevitavelmente, esqueço de acrescentar algo à lista e ligo para a loja à procura dele. Os funcionários da mercearia conhecem a minha voz e o chamam pelo alto-falante: "Sr. Eger, sua esposa está no telefone." Eu cuido de nosso jardim, corto a grama, trabalho meio expediente no escritório de Béla, que virou o contador querido e confiável de todos os imigrantes bem-sucedidos em El Paso: sírios, mexicanos, italianos, judeus europeus. Aos sábados, as crianças o acompanham nas visitas aos clientes. Se eu ainda não soubesse quanto Béla era adorado, veria o amor de seus clientes por ele na afeição com que tratam nossos filhos. Aos domingos, Béla vai a Juárez comprar frutas na mercearia do Chuy e fazemos um grande *brunch* para a família em nossa casa, escutamos discos dos musicais da Broadway, cantamos juntos as músicas dos shows (Béla consegue cantar sem gaguejar) e depois vamos nadar na Associação Cristã de Moços com as crianças. Vamos à praça San Jacinto no centro de El Paso no dia de Natal. Não celebramos o Natal com presentes, mas as crianças, ainda assim, escrevem cartas ao Papai Noel. Trocamos presentes práticos, como meias e roupas, nos dias de Hanuká e comemoramos o ano-novo com muita comida e com o desfile Sun Carnival, que apresenta a rainha do verão, as bandas escolares e os homens do Rotary Club com suas motocicletas. Na primavera, fazemos piqueniques ao ar livre em White Sands e em Santa Fe. No outono, fazemos compras para a volta às aulas. Só de passar as mãos pelas roupas nas araras eu sei quais são os melhores tecidos, e tenho habilidade para encontrar as melhores roupas pelos preços mais baixos. (Béla e eu temos esses costumes táteis – ele, na escolha de alimentos; eu, na escolha de roupas.) Vamos às fazendas mexicanas para a colheita do outono e nos fartamos de *tamales* caseiros. Comida é amor. Quando nossos filhos trazem boas notas nas cadernetas, nós os levamos para tomar *banana split* na sorveteria atrás de casa.

Quando Audrey completa 9 anos, faz um teste para a equipe de natação e vira uma atleta de competição. Quando chegar ao ensino médio, estará treinando seis horas por dia, como eu costumava fazer na ginástica e no balé. Quando Marianne faz 13 anos, acrescentamos uma suíte máster à casa para que Marianne, Audrey e Johnny tenham os próprios quartos. Compramos um piano. Marianne e Audrey fazem aulas de piano, organizamos concertos de música de câmara, como os que meus pais promoviam quando eu era menina, e montamos festivais de *bridge*. Béla e eu entramos em um clube de livros fundado por Molly Shapiro, muito conhecida em El Paso por suas recepções, nas quais reúne artistas e intelectuais. Eu me matriculo num curso de inglês para estrangeiros na Universidade do Texas. Meu inglês finalmente melhora a ponto de eu me sentir segura para, em 1959, me inscrever na faculdade. Há muito tempo sonho em continuar meus estudos – outro sonho adiado, mas que agora parece possível. Vou à minha primeira aula de psicologia, sento com os jogadores de basquete, peço ajuda a Béla para escrever os trabalhos. Tenho 32 anos. Estamos felizes por dentro e por fora.

Mas há o jeito com que Béla olha para nosso filho. Ele queria um menino, mas não esperava por este filho. Johnny nasceu com paralisia cerebral atetoide, provavelmente causada por uma encefalite intrauterina, e isso afetou seu controle motor. Ele tinha dificuldade para fazer coisas que Marianne e Audrey aprenderam sem grandes esforços, como se vestir, falar e usar o garfo ou a colher para comer sozinho. Ele era diferente delas. Seus olhos eram caídos e ele babava. Béla criticava Johnny e perdia a paciência com suas dificuldades. Lembro como fui ridicularizada por ser vesga, e sofria por meu filho. Béla gritava de frustração com os desafios de Johnny. (Ele gritava em tcheco, de modo que as crianças, que falavam um pouco de húngaro, apesar do meu desejo de que falassem apenas um inglês americano impecável, não entendessem as palavras, embora, obviamente, entendessem o tom.) Eu me escondia em nossa suíte. Em 1960, quando Johnny tinha 4 anos, eu o levei a uma consulta com o Dr. Clark, um especialista no Johns Hopkins, que me disse: "Seu filho pode ser o que você fizer dele. John fará tudo o que todo mundo faz, mas vai demorar mais tempo para conseguir. Pressioná-lo em excesso é contraproducente, mas também é um erro não pressioná-lo o suficiente. Você precisa pressionar no nível do potencial dele." Parei de estudar para levar Johnny a suas sessões de terapia da fala, de terapia ocupacional, e também a todo tipo de médico e especialista que poderiam ajudar. (Audrey agora diz que suas memórias mais nítidas da infância não são na piscina, mas nas salas de espera.) Decidi não aceitar que nosso filho tinha um comprometimento permanente. Eu estava certa de que ele podia avançar se acreditássemos que isso era possível. Mas quando ele era mais novo e comia com a mão, mastigando com a boca aberta porque era o que conseguia fazer, Béla olhou para ele com tamanho desapontamento e tristeza que eu senti que precisava proteger meu filho do pai.

O medo instalou uma tensão em nossas vidas confortáveis. Certa vez, quando Audrey tinha 10 anos, eu estava perto de seu quarto, onde ela brincava com uma amiga, exatamente quando uma ambulância passou na frente de nossa casa, com a sirene ligada. Cobri a cabeça, um hábito residual da guerra, um movimento que ainda faço. Antes de registrar conscientemente a sirene, escutei Audrey gritando para a amiga: "Rápido, venha para debaixo da cama!" Ela se atirou no chão e rolou para debaixo da cama. A amiga riu e a imitou, provavelmente achando que era uma brincadeira. Mas eu sabia que Audrey não estava brincando. Ela realmente achava que sirenes sinalizavam perigo e que era preciso se proteger. Sem querer, sem qualquer ato consciente, eu tinha ensinado isso a ela.

O que mais estávamos inconscientemente ensinando aos nossos filhos sobre segurança, valores e amor?

Na noite do baile de formatura do ensino médio de Marianne, ela está em pé na varanda da frente em seu vestido de seda, com uma linda orquídea no pulso. Assim que ela sai da varanda com seu par na festa, Béla fala:

– Divirta-se, docinho. Você sabe, sua mãe estava em Auschwitz quando tinha sua idade e os pais dela estavam mortos.

Grito com Béla quando Marianne vai embora. Digo que ele se tornou uma pessoa amarga e fria, que não tem o direito de arruinar a alegria da menina em uma noite tão especial, nem o prazer indireto que senti pela felicidade dela. Se ele não consegue se controlar, eu também não vou me censurar. Se Béla não consegue abençoar nossa filha com pensamentos felizes, então ele também deve estar morto.

– O fato de que você esteve em Auschwitz e ela não é um pensamento feliz. – Béla se defende. – Quero que Marianne se sinta satisfeita com a vida que tem.

– Então não a envenene! – grito.

Pior do que o comentário de Béla é o fato de eu nunca ter falado com Marianne sobre isso. Finjo não perceber que ela também está vivendo duas vidas, a que vive por ela mesma e a que vive por mim, porque eu não pude vivê-la.

No outono de 1966, quando Audrey está com 12 anos, Marianne no segundo ano da faculdade e Johnny com 10 anos, cumprindo a previsão do Dr. Clark de que com o apoio correto poderia desenvolver uma estabilidade física e acadêmica, tenho tempo novamente para me dedicar ao meu progresso. Volto a estudar. Meu inglês agora é bom o suficiente para escrever meus trabalhos sem a ajuda de Béla (com o auxílio dele, a melhor nota que tirei foi um C, mas agora só recebo notas A). Sinto que estou finalmente progredindo e transcendendo as limitações de meu passado. Mas, mais uma vez, os dois mundos que tentei manter separados colidem. Estou sentada numa sala de conferências, esperando a aula de Introdução à Ciência Política começar, quando um homem de cabelos louros se senta atrás de mim.

– Você esteve lá, não esteve? – diz ele.

– Lá?

Sinto o pânico começar a crescer.

– Auschwitz. Você é uma sobrevivente, não é?

Estou tão abalada com a pergunta que não consigo pensar em também lhe fazer uma pergunta. O que o faz acreditar que eu sou uma sobrevivente? Como ele sabe? Como adivinhou? Nunca disse uma única palavra sobre a minha experiência a ninguém em minha vida atual, nem mesmo a meus filhos. Não tenho um número tatuado no braço.

– Você não é uma sobrevivente do Holocausto? – pergunta ele novamente.

Ele é jovem, talvez tenha 20 anos, mais ou menos a metade da minha idade. Algo em sua juventude, em sua natureza séria, na intensidade gentil de sua voz, me relembra Eric, a maneira como nos sentamos juntos no cinema depois do toque de recolher, como ele me fotografou na beira do rio fazendo espacates, como ele beijou meus lábios pela primeira vez com as mãos apoiadas no cinto fino que marcava minha cintura. Passaram-se 21 anos depois da libertação e ainda fico arrasada com a perda de Eric, com a perda de nosso amor jovem e com a perda do futuro, da visão que compartilhamos do casamento, da família e do ativismo. No ano em que passei encarcerada, no ano em que sabe-se lá como eu escapei de uma morte que parecia obrigatória e inevitável, não esqueci do verso de Eric: *Nunca esquecerei seus olhos, nunca esquecerei suas mãos.* A memória era minha salvação. E agora? Escondi o passado. Lembrar é ceder ao horror de novo. Mas no passado também está a voz de Eric. No passado está o amor que senti e que ficou em minha mente todos aqueles meses em que passei fome.

– Eu sou uma sobrevivente – digo, tremendo.

– Você leu isso?

Ele me mostra uma pequena brochura: *Em busca de sentido*, de Viktor Frankl. Parece-me um texto de filosofia. O nome do autor não diz nada. Faço que não com a cabeça.

– Frankl estava em Auschwitz – explica o estudante. – Ele escreveu este livro logo após a guerra. Acho que você vai achar interessante – diz ele, oferecendo-o a mim.

Eu seguro o livro. É fino. Ele me enche de terror. Por que eu voluntariamente retornaria para o inferno, mesmo através do filtro da experiência de outra pessoa? Mas não tenho coragem de rejeitar o gesto do jovem. Sussurro um obrigada e guardo o livrinho em minha bolsa, onde ele fica a noite toda como uma bomba-relógio.

Começo a preparar o jantar e me sinto distraída e fora do meu corpo. Peço a Béla para comprar mais alho no mercado e depois peço novamente para comprar mais pimentões. Mal provo a comida. Depois do jantar, tomo a lição de ortografia de Johnny. Lavo a louça. Dou boa-noite às crianças. Béla vai para o escritório ouvir Rachmaninoff e ler o jornal. Minha bolsa está no corredor, perto da porta da frente, com o livro ainda lá dentro. Apenas o fato de saber que está em minha casa me provoca desconforto. Não vou lê-lo. Não preciso. Eu estava lá. Vou me poupar o sofrimento.

Pouco depois da meia-noite, minha curiosidade vence o medo. Eu me esgueiro até a sala, onde me sento por um longo tempo sob a luz de um abajur segurando o livro. Começo a ler. *Este livro não pretende ser um relato de fatos e eventos, mas das experiências que milhões de prisioneiros sofreram repetidas vezes. É a história do que aconteceu dentro de um campo de concentração contada por um de seus sobreviventes.* Sinto um formigamento na nuca. Ele está falando comigo. Está falando por mim. *Como era a vida em um campo de concentração segundo um prisioneiro comum?* Ele escreve sobre as três fases da vida de um prisioneiro, começando com a chegada a um campo de extermínio e a "ilusória sensação de alívio". Sim, eu me lembro muito bem de meu pai ouvir a música tocando na plataforma do trem e dizer que aquele lugar não poderia ser tão ruim; me lembro da maneira como Mengele usava o dedo indicador para apontar quem viveria e quem morreria e lembro que ele me disse, de maneira casual: "Você verá sua mãe em breve." Depois, há a segunda fase, na qual a pessoa aprende a se adaptar ao impossível e ao inconcebível. Aprende a aguentar as surras dos *kapos*, a levantar independentemente do frio, da fome, do cansaço ou da doença, a tomar a sopa e a guardar o pão, a ver sua própria carne desaparecer e a escutar o tempo todo que a única saída é a morte. Mesmo a terceira fase, de soltura e libertação, não acabou com o encarceramento, escreve Frankl. Ele pode continuar na amargura, na desilusão e na busca de sentido e felicidade.

Estou olhando diretamente para aquilo que busquei esconder. Conforme leio, não me sinto paralisada nem presa de volta naquele lugar. Para minha surpresa, não sinto medo. Para cada página que leio, quero escrever outras dez. E se contar a minha história afrouxar o poder que o medo tem em vez de aumentá-lo? E se falar sobre o passado trouxer a cura em vez da destruição? E se o silêncio e a negação não forem as únicas escolhas a fazer na esteira da perda catastrófica?

Leio como Frankl caminha até seu local de trabalho na escuridão gelada. O frio é cruel, os guardas são brutais, os prisioneiros tropeçam. Em meio à dor física e à injustiça desumanizadora, Frankl lembra do rosto da esposa. Ele vê os olhos dela e seu coração se enche de amor na profundidade do inverno. Ele entende *como alguém que não tem nada ainda pode conhecer a felicidade, seja ela apenas por um breve momento, na contemplação de sua amada*. Meu coração se abre. Eu choro. É a minha mãe falando comigo na escuridão opressiva do trem através daquela página: *Lembre-se, ninguém pode tirar de você o que você colocou em sua mente*. Não podemos escolher desaparecer no escuro, mas podemos escolher acender a luz.

Naquelas primeiras horas da alvorada do outono de 1966, eu leio uma frase que está no cerne do ensinamento de Frankl: *Tudo pode ser tirado de uma pessoa, exceto uma coisa: a última das liberdades humanas – escolher sua atitude em qualquer circunstância da vida, escolher o próprio caminho.* Cada momento é uma escolha. Não importa quão frustrante, chata, limitadora, dolorosa ou opressiva for nossa experiência, podemos sempre escolher como reagir. Finalmente comecei a entender que eu também tenho uma escolha. Essa compreensão mudará minha vida.

CAPÍTULO 14

De um sobrevivente para outro

Ninguém se cura em linha reta.

Em uma noite de janeiro de 1969, quando Audrey chega em casa de um trabalho como babá, Béla e eu pedimos que ela e John se sentem no sofá marrom da sala de estar. Não consigo olhar para Béla nem para meus filhos. Meu olhar se fixa nas linhas modernas e simples do sofá, em suas pernas finas.

Béla começa a chorar.

– Alguém morreu? – pergunta Audrey. – Contem.

Johnny bate com os pés de maneira nervosa no sofá.

– Está tudo bem, nós amamos muito vocês, mas sua mãe e eu decidimos que precisamos viver em casas separadas por um tempo – diz Béla.

Ele gagueja ao falar, as frases demoram uma eternidade.

– O que você está dizendo? – pergunta Audrey. – O que está acontecendo?

– Precisamos descobrir como ter mais paz em nossa família – digo. – Não é culpa de vocês.

– Vocês não se amam mais?

– Sim – diz Béla. – *Eu* amo.

Esse é o golpe dele, a faca que ele aponta para mim.

– Vocês, de repente, não estão felizes? Achei que eram felizes. Ou têm mentido para nós a vida inteira?

Audrey ainda estava com o dinheiro do trabalho como babá na mão, pronta para entregar ao pai. Quando Audrey fez 12 anos, Béla abriu uma conta bancária no nome dela e lhe disse que depositaria o dobro de qualquer quantia que ela ganhasse dali para a frente. Minha filha acaba jogando o dinheiro no sofá, como se tivéssemos contaminado tudo o que é bom ou valioso.

Foi a soma de experiências, não um súbito reconhecimento, que me levou a pedir o divórcio de Béla. Minha decisão tinha algo a ver com a história de minha mãe – o que ela escolheu e o que não foi autorizada a escolher. Antes de se casar com meu pai, ela trabalhava num consulado em Budapeste, ganhava o próprio dinheiro, fazia parte de um círculo social cosmopolita e profissional. Ela era bastante livre para a época, mas a irmã mais nova se casou e a pressão se voltou para ela, que tinha de fazer o que a sociedade e a família esperavam, ou seja, casar-se antes que se tornasse um constrangimento para os seus. Havia um homem que minha mãe amava, alguém que ela conheceu no trabalho no consulado, o homem que lhe deu *E o vento levou* com dedicatória, mas o pai dela a proibiu de se casar com ele porque ele não era judeu. Meu pai, um alfaiate famoso, tirou suas medidas para um vestido certo dia, gostou de sua aparência e então mamãe optou por deixar a vida que tinha escolhido para si mesma em nome da vida que esperavam que ela levasse. Ao casar com Béla, temi ter feito a mesma coisa – abdicar de assumir a responsabilidade por meus próprios sonhos em troca da segurança que ele me proporcionava. Agora, as qualidades que haviam me atraído nele, sua capacidade de prover e cuidar, pareciam sufocantes. Nosso casamento era como uma abdicação de mim mesma.

Eu não queria o tipo de casamento que meus pais tiveram, solitário e sem intimidade, e não queria os sonhos partidos deles (o de meu pai, de ser médico; o da minha mãe, de ter uma carreira e de se casar por amor). Mas o que eu quero para mim? Eu não sabia. Portanto, elegi Béla como uma força a ser enfrentada. Em vez de descobrir meu verdadeiro propósito e direção, encontrei sentido em lutar contra ele, contra as limitações que eu achava que ele me impunha. Realmente, Béla apoiava os meus estudos, pagava minha faculdade, adorava conversar comigo sobre os livros de filosofia e literatura que eu estava lendo e considerava as minhas listas de leitura e análises complementos interessantes para seu tema favorito: História. Talvez porque Béla de vez em quando expressasse algum ressentimento pelo tempo que eu dedicava à faculdade, ou porque, preocupado com minha saúde, ele, às vezes, me advertia para diminuir o ritmo, se enraizou em mim a ideia de que, se eu quisesse progredir na vida, teria que fazer isso por conta própria. Eu estava muito ansiosa e cansada de me diminuir.

Lembro-me de viajar com Audrey para uma competição de natação em San Angelo, em 1967, quando ela tinha 13 anos. Os outros pais que estavam acompanhando as filhas se reuniram no hotel à noite para beber e se divertir. Percebi que, se Béla tivesse ido, estaríamos no centro das atividades, não por apreciarmos a convivência com gente que gostava de beber, mas porque Béla era um sedutor nato. Quando ele via um grupo de pessoas, não conseguia se afastar. Qualquer espaço que ele ocupava virava um círculo social, com todos atraídos para a relação de convívio por causa do ambiente que ele criava. Eu admirava isso nele, mas ao mesmo tempo me ressentia, a ponto de ficar em silêncio para que a voz dele pudesse ressoar. Assim como na minha família, durante minha infância, só havia espaço para uma estrela. Nos churrascos dançantes semanais que organizávamos com os amigos em El Paso, eu tinha que dividir a ribalta quando todo mundo abria espaço para mim e Béla na pista de dança. Juntos, éramos sensacionais, nossos amigos diziam que era difícil desviar o olhar. Éramos admirados como casal, mas não havia espaço para mim. Aquela noite em San Angelo, achei desagradável o ruído e a embriaguez dos outros pais. Prestes a me retirar para o quarto, pois estava sozinha e com um pouco de pena de mim mesma, me lembrei do que o livro de Frankl falava sobre a liberdade de escolher a minha própria reação para qualquer situação.

Fiz uma coisa que nunca havia feito antes. Bati na porta do quarto de Audrey. Surpresa em me ver, Audrey me convidou para entrar. Estava jogando cartas e assistindo à TV com as amigas.

– Quando eu tinha sua idade – disse eu – também era atleta.

Audrey arregalou os olhos.

– Vocês, garotas, são sortudas e lindas. Vocês sabem o que é ter um corpo forte. Trabalhar duro. Fazer parte de uma equipe.

Disse a elas o que meu professor de balé me disse muito tempo antes:

– Todo o seu êxtase na vida virá de dentro de você.

Dei boa-noite e comecei a me dirigir para a porta, mas, antes de sair do quarto, fiz um *grand battement*. Os olhos de Audrey brilhavam de orgulho.

Suas amigas bateram palmas e assoviaram. Eu não era a mãe calada com um sotaque estranho. Eu era a artista, a atleta, a mãe que a filha admirava. Internamente, equacionei esse sentimento de autoestima e júbilo com a ausência de Béla. Se eu queria sentir esse brilho com mais frequência, talvez precisasse estar menos com ele.

Essa avidez por individualidade me sustentou também durante a faculdade. Eu era voraz, sempre em busca de mais conhecimento e também do respeito e da aprovação que podiam ser um sinal de que eu tinha valor. Ficava acordada a noite inteira trabalhando em ensaios que já estavam bons, por medo de que não estivessem bons, ou que estivessem apenas suficientemente bons. Quando um professor de Psicologia anunciou à turma no início do semestre que ele só dava notas C, fui a seu escritório dizer a ele que eu só tirava A e perguntar o que podia fazer para manter meu desempenho acadêmico excepcional. Ele me convidou a trabalhar como sua assistente, o que aumentou meu aprendizado em sala de aula com uma experiência de campo oferecida apenas a alunos de pós-graduação.

Certa tarde, alguns colegas de turma me convidaram para tomar uma cerveja depois da aula. Sentei-me com eles num bar escuro perto do campus, meu copo gelado sobre a mesa, eu encantada com a energia juvenil, a paixão política. Eu os admirava, advogados de justiça social, pacifistas. Estava feliz por ser incluída. E triste também. Esse estágio da minha vida fora encurtado. Individualização e independência da minha família. Namoro e romance. Participação em movimentos sociais que promoviam mudança real. Perdi minha infância para a guerra, minha adolescência para os campos de extermínio e a primeira parte da minha vida adulta para a compulsão de nunca olhar para trás. Virei mãe antes de passar pelo luto da morte de minha própria mãe. Tentei me recuperar rápido demais e cedo demais. Não foi culpa de Béla eu ter escolhido a negação e ter mantido escondidas até mesmo de mim minhas memórias, opiniões e experiências. Mas naquele momento eu o considerava responsável por prolongar a minha paralisia.

No dia da cerveja com os colegas, uma delas pergunta como Béla e eu nos conhecemos. "Adoro uma boa história de amor", disse ela. "Foi amor à primeira vista?" Não lembro como respondi, mas sei que a pergunta me fez pensar novamente sobre o tipo de amor que eu gostaria de ter tido.

Com Eric houve faíscas, um calor que percorria todo o meu corpo quando ele estava perto. Nem Auschwitz matou a garota romântica que existia em mim, a garota que dizia a si mesma todos os dias que poderia encontrá-lo novamente. Depois da guerra, o sonho morreu. Quando conheci Béla, eu não estava apaixonada, estava com fome, e ele me trouxe queijo suíço e salame. Lembro de me sentir feliz nos primeiros anos com Béla, quando estava grávida de Marianne, andando até o mercado todas as manhãs para comprar flores, conversando com ela no meu ventre, dizendo a minha filha como ela iria florescer. E ela tinha florescido, todos os meus filhos tinham. Agora eu estava com 40 anos, a idade com que minha mãe morreu, e eu ainda não havia florescido nem tido o amor que achava merecer. Eu me senti enganada, com um rito humano essencial sendo negado a mim, presa a um casamento que tinha virado uma refeição consumida sem a expectativa de nutrição, sem a esperança de matar a fome.

Meu sustento veio de uma fonte inesperada. Um dia, em 1968, quando cheguei em casa, encontrei uma carta na caixa de correio endereçada a mim, com uma letra manuscrita que parecia europeia, enviada pela Universidade Southern Methodist, de Dallas. Não tinha nome acima do endereço do remetente, apenas iniciais: V. F. Quando abri a carta, quase caí para trás. *De um sobrevivente para outro*, dizia a saudação. A carta era de Viktor Frankl.

Depois da minha imersão pré-alvorada no livro *Em busca de sentido* dois anos antes, escrevi um ensaio chamado "Viktor Frankl e eu". Escrevi para mim mesma, como um exercício pessoal, não acadêmico, como a primeira tentativa de falar sobre o passado. Timidamente, esperançosa em relação à possibilidade de crescimento pessoal, mostrei o ensaio a alguns professores e amigos e, no fim, ele acabou sendo publicado pela própria universidade. Alguém tinha enviado anonimamente uma cópia do meu artigo para Frankl em Dallas, onde ele trabalhava como professor visitante desde 1966. Frankl, 23 anos mais velho do que eu, já era um médico psiquiatra bem-sucedido quando foi encarcerado em Auschwitz. Tinha 39 anos. Agora, era o celebrado criador da Logoterapia. Ele atendia, fazia palestras e dava aulas no mundo todo. Frankl se emocionara com meu pequeno ensaio a ponto de entrar em contato comigo, de me tratar como uma colega sobrevivente e como uma profissional. Escrevi sobre me imaginar no palco da Ópera de Budapeste na noite em que fui obrigada a dançar para Mengele. Frankl escreveu que tinha feito algo similar em Auschwitz. Nos piores momentos, ele se imaginou como um homem livre dando palestras em Viena sobre a psicologia do encarceramento. Ele também encontrara em um mundo interior proteção para a fome e a dor atual e também inspiração para sua esperança e senso de propósito, dando a ele os meios e a razão para sobreviver. O livro de Frankl e sua carta me ajudaram a encontrar palavras para nossa experiência em comum.

Assim começou uma correspondência e uma amizade que durariam muitos anos, período em que tentaríamos, juntos, responder às perguntas que permeiam nossas vidas: *Por que sobrevivi? Qual é o propósito da minha vida? Qual é o significado do meu sofrimento? Como posso ajudar a mim e aos outros a suportar as partes mais difíceis da vida e a sentir mais paixão e alegria?* Depois de trocar cartas durante vários anos, nós nos encontramos pela primeira vez numa conferência que Frankl deu em San Diego, nos anos 1970. Ele me convidou para ir aos bastidores conhecer sua esposa e pediu que eu fizesse uma análise crítica de sua palestra – um momento extremamente importante, ser tratada por meu mentor como uma igual. Mesmo a primeira carta dele fomentou em mim a semente de uma missão: a busca para encontrar sentido em minha vida ao ajudar os outros a encontrarem sentido, a me curar para poder curar os outros, e curar os outros para poder curar a mim mesma. Isso também reforçou o meu entendimento, apesar de mal aplicado quando me divorciei de Béla, de que eu tinha a energia e a oportunidade, assim como a responsabilidade, de escolher meu próprio sentido, minha própria vida.

Dei o primeiro passo consciente para encontrar o meu próprio caminho no fim dos anos 1950, quando percebi os desafios de desenvolvimento de Johnny e precisei de ajuda para atendê-los. Uma amiga recomendou uma psicanalista junguiana que tinha estudado na Suíça. Eu não conhecia quase nada de psicologia clínica, tampouco de psicanálise junguiana especificamente, mas, depois de pesquisar um pouco sobre o assunto, diversos conceitos junguianos me atraíram. Gostei da ênfase nos mitos e arquétipos, que me lembraram a literatura que eu adorava quando menina. Fiquei fascinada com a noção de reunir as partes conscientes e inconscientes da psique de uma pessoa em um todo equilibrado. Lembrei-me das imagens dissonantes entre o interior de Vicky Page e a experiência exterior de *Os sapatinhos vermelhos*. Naturalmente, eu estava sofrendo a angústia dos meus próprios conflitos interiores. Não entrei conscientemente na terapia para curar essa tensão em mim, eu só queria saber o que fazer com meu filho e acabar com as discordâncias entre mim e Béla sobre o modo de agir. Mas fiquei intrigada com a visão de Carl Jung sobre a análise terapêutica: *É uma questão de dizer sim a si mesmo, de se considerar a tarefa mais importante, de ter consciência de tudo o que faz e de manter uma constância diante de si em todos os aspectos dúbios – uma tarefa que verdadeiramente nos cobra o máximo.* "Dizer sim" a mim mesma. Eu queria fazer isso. Eu queria me desenvolver e melhorar.

Meu terapeuta me passou um trabalho de casa: pediu que eu registrasse meus sonhos e os analisasse. Neles, quase sempre eu estava voando. Eu podia escolher se voava muito perto ou muito longe do chão, se muito rápido ou muito devagar. Eu podia escolher quais paisagens sobrevoar, catedrais europeias, montanhas cobertas de florestas, praias oceânicas. Eu queria dormir para poder ter esses sonhos em que estava feliz e forte, voando livremente, no controle. Encontrei nesses sonhos a força para transcender as suposições limitadoras que os outros muitas vezes impunham a meu filho. Descobri o meu desejo de transcender o que percebi serem limitações impostas a mim. Eu ainda não sabia que as limitações que precisavam ser superadas não estavam fora – mas dentro. Portanto quando, anos depois, sob a influência de Viktor Frankl, comecei a questionar o que queria da vida, foi fácil pensar que dizer não a Béla seria uma forma de dizer sim a mim mesma.

Nos meses depois do divórcio eu me senti melhor. Sofri de enxaqueca por muitos anos (minha mãe também tinha dores de cabeça debilitantes, então presumi que eram hereditárias), mas, assim que Béla e eu nos separamos, as dores desapareceram, como as estações do ano. Achei que era porque eu estava livre do mau humor de Béla, de seus gritos, de seu cinismo, de sua irritação e de seu desapontamento. As dores de cabeça sumiram, assim como a necessidade de me esconder, de me manter à parte. Convidei estudantes e professores à minha casa, promovi festas animadas, me senti no centro de uma comunidade, aberta ao mundo.

Achei que estava vivendo da maneira que queria. Mas logo uma névoa se instalou. O ambiente ao meu redor parecia cinzento. Eu precisava lembrar a mim mesma de me alimentar.

Numa manhã de sábado, em maio de 1969, sento sozinha na sala de TV. É o dia da minha formatura na faculdade. Tenho 42 anos, estou me formando com honras em Psicologia pela Universidade do Texas-El Paso. Não consigo me obrigar a ir à cerimônia. Estou envergonhada demais. *Devia ter feito isso há muitos anos*, digo a mim mesma. O que de fato eu quero dizer, o subtexto de muitas das minhas escolhas e crenças é: "Não mereço ter sobrevivido." Sou tão obcecada em provar o meu valor, em conquistar meu lugar no mundo que não preciso mais de Hitler. Eu me tornei minha própria carcereira, dizendo a mim mesma: "Não importa o que você fizer, nunca será boa o suficiente."

O que mais sinto falta de Béla é seu jeito de dançar. Especialmente a valsa vienense. Por mais cínico e ranzinza que seja, ele também se permite ser alegre e deixa seu corpo expressar isso. Béla pode se render ao ritmo e ainda assim comandar a dança e se manter firme. Sonho com ele algumas noites. Com sua infância e com as histórias que ele me contou nas cartas que enviou quando me cortejou. Vejo o pai dele morrer numa avalanche, ficando sem ar em meio a todo aquele branco. Vejo sua mãe entrar em pânico no mercado em Budapeste e confessar sua identidade para a SS. Penso na triste tensão na família de Béla provocada pelo papel da mãe na morte deles. Penso em sua gagueira, na maneira como o trauma precoce o marcou. Num dia de verão, Béla vem buscar John. Ele está com um carro novo. Nos Estados Unidos sempre tivemos carros populares, carros detonados, segundo nossos filhos. Hoje ele está dirigindo um Oldsmobile com assentos de couro. Comprou usado, diz ele, na defensiva, mas orgulhoso. Meu olhar de descrença não é para o carro. É para a mulher elegante sentada no banco do carona. Ele conheceu alguém.

Agradeço a necessidade de trabalhar para sustentar a mim e as crianças. O trabalho é uma fuga. Ele me dá um propósito claro. Passo a trabalhar como professora de Estudos Sociais do sétimo e oitavo anos em El Paso Barrio. Recebo propostas de trabalho das escolas mais cobiçadas das partes mais ricas da cidade, mas quero trabalhar com alunos que são bilíngues e que estejam enfrentando os obstáculos que eu e Béla conhecemos quando chegamos à América: pobreza e preconceito. Quero conectar meus alunos a suas escolhas, mostrar a eles que quanto mais escolhas tiverem, menos vão se sentir como vítimas. O mais difícil em meu trabalho é combater o negativismo na vida de meus alunos. Às vezes seus próprios pais dizem que eles nunca vão progredir e que a educação não é um caminho viável para eles. *Você é tão insignificante, tão feia, que nunca encontrará um marido.* Conto aos alunos sobre minha vesguice, sobre a musiquinha tola de minhas irmãs e que o problema não era o fato de elas cantarem esse tipo de canção para mim – o problema era que eu acreditava nelas. Mas não deixo que meus alunos saibam quão profundamente eu me identifico com eles, como o ódio obliterou a minha infância, como eu sei que a escuridão devora quem é ensinado a acreditar que não é importante. Lembro-me da voz que se elevou por entre as montanhas Tatra: *Se você vai viver, tem que defender alguma coisa.* Meus alunos me dão algo para eu defender. Mas ainda me sinto entorpecida e ansiosa, solitária, muito sensível e triste.

Os flashbacks continuam; eles acontecem muitas vezes quando estou dirigindo. Vejo um policial fardado na estrada, vejo túneis e minha visão se afunila, parece que vou desmaiar. Não tenho um nome para essas experiências, ainda não entendo que elas são uma manifestação psicológica do luto que ainda não vivi. Um sinal que meu corpo envia como um lembrete dos sentimentos que bloqueei da vida consciente. Uma tormenta que me domina quando não me permito sentir.

Quais são os sentimentos que me recuso a reconhecer? Eles são como estranhos morando na minha casa, invisíveis, exceto pela comida que surrupiam, pelos móveis que tiram do lugar, pela trilha de lama que deixam no corredor. O divórcio não me libertou da presença angustiante deles. O divórcio esvazia o espaço de outras distrações, dos alvos habituais da minha culpa e do meu rancor, e me obriga a me sentar sozinha com meus sentimentos.

Às vezes eu ligo para Magda. Ela e Nat também se divorciaram e ela casou com Ted Gilbert, que tem uma idade mais próxima da dela e é um bom padrasto e ouvinte. Ela e Nat mantiveram uma amizade forte. Ele vai jantar na casa dela duas ou três vezes por semana.

– Tenha cuidado com o que você faz quando está irrequieta – recomenda minha irmã. – Você pode pensar coisas erradas. Coisas sem importância. Ele é muito isso, muito aquilo, já sofri o suficiente. Você acaba sentindo falta das mesmas coisas que a deixavam louca.

É como se ela lesse a minha mente, a pequena vantagem da dúvida, a concessão de que talvez o divórcio não esteja resolvendo o que achei que estava danificado.

Certa noite, uma mulher telefona para minha casa. Ela está à procura de Béla. Eu saberia onde ele pode estar? É a namorada dele, eu percebo. Ela está ligando para a minha casa como se eu vigiasse meu ex-marido, como se eu devesse informações a ela, como se eu fosse a secretária dele. "Nunca mais me telefone!", grito. Depois de desligar, fico agitada, não consigo dormir. Tento sonhar que estou voando, um sonho lúcido, mas não consigo decolar, continuo caindo, em vigília. É uma noite terrível. E muito útil. Audrey está dormindo na casa de uma amiga, Johnny já está na cama. Não há como escapar do meu desconforto, só resta sentir. Choro, tenho pena de mim mesma, fico furiosa. Sinto cada onda de ciúme, de amargura, de solidão, de indignação, de autopiedade e assim por diante. Pela manhã, embora não tenha dormido, me sinto melhor. Mais calma. Nada mudou. Ainda me sinto abandonada, apesar do ilógico da situação, pelo marido de quem *eu* decidi abrir mão. Mas meu alvoroço e agitação seguiram em frente. Não são características permanentes. São estados de espírito que passam, mudam. Eu me sinto mais tranquila.

Terei muitas outras noites e dias assim. Momentos em que estou sozinha, em que começo a experimentar não afastar os meus sentimentos, independentemente do quanto sejam doloridos. Esse é o presente do meu divórcio: o reconhecimento de que preciso enfrentar o que está dentro de mim. Se vou realmente melhorar a minha vida, não é Béla ou nossa relação que tem de mudar. Sou eu.

Enxergo a necessidade de mudança, mas não sei que tipo de mudança vai me ajudar a ser mais livre e feliz. Busco uma nova terapeuta para ter outra perspectiva sobre o meu casamento, mas a abordagem dela não é muito útil. Ela aponta o dedo para mim e diz que forçar Béla a fazer as compras era uma emasculação, que eu nunca deveria ter cortado a grama e tirado as responsabilidades masculinas dele. Ela implica com coisas que estavam funcionando em meu casamento e as reformula como problemas e falhas. Arranjo um novo emprego, dessa vez numa escola do ensino médio, onde dou aula de Introdução à Psicologia e atuo como conselheira. Porém, o propósito que me norteava no início de minha profissão começa a ser corroído pela burocracia das escolas, pelas salas de aula numerosas e pela sobrecarga de casos que me impedem de trabalhar de maneira eficaz com os alunos individualmente. Sei que tenho mais a oferecer, embora ainda não saiba o que deveria fazer.

Este tema prevalece: que meu trabalho mais importante e profundo, tanto em termos pessoais quanto profissionais, ainda está por vir e ainda se mostra confuso e indefinido. Um casal de amigos, Lili e Arpad, são as primeiras pessoas a dizer o que esse trabalho implicará, embora eu ainda não esteja pronta para reconhecer isso, muito menos para assumi-lo. Num fim de semana, eles me convidam a visitá-los no México. Durante anos, Béla e eu tiramos férias com eles, mas, dessa vez, vou sozinha. No domingo em que vou voltar para casa, tomamos um café da manhã demorado, com café, frutas e ovos preparados por mim à moda húngara, com pimentão e cebola.

– Estamos preocupados com você – diz Lili com sua voz calma, carinhosa.

Sei que ela e Arpad ficaram surpresos com o divórcio. Sei que eles acham que cometi um erro. É difícil não ver a preocupação dela como julgamento. Conto a eles sobre a namorada de Béla, uma escritora ou musicista, nunca consigo me lembrar. Para mim, ela não é uma pessoa, mas uma ideia. Béla seguiu em frente e me deixou para trás. Meus amigos escutam, compreensivos, mas então se entreolham e Arpad pigarreia.

– Edie – diz ele –, me perdoe se eu estiver me intrometendo muito, e você pode me mandar tomar conta da minha própria vida, mas já pensou que resolver o seu passado pode vir a beneficiar você?

Resolver o passado? Eu vivi aquilo, o que mais há para resolver, tenho vontade de perguntar. Acabei com a conspiração do silêncio, mas falar sobre o assunto não fez o medo e os flashbacks desaparecerem. Na realidade, falar parece ter piorado meus sintomas. Não rompi o silêncio com meus filhos ou amigos de maneira formal, mas não vivo temerosa de que eles me perguntem sobre o passado e tento aceitar as oportunidades para compartilhar minha história. Recentemente, quando uma amiga do tempo da faculdade que fez um mestrado em História quis me entrevistar para um ensaio sobre o Holocausto, aceitei. Achei que seria um alívio contar toda a minha história, contudo estava trêmula ao sair da casa dela. Ao chegar em casa, vomitei, exatamente como aconteceu uma década antes, quando Marianne nos mostrou um livro com fotos dos prisioneiros nos campos de concentração.

– O passado é passado – digo a Lili e Arpad.

Não estou pronta para levar em consideração ou mesmo entender o conselho de Arpad para "resolver" o passado. Porém, como a carta de Viktor Frankl, aquilo plantou uma semente dentro de mim, algo que crescerá e se enraizará com o tempo.

Um sábado, estou sentada na mesa na cozinha corrigindo as provas de meus alunos de Psicologia quando Béla liga. É o dia dele com Audrey e John. Minha mente se agita de medo.

– Qual é o problema? – pergunto.

– Nenhum. Eles estão vendo TV.

Ele fica quieto, espera a voz engrenar.

– Vamos jantar – diz ele finalmente.

– Com *você*?

– Comigo.

– Estou ocupada – respondo.

Realmente estou. Marquei um encontro com um professor de Sociologia. Já liguei para Marianne, em busca de conselhos. O que devo usar? O que devo dizer? O que devo fazer se ele me convidar para a casa dele? *Não durma com ele*, ela me recomendou. Especialmente no primeiro encontro.

– Edith Eva Eger – pede meu ex-marido –, por favor, deixe as crianças passarem a noite com os amigos e aceite jantar comigo.

– Seja lá o que for, podemos conversar pelo telefone ou quando você trouxer as crianças.

– Não – diz ele. – Não. Esta não é uma conversa para se ter ao telefone ou à porta de casa.

Presumo que tem a ver com as crianças e concordo encontrá-lo em nosso restaurante favorito, onde sempre íamos para namorar.

– Passo aí para buscar você – diz ele.

Béla chega pontualmente. Está vestido para um encontro, de terno escuro e gravata de seda. Ele se inclina para me dar um beijo no rosto e não quero me afastar, quero sentir bem de perto seu perfume e seu rosto perfeitamente barbeado.

No restaurante, em nossa antiga mesa, ele segura minhas mãos.

– É possível – pergunta ele – que nós tenhamos mais a construir juntos?

Sua pergunta faz minha mente girar, como se já estivéssemos na pista de dança. Tentar novamente? Voltar?

– E *ela*? – pergunto.

– Ela é adorável. Divertida, uma ótima companhia.

– E então?

– Me deixe terminar.

Lágrimas começam a jorrar dos olhos dele e a escorrer pelo rosto.

– Ela não é a mãe dos meus filhos. Ela não me tirou da prisão em Prešov. Ela nunca ouviu falar das montanhas Tatra. Ela não consegue pronunciar frango *paprikash*, muito menos prepará-lo para o jantar. Edie, ela não é a mulher que eu amo. Ela não é você.

Os elogios me deixam feliz, a aceitação de nosso passado em comum, mas o que me impressiona é a disposição de Béla para o risco. Isso sempre foi típico dele, pelo menos até onde sei. Ele optou por combater os nazistas na floresta. Se arriscou a morrer doente ou alvejado por balas para impedir o inadmissível. Já eu fui recrutada para o risco à força. Béla escolheu o risco de maneira consciente, e o escolhe novamente nessa mesa ao se permitir ficar vulnerável diante da possibilidade de rejeição. Já me acostumei de tal modo a enumerar todas as formas como ele me decepciona que parei de levar em consideração quem ele é, o que ele oferece. *Tenho que sair desse casamento ou vou morrer*, eu pensava. Talvez os meses e anos que passei longe dele tenham me ajudado a amadurecer, e a descobrir que não existe um Nós até que exista um Eu. Agora que eu encarei a mim mesma de maneira um pouco mais plena, posso ver que o vazio que senti em nosso casamento não era um sinal de que havia algo errado no relacionamento. Era um vazio que carrego comigo mesma, até agora, um vácuo que nenhum homem ou realização algum dia preencherá. Nada jamais compensará a perda de meus pais e da minha infância. E ninguém mais é responsável pela minha liberdade. Eu sou.

Em 1971, dois anos após o divórcio, quando estou com 44 anos, Béla se ajoelha e me oferece um anel de noivado. Fazemos uma cerimônia judaica em vez do casamento civil que firmamos há mais de vinte anos. Nossos amigos, Gloria e John Lavis, são as testemunhas. "Este é o seu *verdadeiro* casamento", diz o rabino. Ele diz isso porque dessa vez é um casamento judeu, mas eu acho que ele também quer dizer que dessa vez estamos realmente escolhendo um ao outro, não estamos correndo, não estamos fugindo. Compramos uma casa nova em Coronado Heights, decoramos tudo com cores vivas, vermelho, laranja, colocamos painéis solares e uma piscina. Viajamos para os Alpes, na Suíça, em lua de mel, e ficamos em um hotel com fontes termais. O ar é frio. A água é quente. Sento no colo de Béla. Montanhas escarpadas se alongam em direção ao céu, as cores mudando sobre elas e também sobre as águas. Nosso amor parece tão estável quanto a cadeia de montanhas, tão reconfortante e fluido quanto a água, adaptando-se e mudando para preencher o formato que lhe damos. Não foi a essência do nosso casamento que mudou. Nós mudamos.

CAPÍTULO 15

O que a vida esperava

Realmente não importava o que esperávamos da vida, mas o que a vida esperava de nós, escreve Viktor Frankl no livro *Em busca de sentido*. Em 1972, um ano depois que Béla e eu nos casamos novamente, fui eleita professora do ano em El Paso. Embora me sentisse honrada com o prêmio e considerasse um privilégio ajudar meus alunos, tinha certeza de que ainda não havia descoberto o que a vida esperava de mim. "Você conquistou o maior reconhecimento no início de sua carreira, não no fim", disse o diretor de minha escola. "Nós esperamos grandes feitos de você. Qual é o próximo?"

Era a mesma pergunta que eu ainda me fazia. Comecei a trabalhar com meu terapeuta junguiano novamente e, apesar de sua advertência de que títulos não substituem o crescimento e o trabalho interior, pensei em fazer uma pós-graduação. Eu queria entender por que as pessoas escolhem fazer uma coisa e não outra, como resolvem os desafios diários e sobrevivem a experiências devastadoras, como convivem com o passado e com seus erros, como as pessoas se curam. E se minha mãe tivesse alguém com quem conversar? Ela teria tido um casamento mais feliz com meu pai ou escolhido uma vida diferente? E os meus alunos, ou meu próprio filho, aqueles que disseram não é possível em vez de é possível. Como eu poderia ajudar as pessoas a transcender suas crenças autolimitantes e se tornarem quem elas deveriam realmente ser no mundo? Eu digo a meu diretor que estou pensando em fazer um doutorado, mas não consigo expressar meu sonho sem impor limitações.

– Não sei – falo –, quando eu terminar o curso estarei com 50 anos.
Ele sorriu para mim.

– Você vai fazer 50 anos de qualquer maneira – respondeu ele.

Nos seis anos seguintes, descobri que meu diretor e meu terapeuta junguiano estavam certos. Não havia razão para me limitar, para deixar que minha idade restringisse minhas escolhas. Escutei o que minha vida estava me pedindo. Em 1974, completei o mestrado em Psicologia Educacional da Universidade do Texas-El Paso e, em 1978, o Ph.D. em Psicologia Clínica na Universidade Saybrook.

Minha jornada acadêmica me levou a conhecer o trabalho de Martin Seligman e de Albert Ellis, além de professores e mentores inspiradores como Carl Rogers e Richard Farson, que me ajudaram a entender partes de mim mesma e a minha própria experiência. Martin Seligman, que mais tarde criou uma nova vertente em nossa área, chamada Psicologia Positiva, realizou uma pesquisa no fim dos anos 1960 que respondeu a uma pergunta que me incomodava desde o dia da libertação, em Gunskirchen, em maio de 1945: por que tantos prisioneiros perambularam fora dos portões dos campos, mas acabaram voltando para os alojamentos enlameados e fétidos? Frankl notou o mesmo fenômeno em Auschwitz. Psicologicamente, o que levava um prisioneiro libertado a rejeitar a liberdade?

Os experimentos de Seligman com cães, que infelizmente precederam as atuais proteções contra a crueldade animal, comprovaram o conceito que ele chamou de "desamparo aprendido". Quando os cachorros que recebiam choques dolorosos conseguiam interromper os choques pressionando uma alavanca, eles rapidamente aprenderam a parar a dor. Em experimentos seguintes, esses cachorros descobriram que para escapar dos dolorosos choques administrados em um canil precisavam pular uma pequena barreira. Os cachorros que não tinham meios de interromper a dor, no entanto, entenderam que estavam indefesos contra aquilo. Quando receberam choques num canil, ignoraram a rota de fuga e simplesmente se deitaram e choramingaram. A partir disso, Seligman concluiu que, quando percebemos que não temos controle sobre as circunstâncias e acreditamos que nada do que fazemos é capaz de aliviar nosso sofrimento e melhorar nossa vida, paramos de agir em nosso próprio benefício, pois acreditamos que é inútil. Foi isso que aconteceu nos campos de extermínio, quando ex-prisioneiros saíam pelos portões, mas acabavam voltando para a prisão, onde ficavam sentados parados, sem decidir o que fazer com a liberdade que finalmente tinha chegado.

Sofrer é inevitável e universal, mas a maneira como reagimos ao sofrimento varia. Em meus estudos, fui influenciada por psicólogos cujos trabalhos revelaram nosso poder de realizar mudanças em nós mesmos. Albert Ellis, criador da Terapia Racional Emotiva Comportamental e um precursor da Terapia Cognitivo-Comportamental, me esclareceu sobre o quanto interiorizamos sentimentos negativos sobre nós mesmos e os comportamentos negativos e autodestrutivos que acompanham esses sentimentos. Ellis mostrou que na base dos comportamentos menos eficazes e mais prejudiciais está um núcleo filosófico ou ideológico irracional. Contudo, esse núcleo é tão vital para nossas opiniões sobre nós mesmos e sobre o mundo, que muitas vezes não temos consciência de que são apenas crenças, nem que repetimos essas crenças de maneira recorrente para nós mesmos na vida cotidiana. A crença determina nossos sentimentos (tristeza, raiva, ansiedade, etc.), e, em troca, nossos sentimentos influenciam nossos comportamentos (fingir, se isolar, se automedicar para aliviar o desconforto). Segundo Ellis, para mudar o comportamento devemos mudar o sentimento e para mudar o sentimento devemos mudar o pensamento.

Assisti a uma sessão de terapia aberta, conduzida por Ellis num palco, em que a paciente era uma mulher jovem, confiante e articulada, mas frustrada em suas experiências de namoro. Ela se achava incapaz de atrair o tipo de homem com quem gostaria de ter um relacionamento longo e buscava orientação para como encontrar e se conectar com os homens adequados. Ela disse que tinha a tendência de ficar tímida e tensa quando conhecia um homem que considerava um bom candidato, e que se comportava de uma maneira cautelosa e defensiva a ponto de esconder sua verdadeira personalidade e seu real interesse em conhecê-lo. Em poucos minutos, o Dr. Ellis a orientou para a principal convicção que estava implícita em seus namoros – a certeza irracional de que, sem perceber, ela continuava repetindo sem parar até se convencer de que era verdade: *Nunca serei feliz*. Depois de um encontro ruim, ela não apenas repetia para si mesma "*Oops, fiz a mesma coisa novamente, agi de maneira dura e pouco receptiva*", como também recaía em sua principal certeza de que nunca conquistaria a felicidade e que por isso mesmo não fazia sentido tentar. Foi o medo produzido por essa convicção central que a deixou tão relutante em arriscar-se a mostrar sua verdadeira personalidade, o que, por sua vez, tornou mais provável que sua convicção derrotista se tornasse realidade.

Foi emocionante ver a autoimagem dela mudar visivelmente bem ali no palco. Ela parecia escapar da convicção negativa como se estivesse tirando uma roupa velha. De repente, seus olhos ficaram mais brilhantes, ela parecia mais alta, o peito e os ombros mais abertos e calorosos, como se estivesse criando uma superfície maior para a felicidade pousar. O Dr. Ellis avisou que dificilmente ela teria um encontro amoroso incrível de imediato. Ele também disse que aceitar o desconforto dos encontros decepcionantes fazia parte do esforço de se livrar da convicção negativa.

A verdade é que teremos experiências desagradáveis na vida, cometeremos erros e nem sempre conseguiremos o que desejamos. Isso faz parte de ser humano. O problema, e base de nosso sofrimento constante, é a convicção de que o desconforto, os erros e as decepções sinalizam algo sobre o nosso valor, é acreditar que merecemos todas as coisas desagradáveis que acontecem em nossas vidas. Embora a minha maneira de construir afinidade seja diferente da técnica do Dr. Ellis, sua forma de levar os pacientes a reestruturarem e reformularem seus pensamentos prejudiciais influenciou profundamente a minha prática.

Carl Rogers, um dos pensadores que mais me influenciou, era um mestre em ajudar os pacientes a se aceitarem plenamente. Segundo a teoria de Rogers, quando a necessidade de desenvolvermos o nosso potencial entra em conflito com a necessidade de uma atenção positiva, ou vice-versa, podemos optar por reprimir, esconder ou negligenciar nossas verdadeiras personalidades e vontades. Quando passamos a acreditar que não há nenhuma maneira de sermos amados *e* verdadeiros, corremos o risco de negar nossa verdadeira natureza.

A autoaceitação foi a parte mais difícil da cura para mim, algo que ainda luto para realizar. O perfeccionismo surgiu na minha infância para satisfazer minha necessidade de aprovação. No entanto, esse perfeccionismo se transformou em mecanismo de enfrentamento ainda mais integrado para lidar com a minha culpa por ter sobrevivido. O perfeccionismo é a convicção de que algo está quebrado – você. Portanto, você disfarça seus defeitos com diplomas, realizações, elogios e ensaios, mas nada disso pode solucionar o que acha que está resolvendo. Ao tentar combater minha baixa autoestima, eu estava, na realidade, reforçando minha sensação de falta de valor. Ao aprender a oferecer aceitação e amor absolutos aos meus pacientes, tive a sorte de aprender a importância de me oferecer o mesmo.

Rogers era brilhante em sua capacidade de valorizar os sentimentos dos pacientes e ajudá-los a reformular o conceito que têm de si mesmos sem negar a própria verdade. Ele ofereceu um olhar positivo incondicional, e, na segurança dessa aceitação total, seus pacientes conseguiram projetar suas máscaras e inibições e habitar as próprias vidas de maneira mais autêntica. Aprendi com o Dr. Rogers as duas frases mais importantes em qualquer sessão terapêutica: *Ouvi você dizer...* e *Conte mais.* Também aprendi a ler a linguagem corporal dos pacientes e a usar meu próprio corpo para comunicar minha aceitação e meu amor incondicional. Não cruzo os braços e as pernas – eu me abro. Faço contato visual, inclino o corpo para a frente, crio uma ponte entre a minha pessoa e o paciente para que ele saiba que estou 100% com ele. Espelho o estado de espírito de meus pacientes (se eles querem ficar em silêncio, fico quieta, mas se eles querem raiva e gritos, grito com eles; ou seja, adapto minha linguagem à linguagem dos meus pacientes) como sinal de aceitação total. Exibo um jeito de ser (respiração, abertura, movimento, escuta) que pode promover crescimento e cura.

Estudar Seligman e Ellis e trabalhar com Rogers, entre outros, me ajudou a ser uma boa ouvinte, ter boa capacidade de síntese e a criar uma abordagem terapêutica baseada na cognição e com uma percepção eclética e intuitiva. Se eu tivesse que dar um nome à minha terapia, provavelmente a chamaria de Terapia de Escolha, já que a liberdade é uma questão de escolha (*choice*, em inglês) – a escolha da **Compaixão**, do **Humor**, do **Otimismo**, da **Intuição**, da **Curiosidade** e da **Expressão**. Ser livre é viver o presente. Se estamos presos ao passado, "*Se ao menos* eu tivesse ido lá em vez de aqui..." ou "*Se ao menos* eu tivesse me casado com outra pessoa...", é porque estamos vivendo em uma prisão criada por nós mesmos. Acontece o mesmo, se passamos o tempo no futuro, dizendo, "Não serei feliz *até* eu me formar..." ou "Não serei feliz *até* encontrar a pessoa certa". O único lugar onde podemos exercer nossa liberdade de escolha é no presente.

Essas são as ferramentas que meus pacientes usam para se liberar das expectativas dos papéis que desempenham, ser pais amáveis e amorosos para eles mesmos, parar de transmitir crenças e comportamentos de encarceramento e descobrir que, no fim, o amor é a resposta. Oriento meus pacientes a entenderem o que *causa* e o que *mantém* seus comportamentos autodestrutivos. No início, esse tipo de comportamento surge como algo útil, que satisfaz uma necessidade geralmente ligada a um dos três As: aprovação, afeição, atenção. Quando eles entendem por que desenvolveram um determinado comportamento (menosprezar os outros, ligar-se a pessoas agressivas, comer muito pouco, comer demais, etc.), podem assumir a responsabilidade de manter ou não o comportamento. Podem inclusive escolher do que vão abrir mão (a necessidade de aprovação, a necessidade de comprar, a necessidade de ser perfeita, etc.) porque até mesmo a liberdade tem um preço! Eles podem aprender a cuidar melhor deles mesmos e a descobrir a autoaceitação: *Só eu posso fazer o que posso fazer do jeito que posso fazer.*

Para mim, aprender que *só eu posso fazer o que posso fazer do jeito que posso fazer* significava destruir a realizadora compulsiva que existia em mim, sempre buscando mais e mais diplomas e certificados na esperança de afirmar o meu valor. Isso significava recompor o meu trauma, ver em meu passado doloroso provas de minha força, de meus talentos e de oportunidades para amadurecer, em vez de confirmar minha fraqueza ou minha deterioração

Em 1975, fui a Israel entrevistar sobreviventes do Holocausto para minha tese de doutorado. (Béla me acompanhou, pois achei que a facilidade dele com idiomas, incluindo o ídiche que aprendeu com os clientes em El Paso, o tornaria um tradutor inestimável.) Eu queria explorar a desastrosa teoria do crescimento de meu professor Richard Farson, que diz: *Muitas vezes é a situação de crise (...) que na realidade nos melhora como seres humanos. Paradoxalmente, apesar de muitas vezes esses incidentes destruírem as pessoas, eles são, em geral, experiências de crescimento. Como resultado de tais adversidades, a pessoa muitas vezes faz uma grande reavaliação da sua situação e a modifica de modo a refletir um entendimento mais profundo de suas próprias capacidades, valores e metas.* Planejei entrevistar sobreviventes dos campos de concentração para descobrir como uma pessoa sobrevive e até mesmo prospera na sequência do trauma. Como as pessoas conseguem criar vidas alegres, com propósito e paixão, independentemente do tipo de mágoa que sofreram, independentemente das tristezas que sentiram? E de que forma o próprio trauma cria uma oportunidade de crescimento positivo e de mudança? Eu ainda não estava fazendo o que meu amigo Arpad tinha recomendado – enfrentar meu próprio passado –, mas estava um passo mais perto de entrevistar pessoas que tinham o mesmo passado traumático que eu, criando uma base para a minha própria cura acontecer.

Como a experiência de eventos trágicos contribuiu para o funcionamento cotidiano de meus entrevistados? Conheci sobreviventes que voltaram a estudar, que abriram negócios (como Béla e eu tínhamos planejado fazer), que construíram amizades fortes e que enfrentaram a vida diária com um sentimento de descoberta. Israel não era um lugar tranquilo para os sobreviventes e não é fácil viver em meio ao preconceito e não se tornar você mesmo um agressor. Conheci pessoas que enfrentaram os conflitos políticos e culturais com coragem e tranquilidade e que se revezam em turnos de guarda, à noite, em uma escola, de modo que as crianças não encontrem bombas ao chegarem pela manhã. Eu as admirava pelo que as levava a não se permitirem desistir ou ceder. Eu admirava sua força de viver em meio a outra guerra e por não permitirem que as experiências horrendas do passado destruíssem o que viria a seguir. Aguentar a prisão, a desumanização, a tortura, a inanição e a perda devastadora não havia ditado o tipo de vida que conseguiram ter.

Naturalmente, nem todos que entrevistei haviam prosperado. Vi muitos pais taciturnos e muitos filhos que se culpavam por não saber lidar com o silêncio e o torpor dos pais. Conheci sobreviventes que permaneceram no passado. "Nunca, jamais, perdoarei", muitos me disseram. Para eles, perdoar significava esquecer ou desculpar. Outros nutriam fantasias de vingança. Eu nunca tinha fantasiado sobre vingança, mas, nos primeiros anos desafiadores em Baltimore, eu fantasiei sim sobre confrontar os meus opressores – queria ir atrás de Mengele no Paraguai, onde ele havia se escondido para escapar da condenação no Tribunal de Nuremberg.

Imaginei fingir que era uma jornalista americana para entrar na casa dele. Então, revelaria minha identidade. "Sou a garota que dançou para você", eu diria. "Você matou meus pais. Você matou os pais de muitas crianças. Como pode ser tão cruel? Você era um médico. Você fez o juramento de Hipócrates de não causar nenhum mal. Você é um assassino frio. Você não tem consciência?" A ideia era despejar minha fúria sobre seu corpo debilitado e acuado, obrigá-lo a enfrentar sua vergonha. É importante culpar os perpetradores. Não se ganha nada fechando os olhos para o mal, dando livre passagem às pessoas e não as responsabilizando. Porém, como meus companheiros sobreviventes me ensinaram, você pode viver para desagravar o passado ou para enriquecer o presente. Você pode viver preso ao passado ou deixá-lo ser a tábua de salvação que o ajuda a ter a vida que você quer agora.

Todos os sobreviventes que conheci tinham uma característica comum comigo e uns com os outros: não tínhamos controle sobre os fatos mais angustiantes de nossas vidas, mas tínhamos o poder de determinar como viveríamos após o trauma. Os sobreviventes podem continuar a ser vítimas muito tempo depois de a opressão acabar ou podem aprender a se desenvolver. Na pesquisa que fiz para a dissertação, encontrei e expus minha convicção pessoal e meu critério clínico: podemos escolher ser nossos próprios carcereiros ou podemos escolher ser livres.

Antes de deixarmos Israel, Béla e eu visitamos Bandi e Marta Vadasz, os amigos que Béla havia deixado esperando na estação ferroviária de Viena. Eles moram em Ramat Gan, perto de Tel Aviv. Foi um encontro emocionante, uma reunião com nossa vida não vivida, a vida que quase tivemos. Bandi ainda é muito politizado, ainda um sionista ansioso para discutir o acordo de paz antecipado entre Israel e Egito sobre a ocupação de Israel da Península do Sinai. Ele pode recitar com detalhes os atentados árabes com bombas em Jerusalém e Tel Aviv. Debatendo entusiasticamente a estratégia militar de Israel, ele e Béla nos mantêm à mesa bem depois de terminarmos de comer. Os homens falam sobre a guerra, mas Marta se vira para mim e pega na minha mão. O rosto dela está mais cheio do que na juventude, o cabelo ruivo menos viçoso, já ficando grisalho.

– Editke, os anos foram generosos com você – diz ela com um suspiro.
– É a boa genética da minha mãe – respondo.

E então a fila de seleção aparece na minha mente, a pele lisa do rosto de minha mãe. Esse momento é um fantasma que me atormenta ao longo dos anos.

Marta deve ter percebido que a minha mente viajou para outro lugar, que a escuridão tomou conta de mim.

– Desculpe – diz ela. – Não foi minha intenção dizer que você conquistou isso com facilidade.

– Você fez um elogio – eu a tranquilizo. – Você continua gentil, como me lembro de você.

Quando seu bebê nasceu morto, Marta não deixou que o meu bebê saudável azedasse a nossa amizade e nunca ficava enciumada ou amarga. Eu levava Marianne toda tarde para visitá-la. Fiz isso todas as tardes de seu ano de luto.

Ela parece ler minha mente.

– Você sabe – diz ela –, nada foi mais difícil em minha vida do que perder meu bebê depois da guerra. Aquele sofrimento foi terrível.

Ela faz uma pausa. Ficamos sentadas em silêncio, em nossa dor compartilhada e ainda assim separada.

– Não acho que lhe agradeci – diz ela finalmente. – Quando enterramos nosso filho, você me falou duas coisas que eu nunca esqueci. Você disse "A vida será boa novamente" e "Se você conseguir sobreviver a isso, conseguirá sobreviver a qualquer coisa". Repeti essas frases para mim mesma várias vezes.

Ela busca as fotos das filhas na bolsa, duas meninas nascidas em Israel no início dos anos 1950.

– Fiquei com muito medo de tentar outra vez. Mas a vida tem uma maneira de resolver problemas, eu acho. Sofri, fiquei de luto. Então, peguei todo o amor que eu tinha por meu bebê e decidi que não ia colocá-lo em minha perda, mas no meu casamento e depois nos filhos que nasceriam.

Seguro os dedos dela com a minha mão. Penso na linda imagem da semente. A semente da minha vida e do amor foi introduzida em um solo difícil, mas se enraizou e deu frutos. Olho para Béla do outro lado da mesa, penso em nossos filhos e na notícia que Marianne me deu recentemente,

de que ela e o marido, Rob, iriam começar uma família. A próxima geração. É aí que o amor que sinto por meus pais sobreviverá.
— Ano que vem em El Paso — prometemos ao partir.

Em casa, escrevi a dissertação e completei o estágio clínico final no Centro Médico Militar William Beaumont, no Texas. Tive a sorte de conseguir fazer os estágios, tanto do mestrado quanto do doutorado, no William Beaumont. Foi uma posição concorrida e desejada, um cargo de prestígio, um local onde os melhores palestrantes e professores se sucediam. Eu não sabia que o verdadeiro benefício da posição seria a exigência de que eu olhasse mais intensamente para dentro de mim.

Um dia, chego ao trabalho e visto o jaleco branco que traz no bolso meu nome, DRA. EGER, DEPARTAMENTO DE PSIQUIATRIA. Durante meu tempo no William Beaumont, desenvolvi a reputação de ser uma pessoa disposta a ir além dos requisitos técnicos da minha posição, como ficar a noite toda vigiando um suicida e assumir os casos mais desanimadores dos quais os outros profissionais abriram mão.

Hoje recebi dois novos pacientes, ambos veteranos do Vietnã, ambos paraplégicos. Eles têm o mesmo diagnóstico (lesão medular), o mesmo prognóstico (fertilidade e função sexual comprometidas, improbabilidade de voltar a andar, bom controle das mãos e do tronco). No caminho para encontrá-los, ainda não sei que um deles terá um efeito transformador em mim. O primeiro que conheço é Tom. Ele está deitado na cama, em posição fetal, xingando Deus e o país. Ele parece preso em seu corpo ferido, em sua angústia, em sua raiva.

Quando vou para a outra sala de veteranos, encontro Chuck fora da cama e sentado em uma cadeira de rodas. "É interessante", diz ele. "Recebi uma segunda chance na vida. Não é incrível?" Ele está transbordando com a sensação de descoberta e de possibilidade. "Sento nesta cadeira de rodas e vou até o gramado, saio pelo terreno e as flores ficam bem mais próximas. Posso ver os olhos das crianças."

O importante, quando conto essa história para meus pacientes atuais ou me dirijo ao público em uma palestra, é que cada pessoa tem um pouco de Tom e de Chuck. Ficamos destruídos pela perda e achamos que nunca vamos recuperar o sentimento de individualidade e de propósito, que não vamos nos curar. Porém, apesar – na verdade, por causa – das lutas e tragédias de nossas vidas, cada um de nós tem a capacidade de abraçar a perspectiva que nos transforma de vítima em alguém bem-sucedido. Podemos optar por assumir a responsabilidade por nossas dificuldades e por nossa cura. Podemos escolher ser livres. O que ainda é difícil de admitir, no entanto, é que, quando encontrei Tom, sua raiva me atraiu.

"Foda-se, América!", Tom grita quando entro no quarto naquele dia. "Foda-se, Deus." Penso comigo mesma: ele está desabafando a raiva. Testemunhar a fúria dele desperta a enorme fúria que trago em mim, a necessidade de expressá-la, de liberá-la. *Foda-se, Hitler! Foda-se, Mengele!* Seria um baita alívio. Mas sou a médica aqui. Tenho que assumir o meu papel, me apresentar como se estivesse no controle da situação e tendo as soluções, mesmo que por dentro eu queira socar a parede, derrubar uma porta, gritar, chorar e me jogar no chão. Olho para o bolso do meu jaleco, *Dra. Eger, Departamento de Psiquiatria*, e por um momento nele parece estar escrito *Dra. Eger, Impostora*. Quem sou eu na verdade? Será que eu sei quem sou? Estou muito assustada com a sensação da máscara se desmanchando, de perceber o quanto sou perturbada, de sentir toda a raiva que me assombra: *Por que eu? Como isso pôde acontecer?* Minha vida mudou irremediavelmente, e estou furiosa.

Era eletrizante ver Tom porque ele era muito explícito em expressar o que eu escondia. Eu tinha muito medo da desaprovação e da raiva dos outros, tinha medo da minha raiva como uma força destrutiva. Não me permitia vivenciar os sentimentos, temerosa de que, se começasse a deixá-los sair, talvez eu nunca parasse e me transformasse em um monstro. De certa forma, Tom era mais livre do que eu, pois ele se permitia sentir a raiva, dizer as palavras que eu mal conseguia pensar, muito menos falar. Eu queria deitar no chão e gritar com ele.

Na terapia, timidamente digo que quero experimentar expressar minha raiva, mas com um profissional presente para me acalmar se eu não conseguir me controlar. Deito no chão. Tento gritar, mas não consigo. Estou assustada demais, então me encolho cada vez mais. Preciso sentir um limite ao meu redor, uma fronteira onde exista algo em que me encostar. Digo para meu terapeuta sentar sobre mim. Ele é pesado, seu peso quase me sufoca. Acho que vou desmaiar. Estou a ponto de pedir que ele me deixe levantar e desistir dessa experiência boba. Mas então um grito sai de mim, tão longo e forte e angustiado que me assusta. Que dor horrorosa me faria produzir um barulho como aquele? Não consigo parar de gritar. A sensação é boa. Mais de trinta anos de fantasmas silenciados saem uivando de mim agora, despejando minha tristeza garganta afora. A sensação é boa. Eu grito, grito, empurro o peso que me esmaga. Meu terapeuta não facilita as coisas e o esforço me faz chorar e suar.

O que acontece? O que acontece quando uma parte de mim há muito tempo reprimida é liberada?

Nada acontece.

Sinto a força da ira, e, apesar de tudo, ela não me mata.

Estou bem. Estou bem. Estou viva.

Ainda não é fácil falar sobre o passado. É profundamente doloroso enfrentar o medo e a perda toda vez que eu me lembro ou falo do passado. Mas, a partir daquele momento, entendi que os sentimentos, independentemente de sua intensidade, não são fatais. E eles são temporários. Reprimir os sentimentos apenas os torna mais difíceis de serem resolvidos. A expressão é o oposto da depressão.

Em 1978, John se formou pela Universidade do Texas entre os dez alunos mais bem colocados, e eu conquistei um Ph.D. em Psicologia Clínica. Foi um ano de triunfos para nossa família. Decidi fazer minha licenciatura na Califórnia (lá estava eu, colocando novamente os meus sapatinhos vermelhos!) que, além das necessidades do ego de provar o meu valor (como se um pedaço de papel pudesse fazer isso), tinha a vantagem prática de me permitir trabalhar em qualquer lugar do país. Lembrei da luta de Béla para conquistar a licença de contador profissional e me preparei para uma jornada difícil.

Eu precisava de três mil horas de atendimento clínico para me credenciar para a prova, mas consegui o dobro do exigido. Não me inscrevi para fazer a prova antes de ter seis mil horas, quase todas no William

Beaumont, onde conquistei uma reputação tão boa que fui convidada a conduzir sessões por trás de um vidro espelhado, de modo que meus colegas psicólogos pudessem observar minha maneira de construir afinidades, de estabelecer uma relação de confiança e de orientar os pacientes em suas novas escolhas. Então chegou a hora de enfrentar o teste escrito. Eu era péssima em testes de múltipla escolha – precisei estudar durante meses para passar até mesmo no exame de motorista. De alguma forma, por meio de uma persistência corajosa ou por pura sorte, passei no exame escrito. Mas não na primeira tentativa.

Por fim, fiz a prova oral, que eu achava que seria a parte mais fácil do processo. Dois homens conduziram a entrevista, um de jeans e rabo de cavalo e o outro de terno e cabelo cortado curto. Eles me entrevistaram durante horas. O homem de rabo de cavalo falava de maneira dura, lacônica, me fazendo perguntas sobre estatísticas, ética e questões legais. O homem de cabelo curto fazia todo tipo de pergunta filosófica, o que obrigava minha mente a trabalhar de maneira mais criativa e deixava meu espírito mais empenhado. De maneira geral, no entanto, foi uma experiência desagradável. Eu me senti tensa, entorpecida e vulnerável. Os examinadores não facilitaram – seus rostos inexpressivos, as vozes frias e o distanciamento emocional me tiraram do sério. Era difícil me concentrar na pergunta seguinte quando a anterior havia me levado a acionar minha autocrítica e o desejo de voltar e rever o que tinha falado, ou dizer algo, qualquer coisa, que provocasse um aceno de reconhecimento ou de incentivo. Quando o teste finalmente acabou, eu estava tonta, com as mãos tremendo, faminta e ao mesmo tempo enjoada e com dor de cabeça. Eu estava certa de que tinha ido mal.

Ao chegar à porta da frente, escutei passos atrás de mim, como se alguém estivesse correndo para me alcançar. Será que deixei a bolsa, tamanha a desorientação? Será que eles já iam me dizer que eu tinha sido reprovada? "Dra. Eger", o homem de cabelo curto chamou. Cruzei os braços, como se estivesse esperando uma punição. Ele me alcançou, fez uma pausa para recuperar o fôlego. Meu maxilar e meus ombros travaram. Por fim, o homem estendeu a mão. "Dra. Eger, foi uma honra. Você tem um conhecimento muito rico. Seus futuros pacientes terão realmente muita sorte."

Quando voltei ao hotel, pulei na cama como uma criança.

CAPÍTULO 16

A escolha

Meu alegre otimismo, meu sentimento de realização profissional, a sensação de que eu estava atingindo a plenitude da autoexpressão desapareceram quando montei meu consultório particular e atendi o primeiro paciente. Eu o visitara no hospital em que ele estava internado havia um mês à espera de um diagnóstico fazendo um tratamento para o que acabou se revelando ser um câncer de estômago. Ele estava aterrorizado. Sentia-se traído por seu corpo, ameaçado por sua mortalidade e esmagado pela incerteza e pela solidão da doença. E eu não conseguia alcançá-lo no lugar onde ele estava. Toda a minha técnica em estabelecer um ambiente de cordialidade e confiança, em construir uma ponte entre mim e o paciente, desapareceu. Eu me senti como uma criança fantasiada de médica com meu jaleco branco. Uma fraude. Minhas expectativas a meu respeito eram tão altas; o medo do fracasso, tão avassalador, que eu não conseguia ver além de minha própria autorreferência para alcançar o homem que estava pedindo minha ajuda e meu amor. "Será que um dia voltarei a ter saúde?", ele perguntou, e minha mente acionou rapidamente uma espécie de agenda interna. Passando por teorias e técnicas, meus olhos miraram a parede, tentando disfarçar o quanto eu estava nervosa e assustada. Não consegui ajudá-lo. Ele não me convidou a voltar. Percebi, como havia percebido quando conheci Tom, o veterano de guerra paraplégico, que o meu sucesso profissional tinha que vir de um lugar profundo em mim – não da garotinha tentando agradar os outros e conquistar aprovação, mas do meu verdadeiro eu, que era vulnerável e curioso e que estava se aceitando e pronto para amadurecer.

Em outras palavras, comecei a articular um novo relacionamento com o meu trauma. Não se tratava de silenciar, reprimir, evitar, negar. Era um poço ao qual eu podia recorrer, uma fonte profunda de compreensão e intuição sobre meus pacientes, sobre a dor deles e o caminho para a cura. Meus primeiros anos de consultório me ajudaram a repensar o meu sofrimento como algo necessário e útil, e também para moldar e desenvolver meus princípios terapêuticos mais sólidos. Muitas vezes os pacientes que atendi refletiam as minhas próprias descobertas sobre a jornada para a liberdade. Da mesma forma, muitas vezes eles me ensinaram que a minha busca pela liberdade estava incompleta e me levaram na direção da cura.

Embora minha paciente fosse Emma, conheci primeiro seus pais. Eles nunca tinham conversado com ninguém, muito menos com uma estranha, sobre o segredo de sua família: Emma, a filha mais velha, estava morrendo, literalmente, de fome. Eles eram pessoas fechadas, reservadas, conservadoras, uma família de descendentes de alemães. Seus rostos estavam crispados de preocupação; os olhos, cheios de medo.

– Estamos procurando uma solução prática – me disse o pai de Emma na primeira visita. – Temos que fazê-la voltar a comer.

– Soubemos que você é uma sobrevivente – acrescentou a mãe de Emma. – Achamos que Emma poderia aprender com você, que você poderia inspirá-la.

Era doloroso ver o pânico, o choque, que sentiam em relação à vida de Emma. Nada na vida os havia preparado para uma filha com transtorno alimentar. Eles nunca tinham pensado que algo assim poderia acontecer com sua filha e com sua família. Nenhuma das ferramentas parentais existentes surtia efeito positivo sobre a saúde de Emma. Eu queria tranquilizá-los, aliviar sua aflição, mas também queria que eles começassem a enxergar uma verdade que podia ser até mais dolorosa para eles do que a doença de Emma: eles tinham uma parcela de responsabilidade. Quando uma criança ou jovem é diagnosticado com anorexia, o paciente identificado para tratamento é a criança, mas o verdadeiro paciente é a família.

Eles queriam me contar cada detalhe dos comportamentos de Emma que os preocupava: a comida que ela recusava ou fingia comer. A comida que eles encontravam escondida nos guardanapos ou nas gavetas após as refeições em família, a maneira como ela se afastava e se recolhia atrás de portas fechadas e as assustadoras mudanças no corpo dela. Mas, em vez disso, pedi que falassem deles mesmos, o que fizeram com nítido desconforto.

O pai de Emma era baixo e troncudo. Havia sido jogador de futebol. Percebi com mal-estar que ele se parecia muito com Hitler, devido ao bigodinho fino, ao cabelo escuro penteado rente ao couro cabeludo e ao jeito de falar meio latindo, como se por trás de cada comunicação houvesse a insistência em não ser ignorado. Depois, nas sessões individuais com os pais de Emma, perguntei a ele como tinha decidido abraçar a carreira policial. Ele contou que mancava quando era criança e que o pai dele o chamava de anão-cambeta. Ele decidiu ser policial porque a profissão exigia força física e a disposição para correr riscos. Ele queria provar ao pai que não era anão nem aleijado. Quando você tem algo a provar, você não é livre. Apesar de não saber nada sobre a infância do pai de Emma no primeiro encontro, dava para ver que vivia em uma prisão criada por ele mesmo, dentro da imagem restrita de quem deveria ser. Ele se comportava mais como um sargento severo do que como um marido solidário ou pai preocupado. Ele não fazia perguntas, ele conduzia um interrogatório. Ele não reconhecia seus medos e vulnerabilidades, afirmava o próprio ego.

Sua esposa tinha um visual ao mesmo tempo clássico e prosaico, usando um vestido de algodão sob medida abotoado na frente e com um cinto fino, parecendo muito alinhada com o tom e o discurso dele. Ele falou durante alguns minutos sobre as frustrações no trabalho, quando foi preterido em uma promoção, e pude vê-la procurar com cuidado um ponto de equilíbrio entre confirmar a indignação dele e atiçar sua ira. Era nítido que ela havia aprendido que o marido precisava estar certo e que ele não aceitava ser confrontado ou contrariado. Em nossa sessão individual, fiquei impressionada com a desenvoltura dela em diferentes tarefas domésticas – cortava a grama, fazia muitos consertos e costurava as próprias roupas – e a aparente contradição entre suas habilidades e o poder que dava ao marido, o preço que ela pagava para manter a paz. Seu hábito de evitar a todo custo conflitos com o marido era tão prejudicial para a saúde da filha e para a dinâmica familiar quanto o comportamento dominador dele. Eles eram parceiros em transformar o controle, não a conexão empática nem o amor incondicional, na linguagem da família.

– Isso é perda de tempo – disse o pai de Emma depois de responder às perguntas sobre trabalho, rotina familiar e como eles celebravam feriados. – Simplesmente diga o que temos que fazer.

– Sim, diga como podemos fazer Emma sentar à mesa na hora das refeições – pediu a mãe. – Diga como podemos fazê-la comer.

– Sei que vocês estão preocupados com Emma e desesperados por respostas e soluções prontas. Mas, se vocês querem que Emma fique boa, a primeira missão é entender que, na anorexia, a questão não é apenas o que Emma come, mas também o que a está "comendo".

Não era possível simplesmente curá-la e mandá-la de volta saudável, eu disse a eles. Convidei-os a me ajudar, a serem meus terapeutas assistentes e a observarem a filha, mas não com o propósito de obrigá-la a fazer ou ser qualquer coisa diferente, e sim de prestar atenção em seus estados emocionais e comportamentos. Juntos, poderíamos construir uma imagem mais clara da paisagem emocional de Emma e nos familiarizarmos com os aspectos psicológicos da doença. Ao pedir a ajuda e a cooperação deles, eu esperava induzi-los a entender o próprio papel na doença da filha. Era um estímulo para que assumissem a responsabilidade pela contribuição em relação ao que estava "comendo" Emma.

Na semana seguinte, encontrei Emma pela primeira vez. Ela tinha 14 anos. Era como encontrar o meu próprio fantasma. Ela se parecia comigo em Auschwitz: esquelética, pálida, definhando. O cabelo louro comprido e pegajoso fazia o rosto parecer ainda mais magro. Ela ficou em pé na porta do meu consultório, as mangas extralongas escondendo as mãos. Parecia uma pessoa com um segredo.

É importante ser sensível aos limites psicológicos desde os primeiros momentos do primeiro encontro com qualquer paciente novo. Preciso intuir imediatamente se a pessoa quer que eu a pegue pela mão ou mantenha uma distância física, se ela precisa que eu dê uma ordem ou faça uma sugestão sutil. Para uma paciente com anorexia, uma doença que tem tudo a ver com controle, com regras implacáveis para o que e quando você come ou não come, e com o que você revela ou oculta, os primeiros momentos são críticos. Por um lado, a anorexia tem uma inescapável dimensão psicológica. A falta de nutrientes faz com que a maior parte das poucas calorias consumidas sejam utilizadas pelas funções autônomas do corpo (respiração, excreção), deixando o cérebro privado de fluxo de sangue, o que leva ao pensamento distorcido e, nos casos mais graves, à paranoia. Como psicóloga no início de um relacionamento terapêutico com uma pessoa com anorexia não posso esquecer que estou me comunicando com alguém cuja função cognitiva provavelmente está alterada. Um gesto habitual, como colocar a mão no ombro para encaminhar a pessoa até a cadeira, por exemplo, pode ser mal interpretado como algo ameaçador ou invasivo. Quando cumprimentei Emma pela primeira vez, tentei demonstrar simultaneamente simpatia e neutralidade em minha linguagem corporal. Como a pessoa anoréxica é uma especialista em controle, é importante desarmar sua necessidade de controle oferecendo liberdade. Ao mesmo tempo, é imprescindível criar um ambiente estruturado onde exista segurança nos rituais e nas regras claras.

Por conhecer seus pais, eu sabia que a linguagem da família era cheia de críticas e culpas, então comecei a sessão com um elogio.

– Obrigada por vir – disse eu. – Estou muito feliz por finalmente conhecê-la. E obrigada por ser pontual.

Quando ela preferiu se sentar no sofá, expliquei que tudo o que ela me contasse seria confidencial, a menos que sua vida estivesse em perigo. Então, fiz um convite aberto gentil.

– Você sabe, seus pais estão muito preocupados com você. Eu estou interessada em saber a verdadeira história. Há algo que você queira me dizer?

Emma não respondeu. Ficou olhando para o tapete e puxando ainda mais as mangas sobre as mãos.

– Tudo bem ficar em silêncio – disse eu.

Mais silêncio se instalou entre nós. Esperei. Esperei mais um pouco.

– Sabe – comentei depois de um tempo –, tudo bem você precisar de algum tempo, mas eu tenho uma papelada que devo colocar em dia. Vou trabalhar na outra sala. Quando estiver pronta, me avise.

Ela me olhou com desconfiança. Numa casa onde a disciplina punitiva é a regra, as crianças se acostumam a ouvir ameaças. Essas ameaças podem se intensificar rapidamente ou, no outro extremo, se mostrar vazias. Embora eu falasse de forma educada, ela estava avaliando se minhas palavras e o meu tom de voz iam se tornar uma crítica raivosa ou uma repreensão, se eu ia realmente sair da sala ou se era alguém fácil de manipular.

Acho que ela ficou surpresa quando levantei, atravessei a sala e abri a porta. Só então, quando minha mão estava na maçaneta, ela falou.

– Estou pronta.

– Obrigada – respondi, voltando à cadeira. – Estou feliz em ouvir isso. Ainda temos 40 minutos de sessão. Vamos usá-los bem. Tudo bem se eu fizer algumas perguntas?

Ela deu de ombros.

– Conte como é um dia normal para você. A que horas você acorda?

Ela revirou os olhos, mas respondeu à minha pergunta. Continuei nessa linha. Ela tinha um rádio-relógio ou só um alarme, ou o pai ou a mãe iam acordá-la? Ela gostava de ficar debaixo das cobertas um pouco mais ou saía da cama rapidamente? Perguntei sobre coisas banais, para entender o cotidiano dela, mas nenhuma pergunta tinha a ver com comida. É muito difícil alguém com anorexia ver vida fora da comida. Eu já sabia, por seus pais, que o foco dela na comida era controlar a família, que toda a atenção deles estava voltada para a doença dela. Eu intuí que ela esperava que eu também só me interessasse por sua doença. Eu estava tentando atrair a atenção dela para outras partes da vida e desmontar, ou pelo menos suavizar, suas estruturas defensivas.

Quando acabei de explorar um dia em sua vida, fiz uma pergunta que ela não sabia responder.

– O que você gosta de fazer? – perguntei.

– Não sei – respondeu ela.

– Quais são os seus hobbies? O que você gosta de fazer em seu tempo livre?

– Não sei.

Fui até o quadro branco que mantinha no consultório e escrevi *Não sei*. À medida que eu perguntava sobre os interesses dela, suas paixões, suas vontades, eu colocava uma marca para cada vez que ela dizia "Não sei".

– O que você sonha fazer na vida?

– Não sei.

– Se você não sabe, então "chute".

– Não sei. Vou pensar sobre isso.

– Muitas garotas na sua idade escrevem poemas. Você escreve poemas?

Emma deu de ombros.

– Às vezes.

– Onde você gostaria de estar daqui a cinco anos? Que tipo de vida e de carreira a atrai?

– Não sei.

– Estou percebendo que você fala muito *Não sei*. Mas quando a única coisa que você pensa é *Não sei*, isso me entristece; pois significa que não está consciente de suas opções. E sem opções ou escolhas você não está realmente vivendo. Você pode fazer uma coisa por mim? Você topa pegar essa caneta e fazer um desenho?

– Acho que sim.

Ela foi até o quadro e tirou a mão magra de dentro da manga comprida para pegar a caneta.

– Faça um desenho de você neste momento. Como você se vê?

Ela tirou a tampa da caneta e, com os lábios crispados, desenhou rapidamente e se virou para que eu pudesse ver o desenho: uma garota baixa, gorda, com o rosto em branco, vazio. Era um contraste devastador. Emma esquelética ao lado de um desenho que a representava gorda e sem rosto.

– Você se lembra de um momento em que se sentiu diferente? Quando você era feliz, bonita e divertida?

Ela pensou, pensou, mas não disse "Não sei". Por fim, acenou com a cabeça e disse:

– Quando tinha 5 anos.

– Você poderia fazer um desenho dessa garota feliz?

Quando ela se afastou do quadro, vi o desenho de uma bailarina de tutu fazendo um giro. Senti a garganta fechar em um espasmo de reconhecimento.

– Você fazia balé?

– Sim.

– Eu adoraria ouvir mais sobre isso. Como se sentia quando estava dançando?

Ela fechou os olhos. Eu vi seus calcanhares se juntarem na primeira posição. Foi um movimento inconsciente, seu corpo se lembrando.

– O que você sente agora ao lembrar? Você dá um nome a esse sentimento?

Ela acenou com a cabeça, os olhos ainda fechados.

– Liberdade.

– Você gostaria de se sentir assim novamente? Livre? Cheia de vida?

Ela assentiu com a cabeça. Colocou a caneta na bandeja e puxou novamente as mangas sobre as mãos.

– E como se matar de fome a deixa mais perto deste objetivo de liberdade? – perguntei da maneira mais gentil e cordial que pude.

Não foi uma recriminação, mas um esforço para fazê-la tomar consciência da inflexibilidade de sua autossabotagem e de que ela tinha ido longe demais. Foi um esforço fazê-la responder às perguntas mais importantes no início de qualquer jornada em direção à liberdade: *O que estou fazendo agora? Está funcionando? É isso que me deixa mais para perto de meus objetivos, ou mais distante?* Emma não respondeu à minha pergunta com palavras. Mas em seu silêncio cheio de lágrimas eu podia sentir o reconhecimento de que ela precisava e queria mudar.

Quando encontrei com Emma junto com os pais pela primeira vez, cumprimentei a todos com entusiasmo.

– Tenho boas notícias! – disse eu, compartilhando com eles minha esperança e confiança na nossa capacidade de trabalharmos como uma equipe.

Minha participação no trabalho foi condicionada à concordância deles de que Emma também devia estar sob os cuidados da equipe médica em uma clínica de distúrbios alimentares, porque a anorexia é uma doença grave e potencialmente fatal. Se Emma chegasse a um determinado peso, que seria definido em uma consulta com a equipe médica da clínica, teria que ser hospitalizada.

– Não posso arriscar deixar você morrer por algo que pode ser evitado – disse eu a Emma.

Um mês ou dois depois de ter começado a trabalhar com Emma, seus pais me convidaram para ir à casa deles para uma refeição em família. Conheci todos os irmãos da Emma. Percebi que a mãe de Emma me apresentou a cada um dos filhos com qualificadores: esta é Gretchen, a tímida; e Peter, o engraçado; e Derek, o responsável. (Emma já tinha se apresentado para mim: a doente.) Você dá nomes aos filhos e eles entram no jogo. É por isso que acho útil perguntar aos pacientes: "Como a família te descrevia quando criança?" (Na minha infância, Klara era a prodígio, Magda era a rebelde e eu era a confidente. Eu era mais valiosa para os meus pais como ouvinte, um repositório para seus sentimentos, quando era invisível.) Com certeza, à mesa, Gretchen era tímida, Peter era engraçado e Derek era responsável.

Eu queria ver o que aconteceria se eu quebrasse o código, se convidasse uma das crianças a desempenhar um papel diferente.

– Você tem um rosto muito bonito – eu disse a Gretchen.

A mãe me chutou por baixo da mesa.

– Não diga isso – ela me recriminou baixinho. – Ela vai acabar ficando convencida.

Depois do jantar, enquanto a mãe de Emma arrumava a cozinha, Peter, que ainda era um bebê, puxou sua saia pedindo atenção. Como ela o afastou, suas tentativas de fazê-la parar o que estava fazendo para pegá-lo no colo ficaram cada vez mais frenéticas. Por fim, ele engatinhou para fora da cozinha e foi direto para a mesinha de centro, onde estavam alguns bibelôs de porcelana. A mãe correu atrás dele, o agarrou e bateu nele, dizendo: "Eu já não disse para não mexer nisso?"

A abordagem disciplinadora que prega "é de pequeno que se torce o pepino" criou um ambiente onde as crianças pareciam obter apenas atenção negativa (atenção ruim, afinal de contas, era melhor do que nenhuma atenção). O ambiente rigoroso, a natureza binária das regras e dos papéis impostos às crianças, a nítida tensão entre os pais, tudo traz um ambiente perfeito para uma faminta emocional em casa.

Também presenciei a atenção bastante inapropriada que o pai deu à Emma. "E aí, gatinha?", ele cumprimentou quando ela se juntou a nós na sala de estar após o jantar. Eu a vi se encolher no sofá, tentando se cobrir. Controle, disciplina punitiva, incesto emocional, não admira que Emma estivesse morrendo em meio à abundância.

Como todas as famílias, aquela precisava de regras, mas regras bem diferentes das que eles seguiam. Então, ajudei Emma e seus pais a criarem uma constituição familiar, na qual ajudariam uns aos outros a cumprir uma lista de regras para melhorar o ambiente em casa. Primeiro, eles conversaram sobre os comportamentos que não estavam funcionando. Emma disse aos pais que ficava assustada com o tanto que eles gritavam e culpavam um ao outro, e de como se ressentia quando eles mudavam as regras ou as expectativas na última hora – a hora de voltar para casa e as tarefas que ela tinha que terminar antes de poder assistir à TV, por exemplo. O pai disse que se sentia isolado na família e que parecia ser o único a disciplinar as crianças. Curiosamente, a mãe de Emma disse algo parecido, que ela se sentia educando as crianças sozinha. Da lista de hábitos e comportamentos ruins que eles queriam abandonar, montamos uma relação de coisas que eles concordaram em começar a fazer:

1. Em vez de culpar os outros, assumir a responsabilidade por suas próprias ações e palavras. Antes de dizer ou fazer alguma coisa, perguntar: *Isso é legal? Isso é importante? Isso ajuda?*
2. Usar o trabalho em equipe para atingir objetivos em comum. Se a casa precisa ser limpa, cada membro da família tem uma tarefa apropriada para a idade. Se a família está saindo para ir ao cinema, escolher juntos qual filme ver, ou se alternar na hora de escolher. Pensar na família como um carro em que todos os pneus são integrados e trabalham juntos para ir onde é necessário – nenhuma roda assume o controle, nenhuma roda aguenta todo o peso.
3. Ser consistente. Se o horário de chegada já foi estabelecido, a regra não pode mudar na última hora.

Em geral, a regra na família de Emma era desistir de controlar o outro.
Tratei de Emma durante dois anos. Nesse período, ela completou o programa ambulatorial da clínica de transtorno alimentar. Ela parou de jogar futebol – uma coisa que seu pai a forçou a fazer quando ela entrou no ensino fundamental – e voltou para a aula de balé (e então começou outras aulas de dança: salsa e dança do ventre). A expressão criativa, o prazer que ela tinha ao acompanhar a música e o ritmo levou a uma apreciação do seu corpo, o que lhe deu uma autoimagem mais saudável. Já no fim de nossa temporada juntas, aos 16 anos, ela conheceu um garoto na escola e se apaixonou. Esse relacionamento lhe deu outra motivação para viver e

ser saudável. Quando ela parou a terapia comigo, seu corpo havia voltado ao normal e seu cabelo estava forte e brilhante. Ela tinha virado a versão atualizada do desenho da bailarina fazendo um rodopio.

No verão do primeiro ano de Emma no ensino médio, sua família me convidou para um churrasco em sua casa. Eles ofereceram um banquete maravilhoso: costela, feijão, salada de batata à moda alemã, pães caseiros. Emma ficou ao lado do namorado, encheu o prato de comida, riu, flertou. Seus pais, irmãos e amigos se espalharam, satisfeitos, pelo gramado e em cadeiras desmontáveis. A comida já não era mais uma linguagem negativa na família. Os pais de Emma, embora não tivessem mudado completamente o tom de seu casamento ou da educação que davam aos filhos, aprenderam a dar a Emma o que ela havia aprendido a dar a ela mesma – o espaço e a confiança para encontrar o lado bom da vida. Sem obrigação de viverem consumidos pelo medo do que podia acontecer com Emma, eles se sentiam livres para viver a própria vida. Agora, uma vez por semana, jogavam bridge à noite com um grupo de amigos e haviam deixado de lado boa parte da preocupação, irritação e necessidade de controle que envenenara a vida da família por tanto tempo.

Fiquei aliviada e emocionada ao ver Emma voltar a ser Emma. A jornada dela também me obrigou a refletir sobre mim mesma. Edie. Será que eu também estava fazendo uma jornada com minha própria bailarina interior? Eu estava vivendo com sua curiosidade e com seu êxtase? Na mesma época que Emma parou de fazer terapia, minha primeira neta, Lindsey, filha de Marianne, começou a ter aulas de balé. Marianne me enviou uma foto de Lindsey de tutu rosa, com os fofos pezinhos rechonchudos enfiados num par de minissapatilhas rosadas. Chorei ao ver a foto. Lágrimas de alegria, claro. Contudo, havia também uma dor no meu peito que tinha a ver com perda. Eu podia imaginar a vida de Lindsey florescendo a partir daquele momento. Suas apresentações e recitais (ela, com certeza, continuaria a estudar balé e dançaria *O quebra-nozes* todos os invernos de sua infância e adolescência) e a felicidade que senti prevendo tudo que ela aguardaria com ansiedade não podia ser desvinculada da tristeza que eu sentia pela minha própria vida interrompida. Quando nos entristecemos, não é apenas pelo que aconteceu, mas também pelo que não aconteceu. Guardei um ano de horror dentro de mim. Guardei em um lugar vazio e desocupado a imensa escuridão da vida que nunca aconteceria. Suportei o trauma e a ausência, pois não podia abrir mão de nenhuma parte de minha verdade ou mantê-la com facilidade.

Encontrei outra pessoa parecida comigo, a professora Agnes, uma mulher que conheci em um spa, em Utah, onde fiz uma palestra para sobreviventes de câncer de mama sobre a importância do autocuidado na promoção da cura. Ela era jovem, estava com 40 e poucos anos, mantinha o cabelo preto preso num coque baixo e usava um vestido tipo bata de cor neutra abotoado até o pescoço. Se ela não fosse a primeira da fila de candidatas para uma sessão individual em meu quarto de hotel depois da palestra, talvez eu não a tivesse notado. Discreta, mesmo quando estava na minha frente, seu corpo mal era visível sob as roupas.

– Desculpe, tenho certeza de que existem outras pessoas que merecem mais o seu tempo – disse ela quando abri a porta para convidá-la a entrar.

Eu a acompanhei até a cadeira perto da janela e ofereci um copo de água. Ela parecia constrangida com as minhas pequenas gentilezas. Sentou-se bem na ponta da cadeira e segurou, com uma postura rígida, o copo de água, como se tomar um gole fosse uma imposição na minha hospitalidade.

– Eu realmente não preciso de uma hora inteira. Tenho apenas uma pergunta rápida.

– Sim, querida. Diga-me em que posso ser útil.

Ela tinha ficado interessada em algo que eu dissera na palestra. Eu havia compartilhado um velho ditado húngaro que aprendi quando menina: *Não guarde a raiva em seu peito*. Dei um exemplo de convicções e sentimentos de autoencarceramento que mantive ao longo da vida: a crença de que eu tinha que ser aprovada pelos outros e de que nada do que eu fizesse seria bom o suficiente para me tornar digna de ser amada. E convidei as mulheres da plateia a se perguntarem: *Que sentimento ou crença está me prendendo? Estou disposta a me livrar deste sentimento ou crença?* Agnes agora me pergunta:

– Como sei se há alguma coisa me atrapalhando?

– Essa é uma ótima pergunta. Quando falamos sobre liberdade, não há uma resposta que satisfaça todo mundo. Você tem algum palpite? Seu instinto lhe diz que há algo internamente tentando atrair sua atenção?

– É um sonho.

Ela contou que desde o diagnóstico de câncer que recebera havia alguns anos, e mesmo naquele momento que a doença estava em remissão, tinha o mesmo sonho. Nele, ela está se preparando para realizar uma cirurgia. Ela veste a bata azul, coloca a máscara no rosto, prende o cabelo comprido dentro de uma touca descartável e, diante de uma pia, lava as mãos repetidas vezes.

– Quem é a paciente?

– Não tenho certeza. São pessoas diferentes. Às vezes é meu filho, às vezes é meu marido, minha filha ou alguém do passado.

– Por que você está realizando a cirurgia? Qual é o diagnóstico do paciente?

– Não sei. Acho que muda.

– Como você se sente quando está realizando a cirurgia?

– Como se minhas mãos estivessem pegando fogo.

– E como você se sente quando acorda? Você se sente energizada ou cansada?

– Depende. Às vezes, quero voltar a dormir para poder continuar trabalhando, a cirurgia ainda não terminou. Às vezes, eu me sinto triste e cansada, como se fosse um procedimento inútil.

– O que você acha que esse sonho quer dizer?

– Eu pensei em fazer Medicina, mas tivemos que pagar o mestrado em Administração de meu marido, então vieram os filhos e, depois, o câncer. Nunca era a hora certa. É por isso que eu queria falar com você. Você acha que estou tendo esses sonhos porque devo fazer a faculdade de Medicina agora, nessa fase tão tardia da vida? Ou você acha que eu estou tendo esse sonho porque é hora de finalmente esquecer a fantasia de me tornar médica?

– O que a atrai na medicina?

Ela pensou antes de responder:

– Ajudar as pessoas, mas também descobrir o que realmente está acontecendo, descobrir a verdade, o que está sob a superfície e resolver o problema.

– A vida não é perfeita, nem a medicina. Como você sabe, as doenças podem ser difíceis de tratar. Dor, cirurgia, tratamentos, mudanças físicas, alterações de humor. Não há garantia de recuperação. O que a ajudou a viver com câncer? Que verdades ou convicções você está usando para guiá-la ao longo da doença?

– Não ser um peso. Não quero que o meu sofrimento magoe ninguém mais.

– Como você gostaria de ser lembrada?

Seus olhos acinzentados claros se encheram de lágrimas.

– Como uma pessoa boa.

– O que "boa" significa para você?

– Generosa, tranquila, desprendida, que faz o que é certo.

– Uma pessoa "boa" pode reclamar? Ou ficar zangada?

– Esses não são os meus valores.

Ela me lembrou de mim mesma antes do veterano paraplégico provocar um encontro com a minha própria raiva.

– A raiva não é um valor – eu disse a Agnes. – É um sentimento. Não significa que você é uma pessoa má. Significa apenas que está viva.

Ela parecia cética.

– Eu gostaria que você fizesse um exercício. Você vai se virar do avesso. Seja o que for que geralmente guarda para si, vai botar para fora, e tudo o que geralmente bota pra fora, vai engolir.

Peguei um bloco oferecido pelo hotel e dei a ela com uma caneta.

– Cada pessoa em sua família nuclear ganha uma frase. Quero que escreva algo que jamais disse a essa pessoa. Pode ser um desejo ou um segredo ou um arrependimento, pode ser um detalhe, como "Eu gostaria que você colocasse suas meias sujas na máquina de lavar". A única regra é que seja algo que você nunca disse em voz alta.

Ela deu um meio sorriso nervoso.

– Você vai realmente me obrigar a dizer essas coisas?

– O que você vai fazer com elas é decisão sua. Você pode rasgar as folhas em pedacinhos e jogar tudo no vaso sanitário ou tocar fogo nelas. Só quero que você coloque essas palavras para fora de seu corpo e as anote.

Ela ficou sentada em silêncio por alguns minutos e depois começou a escrever. Várias vezes ela riscou alguma coisa. Por fim, levantou os olhos.

– Como você se sente?
– Um pouco tonta.
– Confusa?
– Sim.
– Então está na hora de você se preencher novamente, mas agora com as coisas que você geralmente dá às outras pessoas. Recoloque internamente todo esse amor, essa proteção e esse cuidado.

Pedi que Agnes se imaginasse diminuindo de tamanho, ficando tão pequena a ponto de poder entrar pelo próprio ouvido. Pedi que rastejasse pelo canal auditivo e descesse pela garganta e pelo esôfago até chegar ao estômago. Enquanto ela viajava por dentro do próprio corpo, pedi que encostasse suas pequenas mãos, com muito amor, em cada parte por onde passasse. Nos pulmões, no coração, na coluna e ao longo de cada perna e braço. Orientei que acariciasse cada órgão, músculo, osso e veia com mãos acolhedoras.

– Leve amor a todos os lugares. Seja sua própria provedora, sua estimuladora especial – disse eu.

Demorou um pouco para ela se acostumar e permitir que sua atenção se afastasse da experiência superficial. Agnes ficou se mexendo na cadeira, tirando uma mecha de cabelo da testa, pigarreando, mas de repente sua respiração tornou-se mais profunda e lenta, e o corpo ficou imóvel. Bastante relaxada enquanto se aventurava internamente, seu rosto parecia tranquilo. Antes de eu orientá-la a sair pelo canal auditivo, perguntei se havia alguma coisa que ela queria dizer sobre o que tinha sentido ou descoberto lá dentro.

– Achei que seria muito escuro aqui dentro – explicou ela. – Mas há muita luz.

Alguns meses depois, Agnes me telefonou e contou novidades trágicas: o câncer de mama já não estava em remissão. Ele retornara e estava se espalhando rapidamente. Ela disse:

– Não sei quanto tempo eu tenho.

Agnes contou que planejava fazer o exercício de virar do avesso para extravasar a raiva e o medo inevitável que estava sentindo, e para se preencher de amor e luz. Ela disse que, paradoxalmente, quanto mais honesta era com a família sobre seus sentimentos mais negativos, mais grata se sentia. Ao marido disse como se sentia ressentida pelo fato de a carreira dele ter sido prioritária. Falar com ele abertamente facilitou Agnes a reconhecer que ter mantido esse sentimento não ajudou ninguém, e também descobrir que podia ver com mais nitidez todas as maneiras com que o marido a havia apoiado ao longo do casamento. Ela entendeu que podia perdoá-lo. Com o filho adolescente, ela não escondeu seus medos sobre a morte, tampouco garantiu que a proximidade da morte não deixava espaço para dúvidas. Conversou de maneira franca sobre suas incertezas e disse a ele que, às vezes, simplesmente não sabemos. Para a filha, que era mais nova e ainda estava no ensino fundamental, ela demonstrou o quanto estava zangada com os momentos que perderia – como conhecer os primeiros namorados da jovem, vê-la abrindo as cartas de aceitação nas faculdades e ajudá-la a escolher o vestido de noiva. Ela não reprimiu a raiva como uma emoção inaceitável. Ao contrário, descobriu o que havia por baixo dela, assim como a profundidade e a urgência de seu amor.

Quando o marido de Agnes me telefonou para contar que ela tinha morrido, ele disse que nunca superaria a dor, mas que sua morte fora pacífica. A qualidade do amor nas suas relações familiares se fortalecera nos últimos meses de vida de Agnes. Ela tinha ensinado uma forma mais verdadeira de eles se relacionarem. Depois que desliguei o telefone, chorei. Por culpa de ninguém, uma pessoa linda tinha ido embora cedo demais. Isso não era justo. Era cruel. E isso me fez pensar sobre minha própria mortalidade. Se eu morresse amanhã, morreria em paz? Eu tinha realmente aprendido o que Agnes descobrira? Encontrara luz dentro de minha própria escuridão?

Emma me ajudou a questionar como eu estava me relacionando com meu passado. Agnes me ajudou a confrontar como eu estava me relacionando com meu presente. E Jason Fuller, o capitão do exército catatônico que veio ao meu consultório pela primeira vez numa tarde quente de 1980, que permaneceu imóvel e silencioso por longos minutos no sofá branco, que obedeceu a ordem que eu finalmente lhe dei de me acompanhar ao parque aonde eu levaria meu cachorro para passear, me ensinou como enfrentar uma decisão que determinaria o meu futuro. O que aprendi com ele naquele dia afetaria a qualidade da minha vida em todos os anos que eu ainda teria, e a qualidade do legado que escolhi passar para meus filhos, netos e bisnetos.

À medida que caminhamos pelo parque, o modo de andar de Jason desacelerou. Da mesma forma, seu rosto relaxou, e cada passo trazia mais cor e suavidade. Ele parecia mais jovem de repente, menos vazio. Ainda assim, não falava. Não planejei o que aconteceria quando voltássemos para o consultório. Simplesmente nos mantive em movimento, andando e respirando. Cada minuto que Jason passava comigo indicava que ele, sentindo-se suficientemente seguro, poderia ser alcançado.

Depois de uma caminhada lenta pelo parque, voltamos para o meu consultório. Tomei água e ofereci um copo a ele. O que viesse a acontecer, eu sabia que não poderia ser apressado. Eu tinha de fornecer um lugar de confiança absoluta, onde Jason pudesse me contar qualquer coisa, qualquer sentimento, onde ele soubesse que estava seguro e que não seria julgado. Ele se sentou novamente no sofá, de frente para mim, e eu me inclinei em sua direção. Como mantê-lo aqui comigo? Não apenas fisicamente, mas pronto para se abrir, para se descobrir? Juntos, tínhamos que encontrar uma maneira de caminhar na direção da compreensão e da cura, deixar as emoções e situações que o levaram à catatonia fluírem. Para guiá-lo até o bem-estar, eu não podia forçá-lo a falar. Precisava acompanhar seu atual estado de espírito, suas escolhas e condições atuais, permanecer aberta às oportunidades de revelação e mudança.

– Gostaria de saber se você pode me ajudar – disse eu finalmente.

Este é o tipo de abordagem que às vezes uso com um paciente relutante, difícil. Tiro a atenção do problema do paciente e me torno a pessoa com o problema. Apelo para a compaixão do paciente. Eu queria que Jason se visse como quem tinha força e possibilidade de oferecer soluções, enquanto eu me mostrava como uma pessoa curiosa e meio desesperada, pedindo ajuda.

– Realmente quero saber por que você deseja passar o seu tempo aqui comigo. Você é jovem, é um soldado. Eu sou simplesmente uma avó. Você poderia me ajudar?

Ele começou a falar, mas então sua garganta se fechou por causa da emoção e ele balançou a cabeça. Como eu poderia ajudá-lo a conviver com seu tumulto interior ou exterior existente sem fugir ou se fechar?

– Me pergunto se você poderia me ajudar a entender um pouco melhor como eu posso lhe ser útil. Eu gostaria de ser a sua caixa de ressonância. Você me ajudaria um pouco, por favor?

Os olhos dele se fecharam como se ele estivesse reagindo a uma luz brilhante. Ou reprimindo lágrimas.

– Minha esposa – disse ele finalmente, com a garganta se fechando novamente depois de falar.

Não perguntei de que forma sua esposa o preocupava. Não perguntei sobre os acontecimentos. Segui na direção do sentimento em suas palavras. Eu queria que ele me levasse diretamente, profundamente, à verdade em seu coração. Eu queria que ele fosse a pessoa que eu achava que ele era capaz de ser, a pessoa que poderia sair do entorpecimento e sentir. Você não pode curar o que não pode sentir. Aprendi isso da maneira mais difícil, depois de décadas optando por ficar travada e entorpecida. Como Jason, eu tinha engavetado os meus sentimentos, colocado uma máscara.

O que havia sob a máscara de Jason, de sua mudez? Perda? Medo?

– Parece que você está triste por causa de alguma coisa – falei. Eu estava tentando adivinhar. Ou estava certa ou ele me corrigiria.

– Não estou triste – murmurou ele. – Estou zangado. Muito zangado. Eu poderia *matá-la*!

– Sua esposa?

– Aquela vaca está me traindo!

Enfim. A verdade apareceu. Era um começo.

– Conte mais – pedi.

A esposa estava tendo um caso, ele me contou. Seu melhor amigo o avisara. Ele não conseguia acreditar que não havia percebido os sinais.

– Ai, meu Deus! – exclamou ele. – Ai, meu Deus, ai, meu Deus!

Ele se levantou. Começou a andar de um lado para outro. Chutou o sofá. Ele tinha se libertado da catatonia e agora estava se mostrando ensandecido, agressivo. Socou a parede até parar, de tanta dor. Era como se um interruptor tivesse sido acionado e toda a sua emoção emergisse como um facho de luz vindo de um holofote. Ele não estava mais isolado e contido. Estava agressivo. Vulcânico. Quando ele se mostrou desprotegido diante de tudo o que dói, meu papel mudou. Eu o guiei de volta aos seus sentimentos. Devia ajudá-lo a sentir sem se afogar nos sentimentos, sem se perder em sua intensidade. Antes de eu poder dizer uma palavra, ele ficou no meio da sala e gritou:

– Não posso aceitar isso! Vou matá-la. Vou matar os dois.

– Você está tão louco que poderia matá-la.

– Sim! Vou matar aquela vaca. Vou fazer isso agora. Olha só o que eu tenho.

Ele não estava exagerando. Na verdade, estava sendo bastante literal. Tirou uma arma de baixo do cinto.

– Vou matá-la agora.

Eu devia ter chamado a polícia. Minha intuição quando Jason entrou pela porta não tinha sido um alarme falso. Agora talvez fosse tarde demais. Eu não sabia se Jason e a esposa tinham filhos, mas o que imaginei quando Jason exibiu a arma foi o choro de crianças no funeral da mãe, Jason atrás das grades, as crianças perdendo ambos os pais no calor do impulso de um momento de vingança.

Não chamei a polícia. Não chamei sequer minha assistente para avisá-la de que eu poderia precisar de ajuda. Não havia tempo.

Não devia interrompê-lo. Eu ia acompanhar o movimento de sua intenção até a consequência.

– E se você matar agora? – perguntei.

– Vou fazer isso!

– O que acontecerá?

– Ela merece. Ela sabe o que a espera. Ela vai lamentar cada mentira que me contou na vida.

– O que acontecerá com você se matar sua esposa?

– Não me importa!

Ele estava apontando a arma para mim, bem para o meu peito, segurando-a com as duas mãos, seu dedo no gatilho. Eu era um alvo? Ele podia descarregar sua raiva em mim? Puxar o gatilho por engano, atirar? Não havia tempo para ter medo.

– Seus filhos se importam?

Eu estava agindo por instinto.

– Não fale nos meus filhos – sibilou Jason.

Ele baixou a arma por um segundo. Se puxasse o gatilho agora, ele atingiria meu braço, a cadeira, não o meu coração.

– Você ama seus filhos? – perguntei.

A raiva, apesar de intensa, nunca é a emoção mais importante. Ela é apenas o limite externo, a fina camada da superfície exposta de um sentimento bem mais forte. O verdadeiro sentimento, que geralmente está disfarçado sob a máscara de raiva, é o medo. Não é possível sentir amor e medo ao mesmo tempo. Se eu pudesse apelar para o coração de Jason, se eu conseguisse fazê-lo sentir amor por pelo menos um segundo, teria tempo suficiente para interromper o sinal de medo que estava prestes a se tornar violento. Sua fúria já estava pausada.

– Você ama seus filhos? – repeti.

Jason não respondeu. Era como se ele estivesse preso na encruzilhada dos próprios sentimentos contraditórios.

– Eu tenho três filhos – falei. – Duas meninas e um menino. E você?

– Dois – disse ele.

– Uma menina e um menino?

Ele fez que sim com a cabeça.

– Conte-me sobre seu filho – pedi.

Alguma coisa aconteceu com Jason. Um sentimento novo, que vi passar pelo rosto dele.

– Ele se parece comigo – disse Jason.

– Tal pai, tal filho.

Os olhos dele já não estavam mais focados em mim ou na arma, seu olhar estava em outro lugar. Ainda não era possível saber o que era esse sentimento novo, mas dava para sentir que algo tinha mudado. Segui o fio da meada.

– Você quer que seu filho seja como você? – perguntei.

– Não! – respondeu ele. – Por Deus, não.

– Por que não?

Ele fez que não com a cabeça. Não estava querendo ir aonde eu o estava levando.

– O que você *quer*? – perguntei baixinho.

Essa é uma pergunta que pode ser assustadora de responder, uma pergunta que pode mudar sua vida.

– Não consigo aceitar isso! Não quero me sentir assim!

– Você quer parar de sofrer.

– Quero que aquela vaca pague! Não vou deixar que ela me faça de bobo – ele levantou a arma.

– Você vai retomar o controle sobre sua vida.

– Pode ter certeza que sim.

Agora eu estava suando. Só eu poderia ajudá-lo a baixar a arma. Não havia um roteiro a seguir.

– Ela falhou com você.

– Mas isso acaba agora.

– Você vai se proteger.

– Isso mesmo.

– Você vai mostrar a seu filho como lidar com as coisas. Como ser um homem.

– Vou mostrar a ele como não deixar que outras pessoas o magoem!

– Matando a mãe dele.

Jason ficou paralisado.

– Se você matar a mãe dele, será que não estará magoando seu filho?

Jason olhou para a arma em sua mão. Nas consultas futuras, ele acabou contando o que passou pela cabeça dele naquele momento. Ele me contou sobre o pai, um homem violento que o maltratava, às vezes com palavras, às vezes com os punhos, e que é *isso* que um homem faz: um homem é invulnerável; um homem não chora; um homem está no controle; um homem dá as ordens. Jason me contou que sempre quis ser um pai melhor do que o que teve, mas não sabia como. Ele não sabia como ensinar e orientar os filhos sem intimidá-los. Quando lhe pedi que refletisse sobre como sua escolha em buscar vingança afetaria o filho, ele se viu subitamente obrigado a procurar uma possibilidade que, até aquele momento, não tinha conseguido considerar. Um modo de vida que não perpetuasse a violência e a insegurança, e que o levasse, junto com o filho, não ao encarceramento sedutor da vingança, mas ao céu amplo e livre de seu potencial.

Se entendi alguma coisa sobre aquela tarde, sobre minha vida inteira, é que às vezes os piores momentos de nossas vidas, aqueles que nos arrebatam em uma teia de desejos horrendos, que ameaçam nos desgastar com a absoluta impossibilidade oferecida pelo sofrimento que devemos suportar, são de fato os momentos que nos levam a entender o nosso valor. É como se tomássemos consciência de nós mesmos, como uma ponte entre tudo o que foi e será. Ficamos cientes de tudo o que recebemos e do que podemos escolher perpetuar ou não. É como uma vertigem, que estimula e aterroriza, é como o passado e o futuro que nos rodeiam como um cânion imenso porém transponível. Pequenos que somos diante do grande esquema do universo e do tempo, cada um de nós é um mecanismo que mantém a roda girando. E o que vamos movimentar com a roda de nossa própria vida? Vamos continuar apertando o mesmo botão da perda e do arrependimento? Vamos mais uma vez nos comprometer e reviver todas as dores do passado? Vamos abandonar as pessoas que amamos como resultado de nosso próprio abandono? Vamos fazer nossas crianças carregarem o bastão de nossas perdas? Ou vamos tirar o melhor do que conhecemos e deixar uma nova colheita florescer no campo de nossa vida?

Ao desejar vingança, empunhar uma arma e ver a si mesmo no rosto do filho, Jason foi subitamente capaz de perceber as escolhas disponíveis para ele. Ele podia ter escolhido matar ou amar. Eliminar ou perdoar. Enfrentar a dor ou, mais uma vez, transmitir a dor. Ele abaixou a arma. Agora chorava soluçando, como se ondas de tristeza quebrassem sobre o seu corpo. Ele não conseguia suportar a imensidão do sentimento. Ele caiu de joelhos, abaixou a cabeça. Quase dava para ver os diferentes sentimentos chegando a ele em ondas: a dor, a vergonha, o orgulho ferido, a confiança destruída, a solidão e a imagem do homem que ele não podia ser e que nunca seria. Ele não podia ser o homem que nunca perdeu nada. Ele seria sempre o homem que foi espancado e humilhado pelo pai quando era jovem e que foi traído pela esposa. Assim como eu sempre serei a mulher cujos pais foram assassinados com gás e tiveram os corpos queimados e transformados em fumaça. Jason e eu sempre seremos o que todo mundo é, gente que suportará o sofrimento. Não podemos apagar o sofrimento, mas somos livres para aceitar quem somos e o que fizeram conosco, e então seguir em frente. Jason se ajoelhou e chorou. Eu me juntei a ele no chão. As pessoas que amamos e em quem confiamos desapareceram ou nos decepcionaram. Ele precisava ser confortado. Eu o abracei. Puxei-o para perto do meu peito e ele desabou em meu colo. Eu o confortei e nós choramos até que nossas lágrimas ensoparam a minha blusa de seda.

Antes de Jason sair de meu consultório, exigi que ele deixasse a arma comigo. (Fiquei com a arma durante anos, a ponto de esquecer que ela estava comigo. Ao preparar a minha mudança para San Diego, descobri a arma, ainda carregada, na gaveta de minha escrivaninha, um lembrete da volatilidade e da dor que nós muitas vezes escolhemos esconder, o potencial para o dano que persiste até que a enfrentamos conscientemente e o desmontamos.)

– Você está bem para ir embora agora? – perguntei. – Você está bem para ir para casa?

– Não tenho certeza.

– Vai ser desconfortável para você ficar sem a arma. Você tem algum outro lugar para ir caso a raiva volte? Se tiver vontade de machucar ou matar alguém?

Ele disse que podia ir para a casa do amigo que tinha lhe contado sobre a traição e que o aconselhou a vir me ver.

– Precisamos combinar o que você dirá à sua esposa.

Elaboramos um roteiro. Ele o anotou. Ele diria a ela: "Estou muito triste e chateado. Espero que encontremos tempo para conversar sobre isso hoje à noite."

Ele não teve permissão para falar mais nada até que estivessem sozinhos, e somente se conseguisse se comunicar com palavras em vez de com violência. Era para ele me ligar imediatamente caso se sentisse incapaz de ir para casa. Se os sentimentos homicidas voltassem, era para ele encontrar um lugar seguro para sentar ou fazer uma caminhada.

– Feche a porta ou saia. Seja você mesmo. Respire, respire e respire. Os sentimentos passarão. Prometa que me ligará se começar a perder o controle. Retire-se da situação, fique seguro e me ligue.

Ele recomeçou a chorar.

– Ninguém nunca se preocupou comigo como você está se preocupando.

– Vamos formar uma boa equipe. Sei que você não vai me decepcionar.

Jason voltou ao meu consultório dois dias depois e demos início a uma relação terapêutica que duraria cinco anos. Mas antes de saber como a história dele acabaria, eu tinha o meu próprio momento de decisão para enfrentar.

Assim que Jason saiu, guardei a arma e me sentei na poltrona respirando fundo para lentamente recuperar a tranquilidade. Aproveitei para olhar a correspondência que minha assistente entregara pouco antes da inesperada chegada de Jason. Nela, encontrei outra carta que mudou o curso da minha vida. Era do capelão do exército americano, David Woehr, ex-colega em William Beaumont, que estava dirigindo o Centro de Pesquisas Religiosas em Munique, na Alemanha. Lá, ele era responsável pelo treinamento clínico de todos os capelães do exército dos Estados Unidos que atuavam na Europa. A carta era um convite para fazer uma palestra para seiscentos capelães em um workshop no mês seguinte. Em qualquer outra circunstância, eu teria aceitado e ficado honrada e agradecida por ser útil. Por causa de minha experiência clínica em William Beaumont e de meu sucesso no tratamento de pessoal da ativa e de combatentes veteranos, fui convidada várias vezes para dar palestras para grandes audiências de militares e sempre senti que não era apenas uma honra, mas também uma obrigação moral, como ex-prisioneira de guerra e como pessoa libertada por soldados norte-americanos. Mas o workshop de Dave seria na Alemanha, e não em qualquer lugar da Alemanha. Em Berchtesgaden, o antigo retiro de Hitler nas montanhas da Baviera.

CAPÍTULO 17

Então Hitler ganhou

Não é o ar gelado que sopra do ar-condicionado de meu consultório que me faz tremer. Logo estarei fazendo 53 anos. Não sou mais uma jovem mãe órfã fugindo da Europa arrasada. Não sou mais a imigrante se escondendo de seu passado. Agora sou a Dra. Edith Eva Eger. Eu sobrevivi. Eu me esforcei para me curar. Uso o que aprendi com meu passado traumático para ajudar os outros a se curarem. Muitas vezes sou chamada por organizações de serviço social e de grupos militares para tratar pacientes com transtorno de estresse pós-traumático. Fui longe desde que fugi para os Estados Unidos. Mas não voltei à Alemanha desde a guerra.

Naquela noite, para me distrair da preocupação sobre como Jason estava lidando ao confrontar-se com a esposa, e para aliviar a minha própria indecisão, ligo para Marianne em San Diego e pergunto o que ela acha que eu deveria fazer sobre Berchtesgaden. Agora ela é mãe e psicóloga. Nós trocamos informações com frequência sobre os pacientes mais desafiadores. Assim como foi para Jason nos longos momentos em que ele apontou a arma para mim, a decisão agora tem muito a ver com os meus filhos e com o tipo de ferida que carregarão com eles depois que eu morrer: uma ferida curada ou uma ferida aberta.

– Não sei, mamãe – diz Marianne. – Quero dizer para você ir. Você sobreviveu e agora pode voltar e contar a sua história. Isso é uma vitória e tanto. Mas você se lembra daquela família dinamarquesa que é amiga da família que me hospedou nos tempos da faculdade? Eles voltaram a Auschwitz achando que isso lhes traria paz, mas apenas reacendeu o trauma. Foi muito estressante. Os dois sofreram ataques cardíacos quando voltaram para casa. Eles morreram, mamãe.

Relembro a ela que Berchtesgaden não é Auschwitz. Estarei mais na geografia do passado de Hitler do que na minha, embora até trivialidades cotidianas em El Paso possam despertar flashbacks. Escuto sirenes e fico gelada, vejo arame farpado em torno de um canteiro de obras e abandono o presente e começo a enxergar corpos azuis pendurados na cerca, e fico paralisada de medo e lutando pela minha vida. Se o dia a dia pode trazer de volta meu trauma, como seria estar cercada de pessoas falando alemão? Ou imaginar que estou entre antigos membros da Juventude Hitlerista, ou ainda entrar na mesma sala onde Hitler e seus conselheiros estiveram?

– Se você acha que há algum ganho, vá. Estarei do seu lado, mas tem que valer a pena. Afinal, você não tem que provar nada para ninguém – afirma Marianne.

Quando ela fala isso, o alívio é imediato.

– Obrigada, Marchuka.

Agora me sinto segura. Estou feliz. Fiz o meu trabalho. Amadureci. Posso relaxar agora. Posso terminar. Posso dizer que estou honrada com o convite, mas que é muito doloroso aceitar. Dave entenderá.

Mas quando conto a Béla que decidi recusar o convite, ele segura o meu ombro.

– Se você não for à Alemanha, então Hitler terá ganhado a guerra – diz.

Não é o que eu quero ouvir. Sinto-me como se tivesse sido atingida por um soco. Sou obrigada a admitir que Béla tem razão num ponto: é mais fácil colocar a culpa em alguém ou em alguma outra coisa por sua dor do que assumir a responsabilidade para acabar com a própria vitimização. Nosso casamento me ensinou que todas as vezes que deixei minha raiva ou frustração desviar minha atenção do trabalho ou de meu crescimento, foi mais fácil culpar Béla pela minha infelicidade do que assumir a minha responsabilidade.

A maioria de nós quer um ditador, ainda que seja um benevolente, para poder botar a culpa e dizer: "Você me obrigou a fazer isso. Não tenho culpa." Mas não podemos passar a vida debaixo do guarda-chuva de outra pessoa e depois reclamar que estamos nos molhando. Uma boa definição de vítima é quando a pessoa mantém o foco longe dela ou quando busca alguém para culpar pelas circunstâncias atuais ou para determinar seu propósito, seu destino ou seu valor.

E é por isso que Béla diz que, se eu não for a Berchtesgaden, então Hitler terá ganhado. O que ele quer dizer é que permaneço na gangorra com o meu passado. Enquanto eu puder colocar Hitler, ou Mengele, ou a ferida exposta da minha perda, do outro lado da gangorra, então, de alguma forma, estou absolvida, tenho sempre uma desculpa. É *por isso* que estou ansiosa. E triste. É *por isso* que não posso me arriscar a ir à Alemanha. Não é errado me sentir ansiosa, triste e amedrontada. Não é que não exista um trauma real no âmago de minha vida, muito menos que Hitler e Mengele e todos os outros perpetradores de violências ou crueldades não mereçam ser responsabilizados pelos danos que causaram. Mas o fato é que, se eu continuar nessa gangorra, estarei culpando o passado pelo que escolhi fazer agora.

Há muito tempo o dedo de Mengele decidiu meu destino. Ele decidiu que minha mãe morreria e que eu e Magda viveríamos. Em cada fila de seleção, o que estava em jogo era a vida e a morte, a escolha nunca era minha. Mesmo assim, na prisão, no inferno, eu podia escolher como reagir, quais seriam as minhas ações, meu discurso e o que guardar em minha mente. Eu podia escolher se me encostava na cerca eletrificada, se me recusava a sair da cama ou se lutava e vivia, se pensava na voz de Eric e no *strudel* de minha mãe, se pensava em Magda do meu lado, se reconhecia tudo o que ainda tinha para viver, mesmo entre o horror e a perda. Já se passaram 35 anos desde que saí do inferno. Os ataques de pânico vêm a qualquer hora do dia ou da noite, eles podem me acometer tanto no antigo bunker de Hitler quanto na minha sala de estar, porque meu pânico não é resultado de gatilhos puramente externos. Ele é expressão das memórias e dos medos internalizados. Se eu me mantiver exilada de uma parte específica do globo terrestre, estou de fato dizendo que quero exilar a parte de mim que está com medo. Talvez exista algo que eu possa aprender ao me aproximar dessa parte.

E sobre o meu legado? Há poucas horas Jason enfrentou um momento de decisão em sua vida – o momento em que segurou a arma, mas não puxou o gatilho, quando pensou no legado que queria deixar para seus filhos, quando ele escolheu algo que não fosse a violência. Que legado eu quero transmitir? O que deixarei no mundo quando morrer? Já escolhi abandonar os segredos, a negação e a vergonha. Mas fiz de fato as pazes com meu passado? Há mais coisas para resolver de modo que eu não perpetue mais sofrimento?

Penso na minha avó que morreu dormindo. Na minha mãe, cuja tristeza por causa dessa perda súbita na infância a deixou marcada com fome e medo desde muito cedo, e que passou para as próprias filhas uma vaga sensação de perda. E o que eu passarei além de sua pele macia, seu cabelo grosso, seus olhos intensos, além da dor e do sofrimento e da raiva de tê-la perdido tão cedo? E se eu tiver que voltar ao local de meu trauma para interromper o ciclo, para criar um tipo diferente de legado?

Aceito o convite para ir a Berchtesgaden.

CAPÍTULO 18

A cama de Goebbels

Por telefone, o pastor e médico David Woehr me resumiu a programação de minha visita. Vou falar para seiscentos capelães militares reunidos num retiro pastoral clínico no Centro de Recreação das Forças Armadas no hotel General Walker, no alto das montanhas da Baviera. O local funcionou como casa de hóspedes e ponto de encontro para os oficiais da SS de Hitler. Béla e eu nos hospedamos nos arredores, no hotel Zum Türken, que já serviu como gabinete de Hitler e de diplomatas visitantes. Foi ali que o primeiro-ministro inglês Neville Chamberlain ficou em 1938, quando se reuniu com Hitler e voltou para casa com notícias vitoriosas e tragicamente equivocadas de que tinha garantido "paz para a nossa era", e onde é provável que o próprio Adolf Eichmann tenha instruído Hitler sobre a Solução Final. A uma pequena caminhada, estava o Berghof, ou Ninho da Águia, antiga residência de Hitler.

Meu público era formado por profissionais que trabalhavam com cura. Os capelães do exército atuam como provedores de saúde comportamental e também como conselheiros espirituais. Dave me disse que, pela primeira vez, os capelães eram obrigados a receber um ano de educação clínica pastoral para complementar os estudos no seminário. Eles precisavam de treinamento em Psicologia, bem como em doutrina religiosa, e Dave estava coordenando retiros de uma semana sobre Psicologia Clínica para os capelães baseados na Europa. Eu faria a palestra inaugural.

Dave me contou mais sobre os capelães e os soldados que eles atendiam. Não eram os soldados da minha juventude, ou os soldados que eu estava acostumada a tratar no William Beaumont. Eram soldados em tempo de paz, soldados da Guerra Fria, da guerra de bastidores. Eles não viviam a violência diária. No entanto, estavam em alerta máximo, mantendo a paz, mas prontos para a guerra. A maior parte dos soldados da Guerra Fria tinha como base os locais onde havia mísseis posicionados. Esses mísseis ficavam montados em lançadores móveis escondidos em locais estratégicos. Eles conviviam com a permanente ameaça de guerra e com as sirenes no meio da noite que podem sinalizar um alarme falso ou um ataque de verdade. (Como os chuveiros em Auschwitz. Água ou gás? Nunca sabíamos.) Os capelães para os quais eu ia falar tinham a responsabilidade de dar apoio às necessidades espirituais e psicológicas dos soldados que se esforçavam ao máximo para deter uma guerra total e se esforçavam ao máximo para estar preparados para o que quer que acontecesse.

– O que eles precisam ouvir? – perguntei. – Sobre o que eu posso falar para ajudá-los?

– Esperança – disse Dave. – Perdão. Se os capelães não puderem falar sobre esse tipo de coisa, se não entendermos isso, não poderemos fazer nosso trabalho.

– Por que eu?

– Uma coisa é ouvir sobre esperança e perdão do púlpito ou de um especialista em religião – explicou Dave. – Mas você é uma das poucas pessoas que podem falar sobre manter a esperança mesmo tendo perdido tudo, quando estava passando fome e tendo sida deixada para morrer. Não conheço ninguém mais com esse tipo de credibilidade.

Um mês depois, ao seguir com Béla de trem de Berlim para Berchtesgaden, eu me sinto a pessoa menos qualificada da Terra para falar sobre esperança e perdão. Fecho os olhos e escuto o som dos meus pesadelos, o giro constante da roda na estrada. Vejo meus pais, meu pai que se recusa a se barbear, o olhar de minha mãe. Béla segura minha mão e toca com o dedo a pulseira de ouro que ele me deu quando Marianne nasceu, aquela que eu coloquei na fralda de Marianne quando fugimos de Prešov, a pulseira que uso todos os dias. Ela é um símbolo de triunfo. Nós conseguimos. Nós sobrevivemos. Nós defendemos a vida. Mas nem o consolo de Béla nem o contato do metal polido sobre a minha pele pode reduzir o terror crescente em minhas entranhas.

Dividimos a cabine do trem com um casal alemão mais ou menos da nossa idade. Eles são gentis, nos oferecem os doces que trouxeram, a mulher elogia a minha roupa. O que eles diriam se soubessem que aos 17 anos viajei sentada no teto de um trem alemão sob uma chuva de bombas, como escudo humano, em um vestido listrado fino, forçada a proteger munições nazistas com minha vida? Onde será que eles estavam enquanto eu tremia no teto do trem? Onde eles estavam durante a guerra? Eram as crianças que cuspiam em mim e em Magda quando passávamos pelas cidades alemãs? Pertenciam à Juventude Hitlerista? Será que eles pensam no passado ou estão em negação, como eu fiquei tantos anos?

O terror em mim vira outra coisa, um sentimento de fúria intensa e instável. Lembro da raiva de Magda: *Depois da guerra eu vou matar uma mãe alemã*. Ela não podia apagar nossa perda, mas em sua cabeça podia retaliar. Às vezes eu compartilhava seu desejo de confronto, mas não seu desejo de vingança. Minha desolação se manifestou como um impulso suicida, não homicida. Mas agora a raiva cresce dentro de mim, uma fúria de vendaval que ganha força e velocidade. Estou sentada a centímetros de pessoas que podem ter sido antigos opressores. Tenho medo do que posso fazer.

– Béla – sussurro –, acho que cheguei perto o suficiente. Quero voltar para casa.

– Você já teve medo antes – diz ele. – Dê as boas-vindas a ele. Dê as boas-vindas.

Béla está me lembrando de algo em que eu também acredito: que este é um trabalho de cura. Você nega o que o machuca, o que teme. Você evita essas coisas de todas as formas. Então você encontra uma maneira de acolher e abraçar o que mais teme e pode finalmente relaxar.

Chegamos a Berchtesgaden e pegamos um transporte para o hotel Zum Türken, que agora também é um museu. Tento ignorar a história sinistra do lugar e elevo o pensamento para a grandiosidade da construção e para os picos das montanhas que nos cercam. A cadeia rochosa coberta de neve me lembra as montanhas Tatra, onde Béla e eu nos encontramos pela primeira vez, quando ele, mesmo relutante, me acompanhou até o hospital de tuberculose.

Dentro do hotel, Béla e eu demos boas risadas quando a recepcionista nos trata como Dr. e Sra. Eger.

– É Dra. Eger e *senhor* Eger – explica Béla.

O hotel é anacrônico, parece que viajamos em uma máquina do tempo. Os quartos são decorados como se estivéssemos nos anos 1930 e 1940, com tapetes persas pesados e sem telefone. Béla e eu estamos no quarto onde dormiu Joseph Goebbels, o ministro da Propaganda de Hitler, com as mesmas cama e mesinha de cabeceira, e com os mesmos espelho e armário que um dia foram dele. Parada na porta do quarto, sinto que a minha paz interior está por um fio. O que significa estar aqui agora? Béla passa a mão pelo armário, pela cabeceira da cama, depois vai até a janela. Será que a história está apertando o crânio dele como aperta o meu? Agarro a cabeceira da cama para não cair de joelhos. Béla se vira para mim, dá uma piscada e começa a cantar.

– *É... Primavera para Hitler, e para a Alemanha!* – canta ele.

A canção é do musical *Os produtores*, de Mel Brooks.

– *A Alemanha é feliz e alegre!*

Ele faz a coreografia de sapateado em frente à janela, segurando uma bengala imaginária. Vimos *Os produtores* juntos na estreia, em 1968, um ano antes de nosso divórcio. Fiquei sentada num teatro com centenas de pessoas rindo, sendo que Béla ria mais alto que todos. Eu não conseguia sequer dar um sorriso. Intelectualmente, entendo o propósito da sátira. Sei que o riso pode ser estimulante, que pode nos ajudar a atravessar tempos difíceis. Eu sei que o riso pode curar, mas ouvir essa música agora, neste lugar, é demais. Estou furiosa com Béla, menos por sua falta de tato e mais por sua capacidade de sair de uma situação angustiante com tanta rapidez e sucesso. Preciso sair dali.

Saio para uma caminhada sozinha. Logo na saída da recepção do hotel começa uma trilha que leva ao Ninho da Águia. Não vou escolher esse caminho. Não vou dar a Hitler a satisfação de conhecer sua casa, sua existência. Não estou presa ao passado. Sigo um caminho diferente, para outro pico, em direção ao céu aberto.

Então, paro. Estou dando a um morto o poder de interferir em minhas próprias descobertas por toda a eternidade. Não foi para isso que eu vim à Alemanha? Para me aproximar do desconforto? Para ver o que o passado ainda tem a me ensinar?

Caminho pela trilha de cascalho em direção às modestas ruínas da grande propriedade que um dia foi de Hitler, encarapitada na beira de um precipício. Agora, tudo o que restou da casa é um velho muro de arrimo coberto de musgo, pedaços de escombros e canos retorcidos no chão. Olho para o vale como Hitler deve ter feito. A casa de Hitler foi destruída. Soldados americanos a queimaram nos últimos dias da guerra, mas não antes de saquear a adega de vinhos e conhaques. Eles se sentaram no terraço e levantaram suas taças, com a casa atrás deles encoberta pelo fogo e pela fumaça. A casa desapareceu, mas e Hitler? Será que ainda posso sentir a presença dele aqui? Testo meu instinto em busca de alguma náusea, e a espinha em busca de calafrios. Escuto a voz dele, a gravação ecoando seu ódio e seu implacável chamado para o mal. Mas hoje está tranquilo por aqui. Olho para as montanhas, vejo as flores silvestres brotando graças aos primeiros filetes gelados da neve derretida dos picos ao redor. Estou trilhando os mesmos caminhos por onde Hitler um dia passou, mas ele não está aqui agora, *eu* estou. É primavera, mas não para Hitler. Para mim é. A espessa crosta de neve silenciosa derreteu; a tranquilidade do inverno cedeu à explosão de folhas novas e à torrente acidentada da água correndo rápido. Por baixo das camadas da terrível tristeza que sempre carrego em mim, outro sentimento brota. É o primeiro filete derretido de uma neve há muito congelada. Escorrendo montanha abaixo, a água fala, as câmaras do meu coração falam. *Estou viva*, o riacho gorgolejante fala. *Eu consegui*. Uma música triunfal me invade, abrindo caminho para fora do meu coração, para fora da minha boca e para o céu acima e para o vale abaixo. "Eu te liberto!", grito para aquela velha tristeza. "Eu te liberto!"

"*Tempora mutantur, et nos mutamur in illis*", digo para os capelães quando faço minha palestra na manhã seguinte. "É uma frase em latim que aprendi quando menina. Os tempos estão mudando e nós estamos mudando junto. Estamos sempre no processo de tornar-se." Peço que façam uma viagem comigo para quarenta anos antes, para a mesma vila nas montanhas onde estamos agora, talvez na mesma sala, quando quinze pessoas muito educadas analisaram quantos seres humanos podiam incinerar em um forno de uma só vez. "Na história humana, há a guerra", digo. "Há a crueldade, a violência, o ódio, mas nunca na história da humanidade houve uma aniquilação mais científica e sistemática de pessoas. Sobrevivi aos terríveis campos de extermínio de Hitler. Na noite passada, dormi na cama de Joseph Goebbels. As pessoas me perguntam como aprendi a superar o passado. Superar? Superar? Não superei nada. Cada surra, cada bombardeio, cada fila de seleção, cada morte, cada coluna de fumaça se elevando para o céu, cada momento de terror em que achei que era o fim: essas coisas vivem em mim, em minhas memórias e em meus pesadelos. O passado não desapareceu. Não transcendeu nem foi extirpado. Ele vive em mim. O mesmo acontece com a perspectiva que ele me deu, de que eu vivi para ver a libertação e para manter a esperança viva em meu coração. Que eu vivi para ver a liberdade porque aprendi a perdoar."

Perdoar não é fácil, eu digo a eles. É mais fácil guardar rancor, buscar a vingança. Falo de meus companheiros sobreviventes, dos homens e mulheres corajosos que conheci em Israel, que pareciam magoados quando eu mencionava o perdão, que insistiam que perdoar é desculpar ou esquecer. Por que perdoar? Isso não tira a responsabilidade de Hitler pelo que ele fez?

Conto sobre meu querido amigo Laci Gladstein – Larry Gladstone – e da única vez em todas essas décadas após a guerra em que ele falou explicitamente sobre o passado. Foi durante meu divórcio, quando ele sabia que o dinheiro era um problema para mim. Ele me telefonou para dizer que conhecia um advogado que representava sobreviventes em casos de indenização. Laci me estimulou a me apresentar como sobrevivente e reivindicar uma indenização. Essa foi a escolha certa para muitos, mas não para mim. Parecia que o dinheiro estava manchado de sangue. Como se fosse possível colocar um preço na vida de meus pais. Senti que era uma forma de ficar acorrentada àqueles que tentaram nos destruir.

É muito fácil transformar nossa dor, nosso passado, numa prisão. Na melhor das hipóteses, a vingança é inútil. Ela não muda o que foi feito conosco, não apaga os erros que foram cometidos, não traz os mortos de volta. Na pior das hipóteses, a vingança perpetua o ciclo de ódio. Mantém o ódio circulando indefinidamente. Quando buscamos vingança, mesmo a vingança sem violência, estamos revolvendo, não evoluindo.

Quando cheguei ontem, passou pela minha cabeça que minha presença aqui é um tipo saudável de vingança, uma punição merecida, um acerto de contas. Então, olhando para o precipício em Berghof, percebi que a vingança não liberta. Por isso, fui ao local onde era a antiga casa de Hitler e o perdoei. Isso não tem nada a ver com Hitler. Foi algo que fiz para mim. Um desapego, uma libertação daquela parte de mim que passou a maior parte da vida investindo a energia mental e espiritual que mantinha Hitler preso. Enquanto eu cultivei esse ódio, fiquei presa junto com ele, trancada em um passado destrutivo, presa na minha dor. Perdoar é sofrer pelo que aconteceu e pelo que não aconteceu, e abrir mão da necessidade de um passado diferente. Aceitar a vida como ela era, e como ela é. Naturalmente, não estou dizendo que foi aceitável Hitler assassinar seis milhões de pessoas. Simplesmente é preciso dizer que isso aconteceu e que não quero que esse fato destrua a vida que eu agarrei e lutei tanto para manter contra todas as probabilidades.

Os capelães se levantaram. Eles me inundam com seus aplausos. Fico em pé sob a luz do palco pensando que nunca me sentirei tão exultante, tão livre. Ainda não sei que ter perdoado Hitler não é a coisa mais difícil que farei na vida. A pessoa mais difícil de perdoar é alguém que ainda preciso enfrentar: eu mesma.

Não consigo dormir na última noite em Berchtesgaden. Fico deitada acordada na cama. Uma réstia de luz se infiltra por baixo da porta e posso ver o desenho de videiras no papel de parede antigo, a maneira como elas se entrelaçam. A maneira como sobem. *Tempora mutantur, et nos mutamur in illis*. Se estou mudando, o que sou nesse processo de transformação?

Descanso na incerteza da vigília. Tento me abrir, deixar a minha intuição falar. Por alguma razão, me lembro de uma história que ouvi sobre um garoto judeu muito talentoso, um artista. Recomendaram que fosse estudar arte em Viena. Sem dinheiro para a viagem, ele caminhou da Tchecoslováquia até a Áustria, mas teve a inscrição nos testes negada por ser judeu. Ele implorou. Tinha vindo de tão longe a pé, será que não podia ao menos fazer o teste? Era pedir muito? Deixaram que fizesse o exame e ele passou. Era tão talentoso que lhe ofereceram uma vaga na escola apesar de sua ascendência. Sentado ao seu lado para fazer as provas estava um garoto chamado Adolf Hitler, que não foi aceito na escola. Mas o garoto judeu foi. E durante toda a sua vida, esse homem – que tinha deixado a Europa e morava em Los Angeles –, se sentiu culpado porque, se Hitler não tivesse sido rejeitado, se ele não tivesse perdido para um judeu, ele talvez não tivesse sentido a necessidade de transformar os judeus em bodes expiatórios. O Holocausto poderia não ter acontecido. Como as crianças que sofrem abusos, ou cujos pais se divorciam, achamos um jeito de nos culparmos.

Culpar-se também magoa os outros, não apenas nós mesmos. Lembro-me de um ex-paciente, um homem e sua família dos quais tratei por um breve período pouco mais de um ano antes. Eles se sentaram na minha frente como peças abandonadas de diferentes quebra-cabeças: o coronel intimidador em seu uniforme cheio de condecorações; a esposa loura silenciosa, os ossos da saboneteira se projetando na blusa branca; a filha adolescente, com o cabelo, pintado de preto, bagunçado, parecendo um ninho selvagem, os olhos delineados também em preto; um filho quieto, de 8 anos, com um livro de histórias em quadrinhos no colo.

O coronel apontou para a filha.

– Olhe para ela. É uma promíscua, viciada em drogas, não respeita as nossas regras, responde com grosserias e não vem para casa na hora combinada. Está ficando impossível viver com ela.

– Nós ouvimos a sua versão – disse eu. – Vamos ouvir a de Leah.

Como se estivesse provocando o pai ao ler um roteiro que confirmava cada uma das afirmações que ele fazia, Leah começou uma história sobre o seu fim de semana. Tinha feito sexo com o namorado em uma festa em que menores de idade beberam álcool e na qual ela também tomara um ácido. Ela ficou fora a noite toda. Parecia sentir prazer em descrever todos os detalhes.

A mãe piscou e mordiscou as unhas pintadas. O rosto do pai ficou vermelho. Ele se levantou de seu lugar e se debruçou sobre ela, brandindo o punho.

– Vê o que tenho que aguentar? – rugiu ele.

A filha percebia a raiva dele, mas eu vi um homem prestes a ter um ataque cardíaco.

– Vê o que tenho que aguentar? – disse Leah, revirando os olhos. – Ele nem sequer tenta me entender. Ele nunca me escuta, só me diz o que fazer.

O irmão redobrou a atenção no gibi, como se sua força de vontade pudesse tirá-lo da zona de guerra que sua família tinha se tornado e o colocasse no mundo de fantasia de seu livro, onde a fronteira entre o bem e o mal eram claramente traçadas, onde os mocinhos ganhavam no fim. Ele falou o mínimo sobre as pessoas da família e ainda assim eu tinha um palpite de que era o único com as coisas mais importantes a dizer.

Eu avisei aos pais que passaria a próxima parte da sessão com eles, sem os filhos na sala, então levei Leah e o irmão para meu escritório ao lado, onde distribuí canetas e papel para que desenhassem. Dei aos dois uma missão, algo que achei que poderia ajudá-los a relaxar depois dos minutos tensos com os pais. Pedi que fizessem um retrato da família, mas sem usar pessoas.

Voltei para os pais. O coronel estava gritando com a esposa. Ela parecia estar definhando, desaparecendo. Fiquei preocupada com a possibilidade de aquela mulher estar nos primeiros estágios de um transtorno alimentar. Se eu lhe fizesse uma pergunta direta, ela a repassaria para o marido. Cada membro da família estava na própria barricada. Dava para comprovar a dor interior deles pela forma como se acusavam e se escondiam. Mas, ao tentar aproximá-los das fontes de seu sofrimento, eu os convidava apenas a abrir fogo ou recuar ainda mais.

– Nós conversamos sobre o que você vê acontecer com seus filhos – disse eu, interrompendo o coronel. – E o que está acontecendo com você?

A mãe de Leah piscou para mim. O pai dela me olhou com frieza.

– O que vocês querem alcançar enquanto pais?

– Ensiná-los a serem fortes no mundo – disse o coronel.

– E como você está se saindo?

– Minha filha é uma vadia e meu filho é um maricas. O que você acha?

– É nítido que o comportamento de sua filha assusta você. Mas o que tem o seu filho? Por que ele o decepciona?

– Ele é um fraco. Está sempre desistindo.

– Você pode me dar um exemplo?

– Quando jogamos basquete, ele é um mau perdedor. Nem sequer tentar ganhar. Simplesmente desiste.

– Ele é uma criança e bem menor do que você. O que acontece se você deixá-lo vencer?

– O que eu estaria ensinando a ele? Que o mundo se curva para quem é molenga?

– Existem maneiras de ensinar as crianças a irem mais longe, a expandir suas capacidades, com um empurrão suave, não com um pontapé na bunda – disse eu.

O coronel resmungou e eu continuei:

– Como você quer que seus filhos o vejam?

– Como alguém no comando.

– Um herói? Um líder?

Ele assentiu.

– Como você acha que os seus filhos realmente o veem?

– Eles acham que sou um fracote maldito.

Mais tarde, na sessão, reuni novamente a família e pedi que os filhos mostrassem os retratos que fizeram da família. Leah tinha desenhado apenas um objeto: uma enorme bomba explodindo no meio da página. Seu irmão desenhou um leão feroz e três ratos encolhidos.

O rosto do coronel ficou vermelho novamente. Sua esposa olhou para o próprio colo. Ele gaguejou e olhou para o teto.

– Conte-me o que você está sentindo neste momento.

– Eu ferrei com essa família, não foi?

Eu meio que esperava nunca mais ver o coronel ou sua família novamente, mas ele ligou na semana seguinte para marcar uma sessão particular. Pedi que ele falasse mais sobre como se sentiu quando os filhos mostraram seus desenhos.

– Se meus filhos têm medo de mim, como vão enfrentar o mundo?

– O que leva você a achar que eles não são capazes de se proteger?

– Leah não consegue dizer não para meninos ou drogas. Robbie não consegue dizer não para valentões.

– E você? É capaz de se proteger?

Ele estufou o peito de modo que as medalhas brilharam à luz do sol.

– Você está olhando para a prova.

– Não estou me referindo ao campo de batalha, mas à sua casa.

– Acho que você não entende a que pressão estou constantemente submetido.

– O que é preciso para você se sentir seguro?

– Segurança não é o problema. Se não estou no controle, as pessoas morrem.

– É isso que segurança significa para você? Se libertar do medo de que as pessoas venham a se ferir enquanto estão sob sua responsabilidade?

– Não é apenas um medo.

– Leve-me para onde você está. No que está pensando?

– Acho que você não vai querer ouvir.

– Não se preocupe comigo.

– Você não entende.

– Você está certo, ninguém pode entender outra pessoa completamente. Mas posso dizer que já fui prisioneira de guerra e, seja o que for que você quiser me contar, provavelmente já ouvi e vi coisa pior.

– No mundo militar, é matar ou morrer. Então, quando recebi a ordem, não a questionei.

– Onde você estava quando recebeu essa ordem?

– Vietnã.

– Você está dentro de algum lugar ou fora?

– Em meu escritório na base aérea.

Observei sua linguagem corporal quando ele me levou para o passado. Observei sua energia, seu nível de agitação, de modo a direcionar qualquer angústia que sinalizasse que estávamos indo rápido demais. Ele tinha fechado os olhos. Parecia estar entrando em transe.

– Você está em pé ou sentado?

– Estou sentado quando recebo a ligação. Mas me levanto imediatamente.

– Quem está ligando?

– Meu comandante.

– O que ele diz?

– Que ele está colocando meus homens em uma missão de resgate na mata.

– Por que você se levanta para ouvir a ordem?

– Sinto calor. Meu peito está apertado.

– No que está pensando?

– Que não é seguro. Que vamos ser atacados. Que precisamos de mais apoio aéreo caso estejamos indo para aquela parte da mata, e eles não vão dar.

– Você ficou zangado com isso?

Seus olhos se abriram.

– É claro que estou zangado. Eles nos mandam para lá, falam um monte de bobagem sobre os Estados Unidos serem o exército mais forte do mundo e que os vietnamitas não têm a menor chance.

– A guerra não era o que você esperava.

– Eles mentiram para nós.

– Você se sentiu traído.

– Sim, com certeza eu me senti traído.

– O que aconteceu no dia em que você recebeu a ordem para enviar suas tropas em uma missão de resgate?

– Era noite.

– O que aconteceu naquela noite?

– Foi uma emboscada.

– Seus homens se feriram?

– Preciso soletrar? Eles morreram. Morreu todo mundo naquela noite. E fui eu quem os mandou para lá. Eles confiaram em mim e eu os mandei para lá para morrer.

– Guerra significa pessoas morrendo.

– Sabe o que eu acho? Morrer é fácil. Eu tenho que viver cada dia pensando em todos aqueles pais enterrando seus filhos.

– Você estava cumprindo uma ordem.

– Mas eu sabia que era a decisão errada. Eu sabia que aqueles rapazes precisavam de mais apoio aéreo e não tive coragem de pedir.

– Do que você abriu mão para se tornar coronel?

– O que você quer dizer?

– Você escolheu ser soldado e um líder militar. Do que você teve que abrir mão para chegar lá?

– Tive que ficar muito tempo longe da minha família.

– O que mais?

– Quando você tem seis mil homens confiando suas vidas a você, você não pode se dar ao luxo de ter medo.

– Você teve que abrir mão de seus sentimentos. Abrir mão de deixar os outros vê-los.

Ele fez que sim com a cabeça.

– Você disse antes que morrer é fácil. Você já desejou estar morto?

– O tempo todo.
– O que o impede?
– Meus filhos.
Seu rosto se contorceu de angústia.
– Mas eles me acham um monstro. Estão melhor sem mim.
– Você quer saber como eu vejo isso? Acho que seus filhos ficariam muito melhor com você. Com você, o homem que estou começando a conhecer e a admirar. O homem que pode se arriscar falando sobre seu medo. O homem que tem coragem de se perdoar e se aceitar.
Ele ficou em silêncio. Talvez aquele tenha sido o primeiro momento em que encontrou a possibilidade de se libertar da culpa que sentia por causa do passado.
– Não posso ajudá-lo a voltar a tempo de salvar sua tropa. Não posso garantir a segurança de seus filhos. Mas posso ajudar a proteger uma pessoa: você mesmo.
Ele olhou para mim.
– Mas para se salvar você terá que abrir mão da imagem do que você acha que deveria ser.
– Espero que isso funcione – disse ele.
Pouco depois, o coronel foi transferido e sua família deixou El Paso. Não sei o que aconteceu com eles. Espero que algo bom, pois eu gostava muito deles. Mas por que estou me lembrando deles agora? O que tem a história deles a ver comigo? Alguma coisa sobre como a culpa aprisionava o coronel chama a minha atenção. Será que minha memória está me alertando sobre algo que já fiz ou para um trabalho que ainda tenho que fazer? Cheguei tão longe desde que o soldado americano me resgatou da prisão em 1945. Retirei a minha máscara. Aprendi a sentir, a me expressar e a não reprimir os medos e o sofrimento. Eu me esforcei para liberar e expressar a minha raiva. Voltei aqui, à antiga casa de meu opressor, e até perdoei Hitler e o liberei para o universo, mesmo que só por hoje. Mas há um nó, uma sombra que percorre as minhas entranhas e o meu coração, uma rigidez na coluna, um sentimento implacável de culpa. Fui vítima, não fui a agressora. Quem eu acho que prejudiquei?
Outra paciente surge em meus pensamentos. Aos 71 anos, ela era uma crônica fonte de problemas para a família. Tinha todos os sintomas de

depressão clínica. Dormia e comia demais e se isolava dos filhos e netos. E quando realmente interagia com a família, estava com tanta raiva que os netos tinham medo dela. Seu filho, um dia, me abordou depois de uma palestra em sua cidade e perguntou se eu teria uma hora para encontrar a mãe. Eu não sabia de que forma podia ser útil a ela em uma única visita rápida até que o homem revelou que, como eu, a mãe dele tinha perdido a própria mãe aos 16 anos. Senti uma onda de compaixão por essa estranha. Entendi que ela era a pessoa que eu podia ter me tornado, que eu quase me tornei, quando mergulhei tão fundo no sofrimento que me escondia das pessoas que mais me amavam.

A mulher, Margaret, veio ao meu quarto de hotel àquela tarde. Ela estava vestida com esmero, mas havia uma hostilidade que emanava dela como plumas. Desabafou uma ladainha de reclamações sobre sua saúde, sobre os membros da família, a governanta, o carteiro, os vizinhos e até sobre a diretora da escola da sua rua. Ela parecia encontrar injustiça e inconveniência em qualquer parte de sua vida. A hora estava acabando e ela continuava tão presa nos pequenos desastres que não tínhamos tocado no que eu sabia ser sua dor maior.

– Onde sua mãe está enterrada? – perguntei de repente.

Margaret recuou como se um dragão tivesse soltado uma labareda em seu rosto.

– No cemitério – respondeu ela por fim, recomposta.

– Onde é o cemitério? Perto daqui?

– Nesta cidade – disse ela.

– Sua mãe precisa de você agora.

Não dei chance a Margaret para recuar. Chamamos um táxi. Sentamos e observamos pela janela as ruas molhadas e engarrafadas. Ela continuou criticando os outros motoristas, a velocidade dos sinais de trânsito, a qualidade das lojas e comércio por onde passávamos, até mesmo a cor do guarda-chuva de uma pessoa. Entramos pelos portões de ferro do cemitério. As árvores eram frondosas e altas. Uma rua estreita de paralelepípedos ligava o portão até as sepulturas. A chuva caía.

– Lá – disse Margaret, apontando para um grupo de lápides no alto de uma colina lamacenta. – Agora me diga, em nome de Deus, o que estamos fazendo aqui.

– Você sabe – disse eu –, mães não podem descansar em paz a não ser que saibam que as pessoas que deixaram para trás estão vivendo a vida em sua plenitude. Tire os sapatos. Tire as meias. Fique descalça no túmulo de sua mãe. Faça contato direto para que ela possa, finalmente, descansar em paz.

Margaret desceu do táxi. Ficou parada na grama molhada pela chuva. Dei um pouco de privacidade a ela. Olhei para trás somente uma vez, quando a vi agachada no chão, segurando a lápide da mãe. Não sei o que ela disse à mãe, se é que disse alguma coisa. Sei apenas que ela ficou com os pés descalços sobre o túmulo da mãe e que se conectou, com sua pele nua, a este local de perda e luto. Quando voltou para o táxi, ainda estava descalça. Ela chorou um pouco e então ficou em silêncio.

Depois, recebi uma linda carta do filho de Margaret. *Não sei o que você disse à minha mãe*, escreveu ele, *mas ela é agora uma pessoa diferente, mais tranquila e alegre.*

Foi um impulso, uma experiência feliz. Meu objetivo era ajudá-la a reformular sua experiência, a reformular seu problema como uma oportunidade, colocá-la na posição de ajudar a mãe e, ao fazer isso, se libertar e ajudar a si mesma. Agora que estou de volta à Alemanha, me passou pela cabeça que o mesmo princípio talvez funcione para mim. Uma conexão da minha pele nua com o local da minha perda. Contato e libertação. Exorcismo húngaro.

Deitada na cama de Goebbels, percebo que preciso fazer o que Margaret fez, realizar o ritual de luto de que me esquivei a vida inteira.

Decido voltar a Auschwitz.

CAPÍTULO 19

Deixe uma pedra

Não consigo imaginar voltar ao inferno sem Magda.
– Venha para Cracóvia hoje – peço a Magda na manhã seguinte pelo telefone da recepção do hotel. – Por favor, volte a Auschwitz comigo.
Eu não teria sobrevivido sem ela. Não posso sobreviver a um retorno à nossa prisão a não ser com ela ao meu lado, segurando a minha mão. Sei que não é possível reviver o passado, ser quem eu era, abraçar minha mãe novamente, mesmo por uma única vez. Não existe nada capaz de mudar o passado, de me fazer uma pessoa diferente de quem sou, de mudar o que foi feito aos meus pais e a mim. Não tem retorno. Sei disso. Mas não posso ignorar a sensação de que existe algo à minha espera na antiga prisão, algo a ser recuperado. Ou descoberto. Uma parte de mim há muito perdida.
– Que tipo de masoquista maluca você acha que eu sou? – pergunta Magda. – Por que eu voltaria lá? Por que você voltaria?
É uma pergunta justa. Estou apenas me punindo? Reabrindo uma ferida? Talvez eu me arrependa, mas acho que vou me arrepender ainda mais se não voltar. Não importa o que eu faça para tentar convencê-la, Magda se recusa. Ela escolheu nunca voltar, eu respeito sua decisão. Mas minha escolha é diferente.

Béla e eu já tínhamos recebido um convite para visitar a família que hospedou Marianne em Copenhague quando viéssemos à Europa. Por isso, de Berchtesgaden seguimos para lá, como planejado.
Viajamos para Salzburgo, onde visitamos uma catedral construída sobre

as ruínas de uma igreja romana. Ela foi reconstruída três vezes, somos informados, a última depois que uma bomba destruiu a cúpula central durante a guerra. Não há sinal da destruição.

– Como nós – diz Béla, segurando minha mão.

De Salzburgo, vamos a Viena pela mesma estrada que eu e Magda percorremos antes de ser libertadas. Vejo as valas que acompanham as laterais da estrada e as imagino como um dia as vi, transbordando de cadáveres. Mas também consigo vê-las como são agora, florescendo com a grama do verão. Posso ver que o passado não mancha o presente, e que o presente não diminui o passado. O tempo é o meio. O tempo é a faixa na qual viajamos. O trem passa por Linz, por Wels. Sou a garota com a coluna travada que reaprende a escrever um G maiúsculo, que reaprende a dançar.

Passamos a noite em Viena, não muito longe do Hospital Rothschild, onde moramos enquanto esperávamos por nossos vistos para os Estados Unidos e onde, eu soube depois, meu mentor Viktor Frankl foi chefe da Neurologia antes da guerra. Na manhã seguinte, embarcamos em outro trem rumo ao norte.

Acho que Béla imagina que o meu desejo de retornar a Auschwitz pode arrefecer, mas em nossa segunda manhã em Copenhague eu pergunto a nossos amigos como chegar à embaixada polonesa. Eles me advertem, como já fez Marianne, sobre os amigos sobreviventes que visitaram o campo e depois morreram.

– Não passe pelo trauma novamente – pedem eles.

Béla também parece preocupado.

– Hitler não venceu – relembro a ele.

Achei que a maior dificuldade seria estar em Auschwitz, mas na embaixada polonesa somos informados de que diversas greves estão acontecendo em toda a Polônia, que os soviéticos podem querer reprimir as manifestações e que, por isso, a embaixada foi aconselhada a parar de emitir vistos para ocidentais. Béla está pronto para me consolar, mas eu o evito. Sinto a força de vontade que me levou até o carcereiro em Prešov com um anel de diamante na mão, até o consultório de médico em Viena com o cunhado se passando por marido. Cheguei tão longe na vida e na cura, não posso ceder diante de um obstáculo agora.

– Sou uma sobrevivente – digo ao funcionário da embaixada. – Fui prisioneira em Auschwitz. Meus pais e avós morreram lá. Lutei muito para sobreviver. Por favor, não me faça esperar para voltar.

Não estou ciente de que em menos de um ano a relação entre os Estados Unidos e a Polônia vai se deteriorar e ficará congelada pelo restante da década, que essa é na verdade a última chance que eu e Béla temos de ir juntos a Auschwitz. Sei apenas que não posso permitir ter o visto recusado.

O funcionário me olha, inexpressivo, se afasta do balcão e depois volta.

– Passaportes – pede ele, e carimba vistos de viagem válidos por uma semana em nossos passaportes americanos azuis. – Aproveite a Polônia.

Esse é o momento em que começo a ter medo. No trem para Cracóvia, tenho a sensação de que enfrento uma prova de fogo, que estou atingindo o ponto em que vou derreter ou me queimar, quando o medo sozinho pode me transformar em cinzas. *Isso é passageiro.* Tento negociar com a parte de mim que sente a perda de uma camada de pele a cada quilômetro. Serei novamente um esqueleto quando chegar à Polônia. Quero ser mais do que ossos.

– Vamos descer na próxima parada – digo a Béla. – Não é importante ir até Auschwitz. Vamos embora para casa.

– Edie – diz ele –, você vai ficar bem. É só um lugar. Não pode machucar você.

Fico no trem nas paradas seguinte. Mais uma parada, depois outra, passo por Berlim e por Poznań. Penso no Dr. Hans Selye, um colega húngaro que disse que o estresse é a resposta do corpo a qualquer demanda por mudança. Nossas respostas automáticas são lutar ou fugir, mas em Auschwitz, onde suportamos mais do que estresse, onde vivemos em perigo, desafiando a vida e a morte, nunca sabendo o que aconteceria, as opções de lutar ou fugir não existiam. Eu teria sido baleada se tivesse reagido, e eletrocutada, se tentasse fugir. Então, aprendi a fluir, aprendi a me manter alerta, a desenvolver a única coisa que me restava, o olhar interior para aquela parte de mim que nenhum nazista poderia matar. Encontrar e me segurar em meu verdadeiro eu. Talvez eu não esteja perdendo a pele. Talvez eu esteja apenas me esticando para incorporar cada aspecto de quem sou, de quem fui e de quem posso me tornar.

Quando nos curamos, aceitamos nossas "personalidades" reais e possíveis. Tive uma paciente obesa que era cruel com ela mesma toda vez que via o próprio reflexo ou que subia em uma balança. Ela se chamava de vaca, de nojenta. Ela acreditava que tinha decepcionado o marido, que envergonhava os filhos e que as pessoas que a amavam mereciam coisa melhor. Para ser a pessoa que gostaria, ela primeiramente tinha que gostar dela mesma do jeito que era. Nós sentamos em meu consultório e eu pedi que ela escolhesse uma parte do corpo – o dedo, a barriga, o pescoço ou o queixo – e falasse sobre ela de uma forma carinhosa. *Ela se parece com isso, a sensação é tal, ela é bonita porque...* O começo foi constrangedor, até mesmo doloroso, pois ela tinha mais facilidade em se criticar do que olhar com carinho para o próprio corpo. Fomos devagar e com cuidado. Comecei a notar pequenas mudanças. Ela veio me ver um dia usando um lindo cachecol novo. Em outro, tinha ido à manicure. Depois, contou que telefonara para a irmã de quem tinha se distanciado. Em outra ocasião, ela descobriu que adorava caminhar na trilha que circundava o parque onde a filha jogava futebol. Como ela experimentou amar todas as partes dela mesma, descobriu mais alegria e bem-estar em sua vida. Ela também começou a perder peso. A libertação começa com a aceitação.

Para nos curarmos, abraçamos a escuridão. Caminhamos pela sombra do vale no caminho para a luz. Trabalhei com um veterano de guerra do Vietnã que voltou para casa desesperado para assumir a vida que tinha antes da guerra. Mas ele voltou com feridas físicas e psicológicas: estava impotente e não conseguia arranjar um emprego. A esposa o deixou. Quando procurou minha ajuda, estava perdido no caos do divórcio e no que para ele parecia a morte de sua sexualidade e de sua identidade. Dei-lhe toda a minha compaixão, mas ele estava zangado e preso na areia movediça de sua perda. Eu me senti sem forças para ajudá-lo a sair dessa situação. Quanto mais eu tentava amá-lo e tirá-lo do desespero, mais fundo ele se enterrava.

Como último recurso, decidi tentar a hipnoterapia. Fiz uma regressão a fim de que ele voltasse à época da guerra, quando era piloto de bombardeiro e estava no controle, antes de voltar para casa e perder tudo. Sob hipnose, ele me disse: "No Vietnã, eu podia beber o quanto quisesse, podia trepar o quanto quisesse." Ele ficou com o rosto vermelho e gritou: "E podia matar o quanto quisesse!" Na guerra, ele não matava pessoas; matava "amarelos", sub-humanos. Assim como os nazistas não matavam pessoas nos campos da morte; eles erradicavam um câncer. A guerra provocou sua lesão e mudou sua vida, mas ainda assim ele sentia falta da guerra. Ele sentia falta da sensação de poder que tinha ao enfrentar o inimigo, de fazer parte de uma classe invulnerável, acima de qualquer nacionalidade, acima de qualquer raça.

Meu amor incondicional não fez qualquer efeito até eu lhe dar autorização para que expressasse a parte dele que estava sofrendo, a parte que era ao mesmo tempo forte e sombria, a parte que ele já não podia exprimir. Não estou dizendo que ele precisava matar novamente para ficar inteiro. Para descobrir como escapar da vitimização ele precisava aceitar sua impotência *e* seu poder, as formas como foi ferido *e* as formas como feriu, seu orgulho *e* sua vergonha. O único antídoto para a devastação é o eu inteiro.

Talvez a cura não signifique apagar a cicatriz, ou mesmo fazer a cicatriz. Curar é cuidar da ferida.

Chegamos a Cracóvia no meio da tarde. Vamos dormir aqui esta noite, pelo menos tentar dormir. Amanhã, pegaremos um táxi para Auschwitz. Béla queria visitar a Cidade Velha e tento prestar atenção à arquitetura medieval, mas me sinto tolhida pela ansiedade – uma estranha mistura de esperança e horror. Paramos do lado de fora da Igreja de Santa Maria para ouvir o trompetista tocar a melodia que marca a hora completa. Um grupo de adolescentes passa por nós, brincando, falando alto em polonês, mas não percebo a alegria deles; estou ansiosa. Esses jovens, um pouco mais velhos do que meus netos, me lembram a rapidez com que a próxima geração crescerá. Será que minha geração ensinou bem aos jovens como evitar outro holocausto? Ou nossa liberdade arduamente conquistada sucumbirá a uma nova onda de ódio?

Tive muitas oportunidades de influenciar os jovens, meus próprios filhos e netos, meus ex-alunos, o público para o qual me dirijo em todo o mundo e pacientes individuais. Na véspera de meu retorno a Auschwitz, a sensação de responsabilidade para com eles ficou especialmente forte. Não é só por mim que estou voltando. É por tudo que transmito.

Será que tenho o que é preciso para fazer a diferença? Será que consigo transmitir minha força em vez de minha perda? Meu amor em vez de meu ódio?

Fui testada antes. Um garoto de 14 anos que havia participado de um roubo de carro foi enviado a mim por um juiz. O garoto usava botas marrons, camiseta marrom. Ele apoiou o cotovelo na mesa e disse: "Está na hora de a América ser branca novamente. Vou matar todos os judeus, negros, mexicanos e todos os chineses."

Achei que fosse passar mal. Fiz um esforço para não sair correndo da sala. *Qual o significado disso?* Eu queria gritar, sacudir o garoto e dizer *Com quem você acha que está falando? Eu vi minha mãe ir para a câmara de gás.* Eu teria sido perdoada. Talvez meu trabalho fosse colocá-lo no caminho certo, talvez por isso Deus o colocou no meu caminho. Para cortar seu ódio pela raiz. Estava repleta de senso de justiça. Era bom estar com raiva. Melhor irritada do que com medo.

Mas então ouvi uma voz interior. *Descubra a intolerância em você*, dizia a voz. *Descubra a intolerância em você.*

Tentei calar essa voz. Fiz uma lista das muitas objeções à simples ideia de que eu poderia ser intolerante. Eu vim para os Estados Unidos sem um tostão. Nas fábricas, usei o banheiro "para negras" em solidariedade às colegas afro-americanas. Marchei com o Dr. Martin Luther King Jr. para acabar com a segregação. Mas a voz insistia: *Descubra a intolerância em você.* Encontre essa parte em você que julga, rotula, desmerece a humanidade da outra pessoa e torna os outros menos do que eles são.

O garoto continuou a bradar pela pureza da América. Todo o meu ser tremia de inquietação e lutei contra a vontade de colocar o dedo em riste, cerrar meu punho, fazê-lo pagar por seu ódio, sem assumir a responsabilidade por meu próprio ódio. Esse garoto não matou meus pais. Negar o meu amor não venceria seu preconceito.

Rezei para ser capaz de encontrá-lo com amor. Conjurei toda imagem que eu tinha de amor incondicional. Pensei em Corrie ten Boom, uma das Gentias Honradas. Ela e sua família participaram da resistência a Hitler escondendo centenas de judeus em casa, e ela acabou em um campo de concentração. A irmã morreu nos braços de Corrie, ela mesmo libertada devido a um erro administrativo um dia antes de todos os prisioneiros de Ravensbrück serem executados. Alguns anos depois da guerra, Corrie se encontrou com um dos guardas mais violentos do campo de concentração, um dos homens responsáveis pela morte de sua irmã. Ela podia ter cuspido nele, desejado sua morte e o amaldiçoado. No entanto, rezou para ter força e perdoá-lo; segurou as mãos dele com as próprias mãos. Corrie conta que naquele momento, em que a ex-prisioneira apertou as mãos do ex-guarda, ela sentiu um amor puro e profundo. Tentei encontrar aquele abraço e aquela compaixão em meu coração para encher os meus olhos com esse tipo de bondade. Imaginei se era possível que aquele rapaz racista tivesse entrado em minha vida para que eu pudesse aprender o que é o amor incondicional. Que oportunidade eu tive nesse momento? Que escolha poderia fazer na hora em que me poria na direção do amor?

Tive a oportunidade de amar esse jovem, somente ele, seu eu singular e a humanidade que compartilhamos. A oportunidade de recebê-lo para dizer algo, sentir qualquer coisa, sem medo de ser julgada. Lembrei da família alemã que morou um tempo em Fort Bliss, da menina que subia em meu colo e me chamava de *Oma*, vovó em alemão. Essa pequena bênção vinda de uma criança parecia uma resposta para o desejo que eu tive quando passei pelas cidades alemãs com Magda e os outros prisioneiros e as crianças alemãs nos cuspiram: sonhei com o dia em que as crianças alemãs saberiam que não era necessário me odiar. E vivi para ver esse dia. Pensei nas estatísticas que li de que a maior parte dos membros dos grupos supremacistas dos Estados Unidos perdeu um dos pais antes de completar 10 anos. São crianças perdidas em busca de uma identidade, em busca de uma maneira de se sentirem fortes, de sentirem que são importantes.

Portanto, eu me recompus e olhei para o jovem da maneira mais amorosa que consegui. E disse duas palavras: "Conte mais."

Não falei muito além disso na primeira sessão. Escutei. Criei uma relação de empatia. Ele era muito parecido comigo depois da guerra. Ambos tínhamos perdido os pais, ele por negligência e abandono, eu por morte. Ambos víamos a nós mesmos como mercadoria danificada. Ao abrir mão de julgar, ao deixar de lado minha vontade de que ele fosse ou acreditasse em algo diferente, ao perceber sua vulnerabilidade e sua ansiedade por pertencimento e amor, ao conseguir superar o meu medo e minha raiva de modo a aceitá-lo e amá-lo, fui capaz de dar a ele algo que suas botas marrons e sua camisa marrom não conseguiram – uma imagem real de seu próprio valor. Quando saiu de meu consultório naquele dia, ele não sabia nada da minha história, mas tinha visto uma alternativa ao ódio e ao preconceito, já não falava mais em matar e tinha me mostrado um sorriso suave. Assumi a responsabilidade de não perpetuar a hostilidade e a culpa, de não ceder ao ódio e dizer *Você está acima das minhas possibilidades.*

Agora, na véspera de meu regresso à prisão, relembro a mim mesma que cada pessoa tem um Adolf Hitler e uma Corrie ten Boom dentro de si. Temos a capacidade de odiar e a capacidade de amar. Depende de nós a quem – a nosso Hitler interior ou a nossa Corrie ten Boom interior – escolhemos recorrer.

Pela manhã, chamamos um táxi para nos levar a Auschwitz. Béla engata uma conversa com o motorista sobre a família dele e os filhos. Eu aprecio a paisagem que não vejo desde que tinha 16 anos e cheguei a Auschwitz dentro de um vagão escuro de transporte de animais. Fazendas, vilas, natureza. A vida continua, como continuou em todos os lugares enquanto estivemos presos ali.

O motorista nos deixa na entrada de minha antiga prisão. Eu e Béla ficamos novamente sozinhos. A inscrição de ferro batido assombra: ARBEIT MACHT FREI, "o trabalho liberta". Minhas pernas tremem com a visão, com a memória de como essas palavras deram esperança a meu pai. *Vamos trabalhar até o fim da guerra*, ele pensou. *Vai demorar um pouco e então estaremos livres. Arbeit macht frei.* Essas palavras nos deixaram calmos até as portas das câmaras de gás serem trancadas com nossos entes queridos dentro, até que o pânico se tornasse inútil. Então, essas palavras se tornaram uma ironia diária, a cada hora, porque ali nada libertava. A morte era a única saída. Portanto, até mesmo a ideia de liberdade se tornou outra forma de desesperança

A grama está exuberante. As árvores ocuparam o espaço, mas as nuvens têm cor de osso, e, embaixo delas, as estruturas construídas pelo homem, mesmo as que estão em ruínas, dominam a paisagem. Quilômetros e quilômetros de cercas. Uma vasta extensão de alojamentos de tijolo se desintegrando e espaços retangulares vazios onde antes havia construções. As linhas horizontais desoladoras dos alojamentos, das cercas e das torres são regulares e ordenadas, mas não há vida nessa geometria. Essa é a geometria da tortura e da morte sistemática. A aniquilação calculada. Então percebo novamente uma coisa que me perseguiu naqueles meses infernais em que isso foi a minha casa: não dá para ver ou ouvir um único pássaro. Nenhum pássaro vive aqui. Nem mesmo agora. O céu está vazio de suas asas e o silêncio é mais profundo por causa da ausência de seu canto.

Os turistas se juntam. A excursão começa. Somos um grupo pequeno de oito ou dez pessoas. A imensidão massacra. Eu a sinto no silêncio do grupo, na maneira como quase paramos de respirar. Não é possível entender o significado da enormidade do horror cometido neste lugar. Eu estive aqui enquanto as chamas ardiam, eu acordava e trabalhava e dormia com o fedor dos corpos queimando, e mesmo eu não consigo compreender. O cérebro tenta reter os números, tenta assimilar o confuso acúmulo de coisas que foram colocadas em exposição para os visitantes – as malas arrancadas dos que iam ser mortos, as tigelas, pratos e canecas, os milhares de pares de óculos reunidos num emaranhado que parece um arbusto surrealista. As roupas de crochê feitas por mãos amorosas para bebês que nunca se tornaram crianças, homens ou mulheres. O vidro de 20 metros de comprimento cheio de cabelo humano. Nós contamos: 4.700 corpos cremados em cada fornalha, 75 mil poloneses mortos, 21 mil ciganos, 15 mil soviéticos. Os números se acumulam e se acumulam. Podemos montar a equação e fazer a conta que descreve os mais de 1 milhão de mortos em Auschwitz. Podemos acrescentar na lista milhares de mortos de outros campos de extermínio na Europa da minha juventude, e os corpos jogados nas valas ou nos rios antes de chegarem a um campo de extermínio. Mas não há nenhuma equação que resuma adequadamente o efeito de uma perda tão completa. Não há idioma que explique a desumanidade sistemática desta fábrica da morte criada por humanos. Mais de 1 milhão de pessoas foram mortas bem aqui onde eu estou. É o maior cemitério do mundo. E em todas as dezenas, centenas, milhares e milhões de mortos, em todos os objetos acumulados e depois abandonados, em todos os quilômetros de cercas e tijolos, outro número assombra. O número zero. Aqui, no maior cemitério do mundo, não há um único túmulo. Apenas espaços vazios onde antes ficavam os crematórios e as câmaras de gás, apressadamente destruídos pelos nazistas antes da rendição. Os espaços vazios onde meus pais morreram.

Completamos o tour pelo campo dos homens. Ainda preciso ir ao lado feminino, a Birkenau. É para isso que estou aqui. Béla pergunta se quero que ele venha comigo, mas balanço a cabeça negativamente. Esse último trecho da jornada eu preciso fazer sozinha.

Deixo Béla no portão de entrada e volto ao passado. A música toca nos alto-falantes, sons alegres que não combinam com o ambiente sombrio. "Veja", diz meu pai, "não pode ser um lugar tão terrível. Nós vamos apenas trabalhar um pouco até a guerra acabar. É temporário. Podemos sobreviver a isso." Ele se junta à fila e acena para mim. Eu acenei de volta? A memória me diz que acenei para meu pai antes de ele morrer.

Minha mãe fica de braços dados comigo. Caminhamos lado a lado. "Abotoe seu casaco", diz ela. "Mantenha a cabeça erguida". Volto para a imagem que ocupou minha memória durante a maior parte da vida: três mulheres famintas com casacos de lã, de braços dados, em um quintal árido. Minha mãe. Minha irmã. Eu.

Estou vestindo o casaco que coloquei naquele alvorecer de abril. Sou magra e sem seios, o cabelo preso embaixo de um lenço amarrado. Minha mãe ralha novamente comigo para que eu mantenha a cabeça erguida. "Você é uma mulher, não uma criança", diz ela. Há um propósito na repreenda dela. Ela quer que eu pareça ter 16 anos ou mais. Minha sobrevivência depende disso.

No entanto, nem que a minha vida dependa disso, vou largar a mão de minha mãe. Os guardas apontam e empurram. A fila avança. Vejo os olhos pesados de Mengele à frente, o espaço entre os dentes quando ele sorri. Ele está no comando. Ele é um anfitrião ansioso.

– Alguém está doente? – pergunta ele, solícito. – Mais de 40 anos? Abaixo de 14 anos? Vá para a esquerda, para a esquerda.

Essa é a nossa última chance. De trocar palavras, de dividir o silêncio. De nos abraçarmos. Dessa vez, eu sei que é o fim. Ainda assim, eu me decepciono. Quero apenas que minha mãe olhe para mim. Para me tranquilizar. Olhe para mim e nunca desvie o olhar. O que é essa necessidade que eu entrego a ela de novo e de novo, essa coisa impossível que eu quero?

É a nossa vez agora. O Dr. Mengele levanta o dedo.

– Ela é sua mãe ou sua irmã? – pergunta ele.

Eu agarro a mão de minha mãe, Magda a abraça do outro lado. Apesar de nenhuma de nós saber o significado de ser enviada para a esquerda, minha mãe pressentiu a necessidade de eu aparentar a minha idade ou ser mais velha. Preciso parecer ter idade suficiente para passar pela primeira fila de seleção viva. O cabelo dela é grisalho, mas seu rosto é tão liso quanto o meu. Ela podia se passar por minha irmã. Mas eu não penso sobre qual palavra a protegerá: "mãe" ou "irmã". Não penso em nada. Apenas sinto cada célula em mim que a ama, que precisa dela. Ela é minha mãe, minha mamãe, minha única mamãe. Assim eu digo a palavra que passei o resto da vida tentando banir da minha consciência, a palavra que eu não me permito relembrar até hoje.

– Mãe – digo.

Assim que a palavra sai de minha boca, eu quero enfiá-la de volta pela garganta. Percebi tarde demais o significado da pergunta. *Ela é sua mãe ou sua irmã?* "Irmã, irmã, irmã!", eu quero gritar. Mengele manda minha mãe para a esquerda. Ela segue atrás de crianças pequenas e de idosos, de grávidas e mães com bebês nos braços. Vou segui-la. Não vou perdê-la de vista. Começo a correr na direção de minha mãe, mas Mengele segura o meu ombro.

– Você verá sua mãe em breve – diz ele e me puxa para a direita, na direção de Magda, para o outro lado, para a vida.

– Mamãe! – grito.

Somos separadas novamente na memória, como fomos na vida, mas não vou deixar a memória ser outro beco sem saída.

– Mamãe! – grito.

Não ficarei satisfeita com a visão de sua nuca. Preciso ver o sol batendo em cheio em seu rosto.

Ela se vira para me olhar. Ela é um ponto de inércia na marcha daquele rio de outros condenados. Sinto sua energia, a beleza que era mais do que beleza, que ela sempre escondia sob tristeza e desaprovação. Ela me vê olhando para ela. Ela sorri. É um sorriso pequeno. Um sorriso triste.

– Eu devia ter dito "irmã"! Por que eu não disse "irmã"? – grito para ela através dos anos para lhe pedir perdão.

Acho que voltei a Auschwitz por isso. Para ouvi-la dizer que eu fiz o melhor com o que eu podia. Que eu tinha feito a escolha certa.

Mas ela não pode dizer isso, ou, mesmo que dissesse, eu não acreditaria. Posso perdoar os nazistas, mas como posso me perdoar? Eu viveria tudo de novo, cada linha de seleção, cada banho, cada noite congelante e cada chamada mortal, cada refeição assombrada, cada momento respirando o ar enfumaçado, cada vez que quase morri ou que quis morrer, se ao menos eu pudesse reviver esse momento, esse momento e aquele logo antes desse, quando eu podia ter feito uma escolha diferente. Quando eu podia ter dado uma resposta diferente à pergunta de Mengele. Quando eu podia salvar, mesmo que por um dia, a vida de minha mãe.

Minha mãe se vira. Vejo seu casaco cinza, seus ombros suaves, seu cabelo preso brilhante se afastando de mim. Vejo que caminha com outras mulheres e crianças na direção dos vestiários onde tirarão as roupas e o casaco, que ainda guarda o pedaço do saco amniótico de Klara. Lá lhes dirão para memorizarem o número do gancho onde deixaram as roupas, como se fossem voltar para aquele vestido, para aquele casaco, para aquele par de sapatos. Minha mãe ficará nua com outras mães, avós, jovens mães com seus bebês nos braços e com os filhos de mães que foram mandadas para a fila a que eu e Magda nos juntamos. Ela descerá as escadas em fila até uma sala com chuveiros nas paredes, para a qual mais e mais pessoas serão empurradas até que o ambiente esteja úmido de suor e lágrimas e ecoando os gritos das mulheres e crianças aterrorizadas, até que esteja lotado e sem ar para respirar. Será que ela percebeu a pequena janela quadrada no teto através da qual os guardas lançarão o veneno? Em quanto tempo ela saberá que está morrendo? Tempo suficiente para pensar em mim, em Magda e Klara? Em meu pai? Tempo suficiente para fazer uma oração para sua mãe? Tempo suficiente para ficar zangada comigo por eu ter dito a palavra que em um segundo a enviou para a morte?

Se eu soubesse que minha mãe ia morrer naquele dia, teria dito uma palavra diferente. Ou não teria falado nada e teria ido com ela para os chuveiros, e morrido ao seu lado. Eu podia ter feito algo diferente. Podia ter feito mais. Acredito nisso.

Como é fácil uma vida se tornar uma ladainha de culpa e arrependimento, uma música que continua ecoando o mesmo refrão, a mesma inabilidade de nos perdoarmos. Com que facilidade a vida que não vivemos se torna a única vida que valorizamos. Quão facilmente somos seduzidos pela fantasia de que temos controle, de que algum dia tivemos controle, que as coisas que podíamos ou devíamos ter feito ou dito têm poder, se ao menos as tivéssemos feito ou dito para curar a dor, acabar com o sofrimento, desaparecer com a dor. Com que facilidade podemos nos apegar – venerar – as escolhas que achamos que podíamos ou devíamos ter feito.

Eu poderia salvar minha mãe? Talvez. Viverei o resto da minha vida com essa possibilidade. Posso me castigar por ter feito a escolha errada – essa é uma prerrogativa minha – ou posso aceitar que a escolha mais importante não foi a que fiz quando sentia fome e medo, quando tinha 16 anos e estava cercada por cães, armas e incertezas, mas a que faço agora. A escolha de me aceitar como eu sou: humana e imperfeita. E a escolha de ser responsável pela minha felicidade. De perdoar as minhas falhas e resgatar a minha inocência. De parar de perguntar por que mereci sobreviver. Agir da melhor forma que puder, me comprometer comigo mesma a ajudar os outros, fazer tudo o que estiver ao meu alcance para honrar os meus pais e garantir que eles não morreram em vão. Para fazer o meu melhor de acordo com minha capacidade limitada, de modo que as futuras gerações não vivam o que eu vivi. Para ser útil, para sobreviver e prosperar de modo que eu possa usar cada momento para tornar o mundo um lugar melhor. E para, finalmente, parar de fugir do passado, fazer todo o possível para me redimir e, então, relaxar. Todos nós podemos fazer escolhas. Não posso mudar o passado, mas há uma vida que posso salvar: a minha. A vida que estou vivendo agora, neste momento valioso.

Estou pronta. Pego uma pedra no chão, uma pedra pequena, irregular, cinza, comum. Aperto a pedra. Pela tradição judaica, colocamos pequenas pedras nos túmulos como sinal de respeito aos mortos, para oferecer *mitzvah*, uma bênção. A pedra significa que os mortos permanecem em nossos corações e em nossas memórias. A pedra que está na minha mão é um símbolo de meu eterno amor por meus pais, além de um sinal da culpa e da dor que eu vim aqui para enfrentar – algo imenso e aterrorizante que, apesar de tudo, posso segurar na minha mão. É a morte de meus pais. A morte da vida que existia. É o que não aconteceu. O nascimento da vida como ela é. Da paciência e da compaixão que aprendi aqui, da capacidade de parar de me julgar, da capacidade de responder em vez de reagir. É a verdade e a paz que eu vim descobrir e tudo o que posso finalmente deixar para trás.

Deixo a pedra sobre o pedaço de terra onde ficava o meu galpão, onde dormi numa prateleira de madeira com cinco outras garotas, onde fechei os olhos enquanto tocava "Danúbio Azul" e dancei pela minha vida. *Sinto saudades*, digo a meus pais. *Amo vocês. Sempre amarei vocês.*

E é para o vasto campo de extermínio que matou meus pais e tantas outras pessoas, para a sala de aula do horror que ainda tinha algo sagrado para me ensinar sobre como viver – onde fui vitimizada, mas não sou uma vítima, onde fui ferida, mas não destruída, onde a alma nunca morre, onde significado e propósito podem vir do fundo do coração daquele que mais nos magoa – que eu pronuncio as palavras finais. *Adeus* e *obrigada*. *Agradeço a vocês pela vida e pela capacidade de enfim aceitar a vida como ela é.*

Vou até o portão de ferro de minha antiga prisão, em direção a Béla, que está me esperando na grama. Pelo canto do olho, vejo um homem de uniforme caminhando de um lado para outro embaixo do letreiro. É um guarda do museu, não um soldado. Mas é impossível, ao vê-lo marchando com seu uniforme, não paralisar, prender a respiração, à espera do estampido da arma, da rajada de balas. Por um segundo, sou novamente a garota aterrorizada, a garota em perigo. Sou meu eu aprisionado. Mas eu respeito, espero o momento passar. Sinto o passaporte azul americano no bolso do meu casaco. O guarda chega ao letreiro de ferro batido e vira, andando de volta para dentro da prisão. Ele deve ficar aqui. É seu trabalho ficar. Mas eu posso ir embora. Eu sou livre!

Vou embora de Auschwitz. Eu fujo! Passo por baixo das palavras ARBEIT MACHT FREI. Como essas palavras eram cruéis e sarcásticas quando percebemos que nada que pudéssemos fazer nos libertaria. Mas, conforme me afasto dos galpões, das ruínas dos crematórios, das torres de vigia, dos visitantes e do guarda do museu, e passo, por baixo das palavras de ferro escuro, em direção a meu marido, vejo as palavras brilharem com a verdade. O trabalho me libertou. Sobrevivi para poder realizar o meu trabalho. Não o trabalho que os nazistas queriam – o trabalho duro de sacrifício e fome, de exaustão e escravidão. Foi o trabalho interior, de aprender a sobreviver e a prosperar, de aprender a me perdoar e de ajudar os outros a fazerem o mesmo. Quando faço esse trabalho, deixo de ser refém ou prisioneira de nada. Sou livre.

PARTE IV

CURA

CAPÍTULO 20

A dança da liberdade

Uma das últimas vezes em que vi Viktor Frankl foi no III Congresso Mundial de Logoterapia, em Regensburg, em 1983. Ele estava com quase 80 anos e eu com 56. De muitas formas eu era a mesma pessoa que tivera um ataque de pânico em um auditório em El Paso quando coloquei o livrinho dele na bolsa. Ainda falo inglês com um sotaque forte. Ainda tenho flashbacks. Ainda carrego imagens dolorosas e lamento as perdas do passado. Mas não me sinto mais como se fosse vítima. Senti, e sempre sentirei, gratidão e um amor imenso por meus dois libertadores: o soldado que me tirou de uma pilha de corpos em Gunskirchen, e Viktor Frankl, que me autorizou a não mais me esconder e me ajudou a encontrar palavras para descrever a minha experiência e a lidar com minha dor. Por meio de sua orientação e amizade, descobri um propósito no meu sofrimento, um sentido que me ajudou não só a aceitar o passado, mas também a emergir de minhas provações com algo precioso e digno de ser compartilhado: o caminho para a liberdade. Nós dançamos na última noite da conferência. Lá estavam dois velhos dançarinos. Duas pessoas apreciando o presente sagrado. Dois sobreviventes que aprenderam a prosperar e a ser livres.

Minha amizade de décadas com Viktor Frankl e os relacionamentos de cura com todos os meus pacientes, incluindo aqueles que descrevi aqui, me ensinaram a mesma lição importante que comecei a receber em Auschwitz: nossas experiências dolorosas não são uma desvantagem – são um presente. Elas nos dão perspectivas e sentido, uma oportunidade de encontrar nosso propósito especial e nossa força.

Não há um modelo para a cura que sirva para todos, mas existem passos que podem ser aprendidos e praticados, passos que cada indivíduo pode juntar à sua maneira, passos da dança da liberdade.

Meu primeiro passo na dança foi assumir a responsabilidade por meus sentimentos. Parar de reprimi-los e evitá-los e parar de colocar a culpa em Béla ou em outras pessoas, aceitando-os como meus. Esse também foi um passo fundamental na cura do capitão Jason Fuller. Como eu, ele tinha o hábito de eliminar os sentimentos, de fugir deles até que se tornassem grandes demais e passassem a controlá-lo, não o contrário. Mostrei a ele que não era possível evitar a dor evitando seus sentimentos. Ele tinha de assumir a responsabilidade de vivenciá-los e, no devido tempo, expressá--los com segurança para que depois pudessem se dissipar.

Naquelas primeiras semanas de tratamento, ensinei a ele um mantra para gerenciar as emoções: *observar, aceitar, verificar, permanecer*. Quando um sentimento começava a dominá-lo, a primeira ação de gerenciamento era observar – reconhecer – que estava sentindo algo. Ele podia dizer a si mesmo: *Ahá! Aqui vou eu novamente. Isso é raiva. Isso é ciúme. Isso é tristeza.* (Meu terapeuta junguiano ensinou algo que considero bastante reconfortante: apesar de parecer que a paleta de sentimentos humanos é infinita, na realidade cada nuance emocional, como cada cor, deriva de algumas poucas emoções primárias: tristeza, raiva, alegria, medo. Para quem, como eu, estava aprendendo o vocabulário emocional, é menos opressivo aprender a identificar apenas quatro sentimentos.)

Quando conseguiu dar nome a seus sentimentos, Jason precisou aceitar que eram seus. Esses sentimentos podiam ser provocados por ações ou palavras de outras pessoas, mas eram seus. Descarregá-los em cima de alguém não faria com que desaparecessem.

Então, quando o sentimento surgia, Jason tinha que verificar sua resposta corporal. *Estou com calor ou com frio? Meu coração disparou? Como está minha respiração? Estou ok?*

Ajustar-se ao sentimento em si e a como ele se movimentava em seu corpo ajudava Jason a permanecer com o sentimento, até que ele passasse ou mudasse. Não era preciso encobrir, medicar ou fugir de seus sentimentos.

Ele podia escolher senti-los. Eram apenas sentimentos. Ele podia aceitá-los, suportá-los e permanecer com eles porque eram temporários.

Como Jason preferia ajustar seus sentimentos, praticamos como responder a eles, em vez de reagir. Jason aprendeu a viver como se estivesse em uma panela de pressão. Ele se manteve sob um controle rígido até que explodiu. Eu o ajudei a aprender a ser mais como um bule de chá, que libera o vapor. Às vezes ele chegava para a sessão, eu perguntava como estava se sentindo, e ele dizia:

– Sinto vontade de gritar.

Eu respondia:

– Tudo bem! Vamos gritar. Deixe sair tudo para que isso não o deixe doente.

Conforme Jason aprendeu a aceitar e enfrentar seus sentimentos, ele também começou a ver que em muitos aspectos estava recriando em sua família o medo, a repressão e a violência de sua infância. A necessidade de controlar seus sentimentos, aprendida sob a dominação de um pai abusivo, tinha se transferido para a necessidade de controlar a esposa e os filhos.

Às vezes a cura nos ajuda a recuperar as relações com os nossos parceiros, mas muitas vezes a cura libera a outra pessoa para o seu próprio crescimento. Depois de alguns meses participando de sessões de aconselhamento para casais, a esposa de Jason comunicou que estava pronta para se separar. Jason ficou surpreso e furioso. Preocupei-me que sua dor em relação ao casamento fracassado ditasse a maneira como ele tratava as crianças. Inicialmente, Jason agiu de maneira vingativa e queria lutar pela guarda total, mas ele conseguiu mudar sua mentalidade do tudo ou nada e fez um acordo de guarda compartilhada com a esposa. Ele conseguiu reparar e nutrir seu relacionamento com as pessoas que o incentivaram a deixar a arma de lado: seus filhos. Ele encerrou o legado de violência.

Quando reconhecemos e assumimos a responsabilidade por nossos sentimentos, aprendemos a reconhecer e a assumir a responsabilidade pelo papel que desempenhamos na dinâmica que molda nossos relacionamentos. Como aprendi em meu casamento e na relação com meus filhos, um dos campos de provas para a liberdade é como nos relacionamos com nossos entes queridos. Isso acontece com frequência em meu trabalho.

Jun vestia calça com vinco e camisa de botão na manhã em que o conheci. Ling entrou pela porta com um terninho de corte perfeito, a maquiagem aplicada com maestria e o cabelo penteado de maneira impecável. Jun se sentou em uma ponta do sofá, os olhos passando pelas fotografias e pelos diplomas pendurados na parede de meu consultório, olhando para tudo, menos para Ling. Ela sentou com elegância na outra ponta do sofá e olhou diretamente para mim.

– O problema é o seguinte – disse ela sem rodeios. – Meu marido bebe demais.

O rosto de Jun ficou vermelho. Ele parecia prestes a falar, mas se manteve quieto.

– Isso tem de acabar – disse Ling.

Perguntei o que era "isso". Quais eram os comportamentos que ela achava tão questionáveis?

Segundo Ling, ao longo dos últimos dois anos, Jun havia tornado o hábito de beber, até então restrito a uma noite ou outra e aos fins de semana, um ritual diário. Ele começava antes de chegar em casa, com um uísque em um bar perto do campus da universidade onde era professor. A esse drinque se seguia outro em casa e mais outro. No momento em que eles se sentavam para jantar com os dois filhos, os olhos de Jun já estavam meio vidrados, a voz um pouco alta demais e as piadas sem graça. Ling se sentia sobrecarregada pela responsabilidade de fazer as crianças cumprirem as rotinas de higiene antes de dormir. Depois que os filhos se recolhiam, Ling conseguia se deitar, mas estava frustrada. Quando perguntei sobre a vida íntima deles, Ling ficou ruborizada. Contou, então, que houve uma época em que Jun tomava a iniciativa, mas às vezes ela estava muito chateada para corresponder. Agora ele geralmente adormecia no sofá.

– Isso não é tudo – disse ela.

Ela estava listando todas as provas.

– Ele quebra pratos porque está bêbado. Chega tarde em casa. Esquece as coisas que eu falo. Está dirigindo bêbado e vai acabar se envolvendo em um acidente. Como posso confiar nele para levar as crianças?

À medida que Ling falava, Jun parecia desaparecer. Seus olhos se fixaram no colo. Ele parecia magoado, fechado, envergonhado e zangado, mas a hostilidade dele estava direcionada para dentro. Perguntei a Jun qual era a perspectiva dele para a vida cotidiana do casal.

– Sou sempre responsável com as crianças – disse ele. – Ela não tem o direito de me acusar de colocá-las em perigo.

– E o seu relacionamento com Ling? Como você vê o funcionamento de seu casamento?

Ele deu de ombros.

– Estou aqui – disse ele.

– Percebo um grande espaço entre vocês no sofá. Essa é uma indicação precisa de um grande abismo entre vocês.

Ling segurou a bolsa.

– Exatamente – respondeu Jun.

– É porque ele bebe – interrompeu Ling. – É isso que está criando essa distância.

– Parece que há muita raiva separando vocês.

Ling olhou rapidamente para o marido antes de concordar.

Vejo muitos casais presos na mesma dança. Ela resmunga, ele bebe. Ele bebe, ela reclama. Esta é a coreografia que eles escolheram. Mas e se um deles mudar o passo?

– Me pergunto – eu começo – se o casamento de vocês sobreviveria se Jun parasse de beber.

A mandíbula de Jun travou. Ling afrouxou o aperto na bolsa.

– Exatamente – disse ela. – Isso é o que precisa acontecer.

– O que realmente aconteceria se Jun parasse de beber? – perguntei.

Contei a eles sobre outro casal que conheço. O marido também bebia. Um dia, ele chegou ao seu limite. Não queria mais beber. Queria ajuda. Ele decidiu que a reabilitação era a melhor opção e se esforçou muito para ficar sóbrio. Era por isso que a esposa dele rezava que acontecesse. Ambos esperavam que a sobriedade fosse a solução para todos os problemas deles. Porém, à medida que a recuperação progredia, o casamento piorava. Quando a esposa o visitava na clínica de reabilitação, sentimentos de raiva e amargura surgiam. Ela não conseguia se controlar e parar de repetir coisas passadas. *Lembra de quando, há cinco anos, você chegou em casa e vomitou no meu tapete predileto? E aquela outra vez em que você arruinou nossa festa de aniversário de casamento?* Ela não conseguia parar a ladainha de todos os erros que ele tinha cometido e de todas as formas que ele a havia magoado e desapontado. Quanto mais o marido melhorava, pior ela ficava. Ele se sentia mais forte, menos intoxicado, menos envergonhado, mais em contato com ele mesmo, mais ajustado com a vida e com os relacionamentos. Ela ficava cada vez mais irritada. Ele parou de beber, mas ela não parou de criticar e culpar.

Eu chamo essa situação de gangorra. Uma pessoa está no alto, a outra embaixo. Muitos casamentos e relacionamentos são construídos dessa forma. Duas pessoas concordam com um contrato não escrito: uma delas será boa e a outra será má. Todo o sistema se baseia na inadequação de uma pessoa. O parceiro "malvado" recebe um passe livre para testar todos os limites; o parceiro "bom" tem o direito de dizer *Veja como sou altruísta! Veja como sou paciente! Veja tudo o que tenho que aturar!*

Mas o que acontece se o "malvado" no relacionamento se cansa desse papel? E se ele quiser concorrer a outro papel? Então o lugar do "bom" no relacionamento não está mais seguro. O "bom" precisa relembrar ao "mau" do quanto ele é malvado para poder manter sua posição. Ou pode se tornar hostil e impaciente de modo que eles ainda mantenham a gangorra equilibrada se mudarem de posição. De qualquer forma, a culpa é o pivô que mantém os dois juntos.

Em muitos casos, as ações de alguém realmente contribuem para nosso desconforto e para nossa infelicidade. Não estou sugerindo que devemos concordar com o comportamento prejudicial e destrutivo. Mas permanecemos vítimas quando responsabilizamos a outra pessoa por nosso próprio bem-estar. Se Ling diz "Só posso ser feliz e estar em paz se Jun parar de beber", ela fica vulnerável a uma vida de tristeza e desassossego. A felicidade dela estará sempre a uma garrafa ou a um trago do desastre. Da mesma forma, se Jun diz "A única razão de eu beber é porque Ling é muito irritante e crítica", ele abre mão de toda a liberdade de escolha. Ele não é o próprio agente, é um fantoche de Ling. Ele pode obter um alívio temporário com o efeito do álcool que o protege contra a grosseria dela, mas não ficará livre.

Isso acontece frequentemente quando estamos infelizes porque estamos assumindo muitas responsabilidades ou menos do que deveríamos. Em vez de sermos assertivos e fazermos escolhas claras para nós mesmos, podemos ficar agressivos (escolhendo para os outros), passivos (deixar que os outros escolham por nós) ou passivo-agressivos (escolhendo para os outros ao impedir que eles conquistem por eles mesmos o que escolheram). Não me dá nenhum prazer admitir que eu costumava agir de maneira passivo-agressiva com Béla. Ele era muito pontual. É importante para Béla chegar na hora, então, quando eu estava chateada com ele, arrumava uma desculpa no momento de sair de casa. Intencionalmente, eu encontrava uma maneira de nos atrasar, de fazer com que perdêssemos a hora, só para irritá-lo. Ele escolhera a pontualidade, mas eu não o deixava fazer o que queria.

Eu disse a Ling e a Jun que colocar a culpa da infelicidade deles um no outro era uma forma de evitar assumir a responsabilidade por sua própria alegria. Apesar de aparentemente os dois serem bastante assertivos, ambos eram especialistas em evitar dizer com honestidade: "Eu quero" ou "Eu sou". Ling usava as *palavras* "Eu quero" ("Eu quero que meu marido pare de beber"), mas ao querer algo para o outro, ela evitava saber o que queria para ela. E Jun podia racionalizar o hábito de beber dizendo que era culpa de Ling, uma forma de se afirmar contra as críticas e expectativas opressivas dela. Mas, se você abre mão das próprias escolhas, então está concordando em ser uma vítima e um prisioneiro.

Na Hagadá, o texto judaico que conta a história da libertação da escravidão no Egito e ensina as orações e os rituais para o *seder* do *Pessach*, existem quatro perguntas que o membro mais novo da família tradicionalmente deve fazer – as perguntas que tive o privilégio de fazer na minha infância, e que fiz na última noite que passei com meus pais em nossa casa. Na minha prática terapêutica desenvolvi a minha própria versão das quatro perguntas auxiliada por vários colegas com quem ao longo dos anos compartilhei estratégias para iniciar uma sessão com um novo paciente. Fiz essas perguntas a Ling e a Jun. Pedi que respondessem por escrito para conseguirem se livrar da vitimização.

1. *O que você quer?* Esta é uma pergunta aparentemente simples. Dar a nós mesmos a permissão para nos conhecermos e nos ouvirmos, para também nos alinharmos com os nossos desejos, o que pode ser muito mais difícil do que imaginamos. Com que frequência, quando res-

pondemos a esta pergunta, dizemos na verdade o que queremos para a outra pessoa? Lembrei a Ling e a Jun que eles precisavam responder a essa pergunta sozinhos. Responder *Eu quero que Jun pare de beber* ou *Eu quero que Ling pare de implicar* significava evitar a pergunta.
2. *Quem quer isso?* Essa é nossa responsabilidade e nossa luta: compreender nossas próprias expectativas *versus* tentar atender as expectativas dos outros. Meu pai se tornou um alfaiate porque o pai dele não permitiu que ele se tornasse médico. Meu pai era bom na sua profissão, era recomendado e premiado pelo seu trabalho, mas nunca quis aquilo e sempre lamentou seu sonho não realizado. É nossa responsabilidade agir em nome de nosso verdadeiro eu. Às vezes isso significa abrir mão da necessidade de agradar e obter a aprovação dos outros.
3. *O que você vai fazer sobre isso?* Eu acredito no poder do pensamento positivo, mas a mudança e a liberdade também exigem uma ação positiva. Qualquer coisa que a gente pratique nos torna melhor. Se praticarmos a raiva, ficaremos com mais raiva. Se praticarmos o medo, ficaremos com mais medo. Em muitos casos, nós realmente trabalhamos muito duro para garantir que não vamos a lugar nenhum. Mudança tem a ver com perceber o que não está mais funcionando e sair dos padrões conhecidos e limitantes.
4. *Quando?* Em *E o vento levou*, o livro favorito de minha mãe, quando Scarlett O'Hara é confrontada com uma dificuldade, ela diz: *"Pensarei nisso amanhã... Afinal de contas, amanhã é outro dia."* Se quisermos evoluir em vez de andar em círculos, a hora de agir é agora.

Ling e Jun terminaram de escrever suas respostas às perguntas, dobraram os papéis e os repassaram a mim. Nós os leríamos juntos na semana seguinte. Quando eles se levantaram para sair, Jun apertou minha mão, e, ao passar pela porta, eu vi a confirmação que precisava de que eles estavam dispostos a tentar encurtar a distância que tinha abalado seu casamento e sair da gangorra da culpa. Ling se virou para Jun e deu um sorriso tímido. Não consegui ver se ele retribuiu – ele estava de costas para mim –, mas eu o vi dar um tapinha amistoso no ombro dela.

Quando nos reunimos na semana seguinte, Ling e Jun descobriram algo que não haviam previsto. Em resposta à pergunta "O que você quer?", cada um tinha escrito a mesma coisa: *um casamento feliz*. Só o fato de revelarem esse desejo mostrou que eles já estavam a caminho de obtê-lo. Tudo o que eles precisavam era de algumas ferramentas novas.

Pedi que Ling se empenhasse em mudar seu comportamento depois que Jun chegasse em casa todos os dias. Esse era o momento em que ela geralmente ficava mais zangada, vulnerável e assustada. Estaria ele bêbado? Quão bêbado? Quão bêbado ele ficaria? Havia alguma possibilidade de aproximação entre eles, ou seria outra noite de distância e hostilidade? Ela aprendera a administrar seu medo ao tentar exercer o controle. Ela sentiria o bafo de Jun, faria acusações, se afastaria. Ensinei Ling a saudar o marido, estando ele bêbado ou sóbrio, da mesma forma, com olhos gentis e uma simples afirmação: "Estou feliz em vê-lo. Estou satisfeita por você estar em casa." Se ele estivesse bêbado e ela se sentisse magoada e decepcionada, ela poderia falar sobre esses sentimentos: "Posso ver que você andou bebendo e isso me deixa triste porque é difícil se sentir próxima de você assim" ou "Isso me deixa preocupada com sua segurança". Ela estava autorizada a fazer escolhas por si mesma em resposta à decisão do marido de beber. Ela poderia dizer: "Eu estava querendo conversar com você hoje, mas vejo que andou bebendo. Vou fazer outra coisa em vez disso."

Conversei com Jun sobre os componentes fisiológicos da dependência e lhe disse que eu poderia ajudá-lo a curar qualquer dor que ele estivesse tentando tratar com o álcool, e que se decidisse ficar sóbrio, precisaria de apoio adicional no tratamento do seu vício. Pedi que comparecesse a três reuniões dos Alcoólicos Anônimos. Lá, ele deveria verificar se por acaso se reconhecia em algumas das histórias. Jun foi às reuniões marcadas, mas pelo que sei nunca mais voltou. No período em que fizeram terapia comigo, ele não parou de beber.

Quando Ling e Jun terminaram a terapia, algumas coisas melhoraram, outras não. Eles se tornaram mais capazes de ouvir um ao outro sem a necessidade de ter a última palavra, passavam mais tempo sem raiva e, com isso, podiam reconhecer sua tristeza e medo. Também havia mais receptividade entre eles, porém o isolamento permaneceu, assim como o medo de que o hábito de beber de Jun ficasse fora de controle.

A história deles é um bom lembrete de que algo não acaba até acabar. Enquanto você viver, há a chance de sofrer mais. Também há a oportunidade de encontrar um jeito de sofrer menos e de escolher a felicidade, o que exige tomar a responsabilidade para si.

Tentar ser a pessoa que cuida e atende todas as necessidades do outro é tão problemático quanto evitar sua responsabilidade consigo mesmo. Isso tem sido um problema para mim, como é para muitos psicoterapeutas. Eu tive uma revelação sobre isso quando atendi uma mãe solteira de cinco filhos que estava deprimida, desempregada e com problemas físicos. Como ela sentia dificuldade em sair de casa, me ofereci, feliz, para buscar os cheques do seguro-desemprego em seu lugar e levar seus filhos para compromissos e atividades. Como sua terapeuta, achei que era minha responsabilidade ajudá-la de todas as formas possíveis. Um dia, quando eu estava na fila para receber o auxílio, me sentindo benevolente, generosa e digna, uma voz dentro de mim disse: *Edie, de quem são as necessidades que estão sendo atendidas?* Percebi que a resposta não era "da minha querida paciente". A resposta era "minhas". Ao fazer as coisas para ela, eu me sentia bem comigo mesma. Mas a que preço? Eu estava alimentando sua dependência e privação. A paciente já estava se privando há um bom tempo de algo que só ela poderia encontrar internamente. Enquanto eu acreditava que contribuía para sua saúde e bem-estar, na realidade, estava levando minha paciente a manter sua perda. Tudo bem ajudar as pessoas, e tudo bem precisar de ajuda, mas quando sua ajuda faz com que o outro não se ajude, então você está minando a pessoa que deseja ajudar.

Eu costumava perguntar a meus pacientes "Como posso ajudar?", mas esse tipo de pergunta os deixa sentados no sofá, aguardando que alguém os ajude a levantar. Mudei minha pergunta inicial para "Como posso ser útil?" Como posso ajudar você a assumir a responsabilidade por você mesmo?

Nunca conheci uma pessoa que conscientemente escolhesse viver presa. Mas testemunhei diversas vezes como delegamos voluntariamente nossa liberdade espiritual e mental, escolhendo transferir para outra pessoa ou entidade a responsabilidade de direcionar nossa vida, de escolher por nós. Um jovem casal me ajudou a compreender as consequências de abdicar dessa responsabilidade e repassá-la a outra pessoa. Eles me comoveram especialmente por causa de sua juventude, por estarem naquela fase da vida em que a maioria de nós busca autonomia e que é, ironicamente, um momento de ansiedade. É uma época em que nos questionamos se estamos prontos para a autonomia e se somos suficientemente fortes para aguentar o peso da independência.

Quando Elise procurou minha ajuda, havia chegado ao desespero suicida. Aos 21 anos, com o cabelo louro encaracolado preso em um rabo de cavalo, tinha os olhos vermelhos de tanto chorar e vestia uma camiseta esportiva masculina grande que quase cobria seus joelhos. Sentei-me com Elise sob o luminoso sol de outubro enquanto ela tentava explicar a origem de sua angústia: Todd.

Jogador de basquete carismático, ambicioso e lindo, Todd era quase uma celebridade no campus. Ela o conhecera dois anos antes, ao entrar na faculdade, época em que ele estava no segundo ano. Todo mundo conhecia Todd. A novidade para Elise foi que ele quis *conhecê-la*. Ele se sentia fisicamente atraído por Elise e gostou do fato de ela não se esforçar demais para tentar agradá-lo. Ela não era superficial. Suas personalidades pareciam se complementar. Ela era tímida e quieta; ele, falador e extrovertido. Ela era observadora; ele, artista. Não namoravam há muito tempo quando Todd a convidou para morar com ele.

Os olhos de Elise brilharam ao contar sobre os primeiros meses do relacionamento. Sobre o fato de que ser o centro das atenções de Todd a fez se sentir pela primeira vez não apenas bem, mas extraordinária. Não é que ela se sentisse negligenciada ou privada de amor quando criança ou em seus primeiros relacionamentos. Mas a atenção de Todd a fez se sentir viva de uma maneira diferente. Ela adorava a sensação.

Infelizmente, essa sensação veio e se foi. Às vezes ela se sentia insegura no relacionamento. Principalmente nos dias de jogos de basquete e festas, quando outras mulheres flertavam com Todd, ela se sentia inadequada e com ciúmes. Quando Todd passava a impressão de corresponder aos flertes, ela reclamava com ele. Às vezes ele a tranquilizava, em outras se irritava com suas inseguranças. Ela tentou não ser a namorada irritante e buscou encontrar maneiras de se tornar indispensável para ele. Elise virou o principal apoio acadêmico de Todd, que se esforçava para conseguir as notas mínimas exigida para manter a bolsa de estudos esportiva. No início, Elise o ajudou a estudar para as provas. Depois, começou a ajudá-lo nos deveres de casa. Logo, ela estava escrevendo artigos para ele e ficando acordada até tarde para fazer os trabalhos dele, além dos seus.

Conscientemente ou não, Elise encontrou um jeito de tornar Todd dependente dela. O relacionamento teria de durar porque ele precisava dela para manter a bolsa de estudos e tudo o mais que ela incluía. A sensação de ser indispensável era tão inebriante e tranquilizante que a vida de Elise se organizou em torno de uma equação: quanto mais eu fizer por ele, mais ele me amará. Sem perceber, ela começou a associar sua sensação de autoestima com a existência do amor dele.

Até que Todd confessou algo que Elise sempre temera: ele tinha ido para a cama com outra mulher. Ela ficou zangada e magoada. Ele se desculpou todo choroso, mas não conseguiu parar de se encontrar com a outra mulher. Estava apaixonado. Todd lamentava e esperava que ele e Elise pudessem continuar amigos.

Elise mal conseguiu reunir forças para sair do apartamento na primeira semana. Não tinha fome. Não conseguia se vestir. Estava aterrorizada por estar sozinha e se sentia envergonhada. Ela entendeu que tinha deixado o relacionamento comandar sua vida e o preço disso. Então, Todd ligou. Ele queria saber se ela podia fazer um grande favor para ele, se não estivesse muito ocupada. Ele tinha um artigo para entregar na segunda-feira. Será que ela podia escrever para ele?

Ela escreveu o artigo. E mais outro. E mais outro.

– Dei a ele tudo – dizia ela, chorando.

– Querida, esse foi o seu primeiro erro. Você se sacrificou por ele. O que ganhou com isso?

– Queria que ele fosse bem-sucedido, e ele ficava feliz quando eu ajudava.

– E o que está acontecendo agora?

Ela contou que soube por um amigo em comum que Todd e a nova mulher tinham ido morar juntos. E ele precisava entregar um artigo que Elise concordara em escrever.

– Sei que ele não vai voltar para mim. Sei que tenho que parar de fazer o dever de casa para ele, mas não consigo.

– Por que não?

– Eu o amo. Sei que ainda posso fazê-lo feliz se ajudá-lo nos trabalhos.
– E quanto a você? Você está fazendo o melhor que pode? Está feliz?
– Você me faz sentir como se eu estivesse fazendo a coisa errada.
– Quando você para de fazer o que é melhor para você e faz o que acha que alguém precisa, está fazendo uma escolha que tem consequências para você. Ela também tem consequências para Todd. O que sua decisão de se devotar a ajudá-lo revela sobre a capacidade dele de superar os próprios desafios?
– Posso ajudá-lo. Estou à disposição dele.
– Você realmente não confia nele.
– Quero que ele me ame.
– À custa de seu desenvolvimento? À custa de sua vida?

Fiquei muito preocupada com Elise quando ela foi embora. Seu desespero era profundo, mas eu não acreditava que ela tiraria a própria vida. Ela queria mudar, o que era a razão para ter buscado ajuda. Ainda assim, dei a ela meu número de telefone de casa e o número de uma linha telefônica de prevenção ao suicídio e pedi que me telefonasse todos os dias até a próxima sessão.

Quando Elise voltou na semana seguinte, fiquei surpresa de ver que tinha trazido um jovem com ela. Era Todd. Elise estava sorrindo. A depressão tinha acabado, disse ela. Todd havia terminado com a outra e eles se reconciliaram. Ela se sentia renovada. Ela via agora que o afastara com sua carência e insegurança. Ela se esforçaria mais para confiar no relacionamento, para mostrar a ele o quanto estava comprometida.

Durante a sessão, Todd parecia impaciente e entediado, olhando para o relógio, mexendo-se na cadeira como se estivesse desconfortável.

– Não existe reconciliação sem um novo começo. Qual é o novo relacionamento que vocês querem? Do que estão dispostos a abrir mão para chegar lá? – perguntei.

Eles olharam para mim e eu prossegui:

– Vamos começar com o que vocês têm em comum. O que gostam de fazer juntos?

Todd olhou para o relógio. Elise se encostou nele.

– Esse é o dever de casa de vocês – eu disse. – Quero que cada um descubra uma coisa nova que gosta de fazer sozinho e uma coisa nova que gosta de fazer a dois. Não pode ser basquete, dever de casa ou sexo. Que seja algo divertido e fora da rotina.

Elise e Todd voltaram ao meu consultório de forma esporádica ao longo dos seis meses seguintes. Às vezes Elise vinha sozinha. Seu foco principal continuava a ser manter o relacionamento, mas nada do que ela fazia era suficiente para apagar suas inseguranças e dúvidas. Ela queria se sentir melhor, mas ainda não estava disposta a mudar. E Todd, quando vinha às sessões, também parecia preso. Ele estava obtendo tudo o que achava que queria – admiração, sucesso, amor (sem mencionar as notas boas) –, mas parecia triste. Ele se curvava, recuava. Era como se sua autoestima e autoconfiança tivessem se atrofiado por causa de sua dependência de Elise.

Por fim, as visitas de Elise e Todd escassearam e não ouvi mais falar deles por muitos meses. Certo dia, então, recebi dois avisos de formaturas. Uma era de Elise. Ela tinha se formado e sido aceita para o programa de mestrado em Literatura Comparada. Ela me agradecia pelo tempo que passamos juntas. Contava que um dia havia acordado e percebido que tinha chegado ao limite. Parou de fazer os trabalhos de Todd e o relacionamento deles acabou, o que foi muito difícil, mas que agora se sentia grata por não ter se contentado com seja lá o que estava escolhendo no lugar do amor.

O outro aviso de formatura era de Todd. Ele estava dois anos atrasado, mas estava se formando. Ele também queria me agradecer. Disse que quase abandonara a faculdade quando Elise parou de fazer os trabalhos por ele, contou que ficou indignado e furioso, mas então assumiu a responsabilidade pela própria vida, contratou um professor particular e aceitou que precisaria se esforçar para o seu próprio bem. "Agi como um cretino", ele escreveu, salientando que não tinha percebido que o tempo todo em que dependeu de Elise para fazer os trabalhos por ele estava deprimido. Não gostava de si mesmo. Agora, podia se olhar no espelho e sentir respeito em vez de desprezo.

Viktor Frankl escreve: "*A busca do homem por sentido é a principal motivação em sua vida... Este sentido é único e específico, pois pode e deve ser cumprido por ele sozinho; somente então ele alcança um significado que satisfará a própria vontade de sentido.*" Quando abdicamos de assumir a responsabilidade por nós mesmos, estamos abrindo mão de nossa capacidade de criar e descobrir o sentido. Em outras palavras, desistimos de viver.

CAPÍTULO 21

A garota sem mãos

O segundo passo na dança da liberdade é aprender a correr os riscos necessários para alcançar a verdadeira autorrealização. O maior risco que assumi nessa jornada foi retornar a Auschwitz. Havia pessoas com a perspectiva de fora, como a família-anfitriã de Marianne e o funcionário da embaixada polonesa, me dizendo para não ir. E havia o meu guardião interior, a parte de mim que preferia ser segura a ser livre. Mas na noite insone que passei na cama de Goebbels, intuí que não seria uma pessoa completa se não voltasse, que para minha própria saúde eu precisava voltar àquele lugar. Correr riscos não significa se jogar cegamente em situações perigosas, mas admitir o seu medo para não ficar preso nele.

Carlos começou a trabalhar comigo quando estava no segundo ano do ensino médio e enfrentava problemas de ansiedade social e autoaceitação. Ele tinha tanto medo de ser rejeitado pelos colegas que não se arriscaria a começar amizades e relacionamentos. Um dia, pedi que me falasse sobre as dez garotas mais populares da escola e lhe passei uma missão. Ele tinha que chamar cada uma dessas garotas para sair. Ele respondeu que era impossível, que estaria cometendo suicídio social, que elas nunca sairiam com ele, que seria motivo de piada pelo resto de seus dias na escola por ser tão patético. Eu disse a ele que nem sempre conseguimos o que queremos, mas, mesmo quando não conseguimos, ainda assim estamos melhor do que antes porque saberemos qual é a situação, teremos mais informações e veremos o que é realmente verdade, em vez da realidade criada pelo nosso medo. Enfim, ele concordou com a missão. E, para sua surpresa, quatro das garotas mais populares aceitaram! Ele já havia decidido sobre o seu valor, já havia sido rejeitado quinhentas vezes em sua mente e esse medo tinha se revelado em sua linguagem corporal, principalmente nos olhos, que ficavam baixos e eram evasivos, em vez de brilhantes e conectados. Ele ficou indisponível para a alegria, mas, quando admitiu seu medo e suas escolhas, e assumiu os riscos, descobriu possibilidades que nem sabia que existiam.

Alguns anos mais tarde, no outono de 2007, Carlos me ligou de seu quarto no dormitório da faculdade. A ansiedade deixava sua voz aguda.

– Preciso de ajuda – disse ele.

Carlos estava no segundo ano de uma das dez melhores universidades do Meio-Oeste. Quando ouvi seu nome assim de repente, achei que talvez suas ansiedades sociais estivessem novamente incontroláveis.

– Diga-me o que está acontecendo.

Era a semana de juramento no campus, disse ele. Eu sabia que pertencer a uma fraternidade era seu sonho desde o ensino médio. Quando ele entrou na faculdade, o sonho ganhou mais importância. As fraternidades eram uma parte significativa da estrutura social da universidade e todos os seus amigos estavam fazendo o juramento. Portanto, pertencer a uma fraternidade parecia ser uma necessidade para sua sobrevivência social. Carlos ouvira rumores sobre rituais de trotes impróprios, mas escolheu sua fraternidade com cuidado. Ele gostava da diversidade racial dos membros e da ênfase no serviço social. Parecia ser a escolha perfeita. Enquanto muitos de seus amigos estavam preocupados com o trote, Carlos não se sentia assim. Ele acreditava que o trote tinha um propósito e que ajudava os jovens a criarem laços mais rapidamente, desde que não fosse exagerado.

Mas a semana de juramento não estava sendo como Carlos havia imaginado.

– O que está diferente? – perguntei.

– Meu mestre recrutador deixou que o poder lhe subisse à cabeça – contou ele, salientando que o recrutador era muito agressivo e procurava cada ponto fraco do candidato e investia forte nele. – Ele chamou o gosto musical de um cara de "gay" e, durante uma reunião, olhou para mim e disse "Você é o tipo de pessoa que devia estar cortando minha grama".

– Como você se sentiu quando ele disse isso?

– Fiquei furioso. Queria dar um soco na cara dele.

– O que você fez?
– Nada. Ele estava apenas tentando me tirar do sério. Não reagi.
– O que aconteceu depois?

Carlos contou que naquela manhã o mestre recrutador tinha mandado ele e os outros candidatos limparem a casa da fraternidade, distribuindo diferentes tarefas. Ele deu a Carlos uma escova de limpar vaso sanitário e um produto de limpeza. Depois, entregou-lhe um imenso *sombrero*.

– Você vai usar esse chapéu enquanto limpa os banheiros e também quando sair e for para a sala de aula. E só está autorizado a falar duas palavras o dia inteiro: *"Sí, señor."*

Era uma humilhação pública, um inacreditável ato de racismo, mas, se Carlos queria entrar para a fraternidade, teria que aguentar.

– Eu não podia me negar a fazer – disse Carlos, com a voz trêmula. – Foi horrível, mas fiz. Não queria perder o meu lugar só porque o recrutador é um cretino. Não queria deixar que ele levasse a melhor.

– Dá para perceber que você está zangado.

– Estou furioso, envergonhado e confuso. Sinto que eu devia ter sido capaz de fazer as coisas sem me afetar.

– Conte-me mais.

– Sei que não é a mesma coisa, mas, enquanto eu esfregava banheiros com o *sombrero*, pensei na história que você me contou do campo de extermínio, quando foi obrigada a dançar. Lembro que você disse que estava com medo, e que estava na prisão, mas que se sentiu livre. Que os guardas estavam mais presos do que você. Sei que o mestre recrutador é um idiota. Por que não posso apenas fazer o que ele quer que eu faça e ainda assim me sentir livre por dentro? Você sempre me disse que não é o que está acontecendo externamente que importa, mas o que está acontecendo internamente. Tenho orgulho de minha identidade mexicana. Por que essa besteira me incomoda? Por que não consigo ser superior?

Essa foi uma linda pergunta. De onde vem o nosso poder? É suficiente para encontrar a nossa força interior, nossa verdade interior, ou a autonomia também exige medidas externas? Acredito que o que acontece dentro de cada um é mais importante. Acredito na necessidade de se viver de acordo com os nossos valores e ideais, com nosso caráter moral. Acredito ainda na importância de defender o que é certo e de desafiar o que é injusto e desumano. E acredito em escolhas. A liberdade está em examinar as opções disponíveis e as consequências dessas escolhas.

– Quanto mais opções você tem – disse eu–, menos vai se sentir como uma vítima. Vamos falar sobre as suas opções.

Fizemos uma lista. Uma opção era Carlos usar o *sombrero* pelo campus o resto do dia, dizendo apenas "*Sí, señor*". Ele podia concordar em se submeter a quaisquer humilhações inventadas pelo mestre recrutador.

Outra opção era se recusar. Ele podia dizer ao mestre recrutador que se recusava a fazer aquilo.

Ou ele podia retirar sua candidatura à fraternidade. Podia tirar o *sombrero* e largar a escova de limpeza e ir embora.

Carlos não gostou das consequências de nenhuma das opções. Não gostou da vergonha e impotência que sentiu em ceder à intimidação, principalmente pelas humilhações terem origem no racismo. Ele sentiu que não poderia continuar a desempenhar o papel da caricatura racista sem minar sua autoestima. Se continuasse cedendo ao intimidador, Carlos o fortaleceria enquanto ele próprio se enfraqueceria. Mas o desafio aberto ao mestre recrutador podia ser fisicamente perigoso e levar ao isolamento social. Carlos estava com medo de ser agredido e de responder à altura. Ele não queria ser dominado por impulsos violentos, não queria cair na armadilha do mestre recrutador de tentar irritá-lo, não queria participar de um confronto público. Também estava com medo de ser banido pela fraternidade, pelos candidatos e pela própria comunidade cuja aceitação ele estava cortejando. A terceira opção, ir embora, não era melhor. Ele teria de desistir de seu sonho, desistir do desejo de pertencer, e ele não estava disposto a fazer isso.

Ao avaliar as opções disponíveis, Carlos encontrou uma quarta opção. Em vez de confrontar o mestre recrutador diretamente e correr o risco de se envolver em uma briga violenta, ele podia registrar uma queixa com alguém mais graduado. Carlos decidiu que a melhor pessoa seria o presidente da fraternidade. Ele sabia que poderia levar a questão ao topo da hierarquia, ao reitor da universidade, caso fosse necessário, mas de início preferia manter a conversa na própria fraternidade. Ensaiamos o que ele falaria, e como falaria. Ele teve dificuldade em manter a calma enquanto ensaiava, mas, depois dos anos em que trabalhamos juntos, ele sabia que, quando a pessoa perde a cabeça, pode até se sentir forte no momento, mas, na realidade, ela está entregando seu poder. Ser forte não é reagir, mas responder, permitir os sentimentos, refletir sobre eles e planejar uma ação eficiente para aproximá-lo de seu objetivo.

Carlos e eu conversamos sobre as possíveis consequências da conversa. Era possível que o presidente da fraternidade dissesse que o comportamento do mestre recrutador era aceitável e que Carlos devia acatar ou desistir.

– Se o presidente vai encarar a situação dessa forma, acho que prefiro saber do que ignorar – disse Carlos.

Carlos me ligou depois da reunião com o presidente da fraternidade.

– Fiz a reclamação! – falou num tom triunfante. – Contei o que estava acontecendo e ele disse que era desagradável e que não aceitaria a situação. Ele fará o mestre recrutador parar com os trotes racistas.

Obviamente, fiquei feliz por Carlos ter sido apoiado e sua reclamação levada em consideração, além de satisfeita por ele não ter que desistir de seu sonho. Mas acho que teria sido um encontro vitorioso independentemente da resposta do presidente da fraternidade. Carlos compreendeu sua força para desafiar e falar a sua verdade, mesmo correndo o risco de ser excluído ou criticado. Ele optou por não se colocar como vítima e assumiu uma postura moral. Ele agiu alinhado com seu objetivo maior: a luta contra o racismo e a proteção da dignidade humana. Ao defender a própria humanidade, ele protegeu a dignidade de todos. Ele pavimentou o caminho para que todos nós possamos viver em sintonia com a nossa verdade e com os nossos ideais. Fazer o que é certo raramente é o mesmo que fazer o que é seguro.

Acho que uma certa quantidade de risco é sempre inseparável da cura. Isso vale para Beatrice, uma mulher triste, quando a conheci, os olhos castanhos distantes, apagados, o rosto pálido. Suas roupas eram largas e sem forma, sua postura curvada, de ombros caídos. Logo percebi que Beatrice não tinha a menor ideia do quanto era bonita.

Ela olhava direto para a frente, tentando não olhar para mim. Mas não conseguia controlar umas olhadelas rápidas, que pareciam me sondar em busca de segredos. Ela havia assistido pouco tempo antes a uma palestra minha sobre o perdão. Por mais de vinte anos ela acreditou que não havia maneira de conseguir perdoar sua infância roubada. Mas a minha história sobre a jornada de perdão levantou algumas questões para ela. *Devo perdoar? Posso perdoar?* Agora, ela me avaliava cuidadosamente, como se estivesse tentando descobrir se eu era real ou apenas uma imagem. Quando você escuta alguém em cima de um palco contar uma história sobre cura, ela pode parecer boa demais para ser verdade. De certa forma, é. No trabalho duro de curar, não existe catarse quando se esgotam os 45 minutos. Não existe varinha de condão. A mudança acontece devagar, às vezes devagar demais. *Será que sua história de liberdade é verdadeira,* seu olhar desafiador parecia perguntar. *Ainda há esperança para mim?*

Como ela havia sido indicada a mim por outra psicóloga, uma amiga querida, a mesma pessoa que a encorajara a ir à minha palestra, eu já conhecia um pouco da história de Beatrice. *Quando sua infância acabou?* Muitas vezes, pergunto a meus pacientes. A infância de Beatrice terminou quase no momento em que começou. Seus pais foram extremamente negligentes com ela e os irmãos, mandando-os para a escola sem tomar banho e sem comer. As freiras da escola de Beatrice a repreendiam com aspereza e a culpavam por sua aparência desleixada, recriminando-a por não se limpar e não tomar café da manhã antes de chegar à escola. Beatrice internalizou a mensagem de que a negligência de seus pais era culpa sua.

Depois, aos 8 anos, os amigos de seus pais começaram a molestá-la. Os abusos continuaram, embora ela tentasse resistir. Ela também tentou contar aos pais o que estava acontecendo, mas eles a acusaram de inventar tudo. Em seu aniversário de 10 anos, os pais deixaram que um amigo que havia dois anos já a tocava de maneira inapropriada a levasse ao cinema. Depois do filme, ele a levou para casa e a estuprou no chuveiro. Quando começou a se tratar comigo, Beatrice estava com 35 anos, mas o cheiro de pipoca ainda desencadeava flashbacks.

Aos 18 anos Beatrice se casou com um viciado em recuperação que a assediava física e psicologicamente. Ela fugiu de seu drama familiar apenas para revivê-lo, reforçando sua crença de que ser amada significava ser ferida. Beatrice conseguiu, finalmente, se divorciar e estava tentando encontrar uma maneira de seguir em frente com sua vida, com uma nova carreira e um novo relacionamento, quando foi estuprada em uma viagem ao México. Voltou para casa destruída.

Por insistência da namorada, Beatrice começou a fazer terapia com uma colega minha. Perseguida por ansiedades e fobias, mal conseguia sair da cama. Ela se sentia permanentemente apavorada, oprimida, vivia em alerta máximo, com medo de sair de casa e ser novamente atacada, além de temer cheiros e associações que desencadeassem exaustivos flashbacks.

Na primeira sessão com minha colega, Beatrice concordou em se levantar todas as manhãs, tomar um banho, fazer a cama e depois se exercitar durante 15 minutos na bicicleta ergométrica que tinha na sala de TV. Beatrice não estava em negação sobre o seu drama, como eu estivera. Ela conseguia falar sobre o passado e processá-lo intelectualmente, mas não tinha vivido ainda o luto pela interrupção de sua vida. Com o tempo, na bicicleta ergométrica, ela aprendeu a conviver com o vazio, a aceitar que tristeza não é doença (embora possa parecer que é) e a entender que, quando anestesiamos nossos sentimentos com comida, álcool ou outros comportamentos compulsivos, apenas prolongamos o sofrimento. No início, durante os 15 minutos diários de exercícios, Beatrice não pedalava. Ficava sentada. Um minuto ou dois no assento e começava a chorar. Ela chorava até o alarme tocar. Com o passar das semanas, ela conseguiu até ficar um pouco mais na bicicleta, primeiro 20 minutos, depois 25. Quando completou 30 minutos, ela começou a mover os pedais e foi reencontrando aos poucos, todos os dias, o caminho para os esconderijos de sofrimento em seu corpo.

Quando conheci Beatrice, ela já havia feito um enorme esforço na tentativa de se curar. O trabalho para amenizar seu sofrimento diminuiu a depressão e a ansiedade. Ela estava se sentindo bem melhor, mas, depois de ouvir o meu discurso no evento do centro comunitário, imaginou se não podia fazer algo mais para se libertar da dor do trauma. A possibilidade de perdão se instalou.

– Perdoar não significa perdoar seu agressor pelo que ele fez com você – expliquei a ela. – É perdoar a parte de você mesma que foi vítima e deixar a culpa para trás. Se estiver disposta, posso orientá-la para a liberdade. Será como transpor uma ponte. Dá medo olhar para baixo, mas estarei lá ao seu lado. O que você acha? Quer continuar?

Uma luz fraca acendeu em seus olhos castanhos. Ela fez que sim com a cabeça.

Vários meses depois de começar a fazer terapia comigo, Beatrice estava pronta para me levar mentalmente ao escritório de seu pai, onde os abusos aconteceram. Essa é uma etapa extremamente vulnerável no processo terapêutico. Existe um debate em curso nas comunidades da psicologia e da neurociência sobre quão útil ou prejudicial é para um paciente reviver mentalmente uma situação traumática, ou retornar fisicamente ao local do trauma. Quando fiz meu treinamento, aprendi a usar a hipnose para ajudar o sobrevivente a reviver o evento traumático e deixar de ser refém dele. Estudos recentes demonstraram que colocar alguém de volta mentalmente em uma experiência traumática pode ser perigoso. Reviver psicologicamente um evento doloroso pode, na realidade, traumatizar de novo o sobrevivente. Por exemplo, depois do ataque de 11 de Setembro ao World Trade Center, descobriu-se que, quanto mais vezes as pessoas assistiam às imagens das torres caindo pela televisão, mais trauma elas sentiam anos depois. Encontros repetidos com um evento passado podem reforçar em vez de liberar os sentimentos dolorosos e assustadores. Na minha experiência pessoal e em meu consultório, tenho constatado a eficácia de reviver mentalmente um episódio traumático, mas ela precisa ser feita com total segurança e com um profissional bem treinado, que garanta ao paciente o controle sobre quanto tempo e quão profundamente ele ou ela permanece no passado. Mesmo assim, esta não é a melhor prática para todos os pacientes nem para todos os terapeutas.

Para Beatrice, foi essencial para a sua cura. Para se libertar de seu trauma, ela precisava de permissão para vivenciar o que não tinha autorização para sentir quando o abuso estava ocorrendo, ou nas três décadas desde então. Até ela conseguir experimentar esses sentimentos, eles gritavam pedindo sua atenção e, quanto mais ela tentava reprimi-los, mais violentamente eles imploravam para ser reconhecidos, e mais terríveis seriam para ser enfrentados. Ao longo de muitas semanas eu guiei Beatrice suavemente, lentamente, na aproximação desses sentimentos. Não para ser engolida por eles. Para perceber que eram apenas sentimentos.

Como Beatrice aprendeu no trabalho sobre o luto, sentir sua imensa tristeza lhe proporcionou um pouco de alívio na depressão, no estresse e no medo que a mantinha presa à cama. Mas ela ainda não tinha se permitido sentir raiva pelo passado. Não existe perdão sem raiva.

Como Beatrice descreveu o quarto pequeno, a forma como a porta rangia quando o amigo do pai a fechava, as cortinas escuras de tecido xadrez que ele a obrigava a fechar, eu observei sua linguagem corporal, preparada para trazê-la de volta em segurança se ela estivesse em perigo.

Beatrice se retesou quando fechou mentalmente as cortinas no escritório do pai. Quando ela se trancou com o agressor, eu disse:

– Pare aí, querida.

Ela suspirou e manteve os olhos fechados.

– Há uma cadeira no escritório? – perguntei.

Ela fez que sim com a cabeça.

– Como ela é?

– É uma poltrona. Cor de ferrugem.

– Quero que você coloque seu pai nessa poltrona.

Ela fez uma careta.

– Você pode vê-lo sentado lá?

– Sim.

– Como ele é?

– Ele usa óculos. Está lendo um jornal.

– Como ele está vestido?

– Suéter azul e calça cinza.

– Vou lhe dar um pedaço grande de fita adesiva e quero que você cubra a boca dele com isso.

– O quê?

– Passe a fita adesiva sobre a boca dele. Você fez isso?

Ela assentiu com a cabeça e esboçou um sorriso.

– Aqui está uma corda. Amarre seu pai na cadeira para que ele não possa se levantar.

– Ok.

– Você o amarrou?

– Sim.

– Agora grite com ele.

– Gritar como?

– Diga que você está zangada.

– Não sei o que dizer.

– Diga: "Papai, estou muito zangada com você por não me proteger!" Mas não fale isso, *grite*! – Aproveitei para demonstrar.

– Pai, estou muito zangada com você – disse ela.
– Mais alto.
– Pai, estou com muita raiva de você!
– Agora quero que você bata nele.
– Onde?
– No rosto.
Ela levantou o punho e bateu no ar.
– Bata nele de novo.
Ela fez.
– Agora dê um chute nele.
O pé dela voou.
– Aqui está um travesseiro. Pode bater nele. Bata de verdade – disse já passando o travesseiro.

Ela abriu os olhos e olhou para o travesseiro. Seus golpes eram tímidos no início, mas, quanto mais eu a encorajava, mais fortes eles se tornaram. Eu a convidei a ficar em pé e a chutar o travesseiro se quisesse. Ou jogá-lo pela sala. A gritar o mais alto que quisesse. Logo ela estava no chão, socando o travesseiro. Quando o corpo dela começou a ficar cansado, ela parou de socar e caiu no chão, respirando rapidamente.

– Como você se sente? – perguntei.
– Como se pudesse fazer isso a vida inteira.

Na semana seguinte eu trouxe um saco de pancadas vermelho, preso numa base preta pesada. Estabelecemos um novo ritual. Começaríamos nossas sessões com um pouco de liberação de raiva. Ela amarraria alguém mentalmente à cadeira, em geral o pai ou a mãe, e gritaria enquanto dava uma surra bestial. *Como você pôde deixar isso acontecer comigo? Eu era apenas uma criança!*

– Acabou? – eu perguntava.
– Não.

E ela continuava socando até cansar.

Certo dia de Ação de Graças, depois de voltar para casa de um jantar com amigos, Beatrice estava sentada no sofá fazendo festinha no cachorro quando seu corpo todo começou a formigar. Sua garganta secou e ela começou a sentir uma palpitação no peito. Ela tentou respirar fundo para relaxar o corpo, mas os sintomas pioraram. Ela achou que estivesse morrendo, então pediu à namorada que a levasse para o hospital. O médico que a examinou na sala de emergência disse que não havia nada de errado em termos médicos. Ela tinha tido um ataque de pânico. Quando Beatrice me encontrou após esse episódio, estava frustrada e com medo, desanimada por estar se sentindo pior em vez de melhor, e preocupada em ter outro ataque de pânico.

Fiz tudo o que pude para elogiar o progresso dela, para validar seu crescimento. Disse a ela que, de acordo com a minha experiência, quando você libera a raiva, muitas vezes se sente pior antes de começar a melhorar.

Ela fez que não com a cabeça.

– Acho que cheguei ao meu limite.

– Querida, acredite em você. Você teve uma noite terrível e sobreviveu a ela sem se prejudicar. Sem fugir. Não acho que eu teria lidado tão bem com a situação como você lidou.

– Por que você fica tentando me convencer de que eu sou uma pessoa forte? Talvez eu não seja. Talvez eu esteja doente e sempre serei doente. Talvez seja a hora de parar de me dizer que eu sou alguém que nunca serei.

– Você está assumindo a responsabilidade por algo que não é sua culpa.

– E se for minha culpa? Talvez, se eu tivesse feito algo diferente, ele poderia ter me deixado em paz.

– E se a culpa que você sente for apenas uma maneira de manter a fantasia de que o mundo está sob seu controle?

Beatrice se balançava no sofá, o rosto molhado de lágrimas.

– Você não tinha escolha na época. Agora tem. Pode escolher não voltar aqui. Essa é sempre uma escolha sua, mas eu espero que você aprenda a ver a incrível sobrevivente que você é.

– Mal consigo me manter viva. Não me parece algo muito notável.

– Houve algum lugar em que você se sentia segura quando era criança?

– Eu só me sentia segura quando estava sozinha em meu quarto.

– Você se sentava na sua cama ou perto da janela?

– Na janela.

– Você tinha algum brinquedo ou bicho de pelúcia?

– Eu tinha uma boneca.

– Você conversava com ela?

Ela assentiu com a cabeça.

– Você consegue fechar os olhos e se sentar naquela cama segura agora?

Segure sua boneca. Converse com ela agora como conversava na época. O que você diria?

– Como posso ser amada nesta família? Eu preciso ser boa, mas sou má.

– Você sabia que durante todo aquele tempo na infância que passou sozinha, se sentindo triste e isolada, estava construindo uma reserva enorme de força e resistência? Você pode aplaudir aquela menina agora? Pode abraçá-la? Diga a ela: "Você foi ferida e eu a amo. Você foi magoada, mas está segura agora. Você precisou fingir e se esconder. Eu vejo você agora. Eu amo você agora."

Beatrice se abraçou com firmeza e seu corpo balançou de tanto soluçar.

– Quero ser capaz de protegê-la agora. Na época eu não podia, mas não acho que me sentirei segura um dia a não ser que seja capaz de me proteger agora.

Foi assim que Beatrice decidiu assumir o próximo risco. Beatrice reconheceu que queria se sentir segura, ser capaz de proteger a si mesma. Ela soube de uma aula de autodefesa para mulheres que ia começar no centro comunitário mais próximo, mas demorou a se inscrever. Temia não estar à altura do desafio de repelir um ataque e que um confronto físico, mesmo no ambiente seguro e fortalecedor de uma aula de defesa pessoal, pudesse desencadear um ataque de pânico. Ela arrumava todo tipo de desculpa para não ir atrás do que queria, numa tentativa de administrar seu medo – a aula podia ser muito cara, já podia estar cheia ou podia não ter participantes suficientes e ser cancelada. Começamos a trabalhar nos receios subjacentes à sua resistência para conseguir o que queria. Fiz duas perguntas a ela: *O que de pior pode acontecer?* e *Você pode sobreviver a isso?* O pior cenário que ela pôde imaginar era ter um ataque de pânico durante a aula, rodeada por pessoas estranhas. Confirmamos que o formulário de atestado médico que ela teria que preencher ao se inscrever para a aula daria à equipe as informações que eles precisavam no caso de um ataque. E avisamos sobre ela ter sofrido um ataque de pânico antes. Se acontecesse novamente, ela podia não conseguir interrompê-lo ou controlá-lo, mas pelo menos saberia o que estava acontecendo. Além disso, ela já sabia, por experiência própria, que, embora assustador e desagradável, o ataque de pânico não matava. Ela sobreviveria a ele. Portanto, Beatrice se inscreveu para a aula.

Mas ao se ver na sala, de roupa de ginástica e tênis, rodeada por outras mulheres, ela se apavorou. Ficou com vergonha. Estava com medo de cometer erros e de chamar a atenção para si mesma, mas não conseguiu ir embora depois de estar tão perto de seu objetivo. Ela se encostou à parede e ficou observando a turma. Ela voltou a todas as aulas depois daquela, sempre pronta para participar, mas ainda com muito medo. Um dia, o instrutor percebeu que ela estava observando no canto e se ofereceu para treiná-la individualmente depois da aula. Um dia, quando ela veio me ver, seu rosto estava triunfante.

– Consegui jogá-lo contra a parede hoje – disse ela. – Eu o imobilizei, segurei e o joguei contra a parede!

Sua face estava ruborizada, os olhos brilhando de orgulho.

Ao ter confiança de que podia se proteger, começou a assumir outros riscos e passou a fazer um curso de balé para adultos e dança do ventre. Seu corpo começou a mudar. Ele já não era um recipiente para o seu medo, mas um instrumento de prazer. Beatrice virou escritora, professora de balé e instrutora de ioga. Ela decidiu coreografar uma dança baseada em um conto dos irmãos Grimm que ela se lembrava de ler quando criança: "A garota sem mãos". Na história, os pais da garota são induzidos a dar a filha ao demônio. Como a menina é inocente e pura, o demônio não consegue possuí-la, mas, por vingança e frustração, corta suas mãos. A garota vaga pelo mundo com tocos no lugar de mãos. Um dia, ela entra no jardim do rei, que se apaixona pela jovem quando a vê em pé entre as flores. Eles se casam e o rei manda fazer para a mulher um par de mãos de prata. Eles têm um filho. Um dia, ela salva o filho de se afogar. Suas mãos de prata desaparecem e são substituídas por mãos de verdade.

Beatrice estendeu as mãos ao me contar essa história de sua infância.

– Minhas mãos são novamente verdadeiras – disse ela. – Não foi outra pessoa que eu salvei. Eu salvei a mim mesma.

CAPÍTULO 22

De alguma forma as águas se abrem

O tempo não cura. É o que você faz com o tempo que cura. A cura é possível quando decidimos assumir a responsabilidade, quando decidimos correr riscos e, por fim, quando decidimos nos libertar das preocupações, tirar da mente o passado ou o sofrimento.

Dois dias antes de seu aniversário de 16 anos, Jeremy, filho de Renée, entrou na sala onde ela e o marido estavam assistindo ao noticiário das 22 horas. À luz cintilante da TV, seu rosto parecia perturbado. Renée estava indo na direção do filho para abraçá-lo daquele jeito aconchegante que ele ainda permitia, quando o telefone tocou. Era a irmã de Renée, que morava em Chicago e estava passando por um divórcio difícil. Muitas vezes, ela ligava tarde da noite para conversar.

– Tenho que atender essa ligação – disse Renée, dando um apertão rápido na bochecha do filho, mas logo voltando sua atenção para a irmã angustiada. Jeremy murmurou um boa-noite e se dirigiu para a escada.

– Durma bem, querido – disse ela para ele já de costas.

Na manhã seguinte, Jeremy ainda não tinha acordado quando ela colocou o café da manhã na mesa. Ela foi até o pé da escada e o chamou, mas ele não respondeu. Ela passou manteiga na última torrada e subiu para bater na porta do quarto dele. Ele continuou sem responder. Exasperada, ela abriu a porta. O quarto estava escuro, as cortinas, ainda fechadas. Ela o chamou novamente, confusa por encontrar a cama já arrumada. Um sexto sentido a levou a abrir a porta do closet. Ela a abriu e um arrepio de horror subiu pelas suas costas. O corpo de Jeremy estava pendurado na haste de madeira, com um cinto em volta do pescoço.

Na mesa dele ela encontrou um bilhete: *Não são vocês, sou eu. Desculpe por decepcioná-los. Jeremy*

Quando Renée e o marido, Greg, vieram me ver pela primeira vez, Jeremy tinha morrido havia poucas semanas. A perda era tão recente que eles ainda não estavam de luto. Estavam em estado de choque. A pessoa que eles haviam enterrado não tinha ido embora para eles. Era como se eles o tivessem enterrado vivo.

Nas primeiras consultas, Renée se sentava e soluçava:

– Eu quero voltar no tempo! – gritava ela. – Quero voltar no tempo, voltar.

Greg também chorava, mas silenciosamente. Com frequência, ele olhava para a janela enquanto Renée chorava. Eu disse a eles que homens e mulheres sofrem de maneira bem diferente e que a morte de um filho podia ser uma fratura ou uma oportunidade para o seu casamento. Aconselhei-os a cuidar bem um do outro, a se permitir ter raiva e chorar, a chutar e a chorar e a gritar e colocar os sentimentos para fora de modo a não deixarem que Jasmine, a irmã de Jeremy, sofresse as consequências da dor deles. Pedi que trouxessem fotos de Jeremy para que pudéssemos celebrar seus 16 anos de vida, os 16 anos em que o espírito do menino esteve com eles. Indiquei grupos de apoio para os sobreviventes de suicídio e trabalhei com eles à medida que as perguntas do tipo "e se" surgiam como ondas. *E se eu tivesse prestado mais atenção? E se eu não tivesse atendido ao telefone naquela noite e o tivesse abraçado? E se eu trabalhasse menos e ficasse mais em casa? E se eu não acreditasse no mito de que as crianças brancas são as únicas que cometem suicídio? E se eu estivesse à procura de sinais? E se eu não o pressionasse tanto para ter um bom desempenho na escola? E se eu tivesse passado no quarto dele antes de ir dormir?* Todos esses "E se" reverberavam como um eco sem resposta: *Por quê?*

Queremos muito saber a verdade. Queremos nos responsabilizar por nossos erros e ser honestos com nossa vida. Queremos razões, explicações. Queremos que nossa vida faça sentido. Mas buscar a razão é permanecer no passado, na companhia da culpa e do arrependimento. Não podemos controlar as outras pessoas, muito menos o passado.

Em algum momento no primeiro ano de perda, Renée e Greg passaram a vir cada vez mais esporadicamente às sessões e depois de um tempo pararam completamente. Não soube deles por muitos meses. Na primavera em que Jeremy teria se formado no ensino médio, fiquei feliz e surpresa ao receber uma ligação de Greg. Ele me disse que estava preocupado com Renée e perguntou se eu podia ir a casa deles.

Fiquei impressionada com a mudança na aparência dos dois. Ambos tinham envelhecido de maneiras diferentes. Greg havia engordado. Seu cabelo preto estava salpicado de fios brancos. Renée não parecia desgastada como a preocupação de Greg por ela me fez imaginar. O rosto dela estava liso, a blusa bem passada e o cabelo arrumado. Ela foi gentil, disse que se sentia bem, mas seus olhos castanhos estavam opacos.

Greg, que ficava quieto na maior parte das sessões, falou com urgência:
– Tenho algo a dizer – e contou que na semana anterior ele e Renée tinham participado da festa de formatura do filho de um amigo do casal.

Foi um evento tenso para eles, cheio de gatilhos, de lembretes devastadores do que outros casais tinham e eles não tinham mais, da ausência de Jeremy, da aparente eternidade do luto, dos incontáveis momentos do cotidiano que eles nunca iriam compartilhar com o filho. Mas eles se forçaram a colocar roupas bonitas e ir à festa. Greg me disse que, num certo momento da noite, ele percebeu que estava se divertindo. A música que o DJ tocou o fez pensar em Jeremy e nos antigos álbuns de R&B que o filho ouvia no aparelho de som de seu quarto enquanto fazia o dever de casa ou se divertia com os amigos. Greg se virou para Renée, que usava um elegante vestido azul, e ficou impressionado ao notar como o formato do seu rosto e da sua boca o lembravam de Jeremy. Ele se sentiu inundado de amor por Renée, por seu filho, pelo simples prazer de comer bem sob uma tenda branca numa noite quente, e chamou Renée para dançar. Ela se recusou, levantou e o deixou sozinho na mesa.

Greg chorou ao contar isso.
– Estou perdendo você também – disse ele à esposa.

O rosto de Renée ficou sério, seus olhos pareciam ter se apagado. Esperamos que ela falasse.

– Como você se atreve? – disse ela finalmente. – Jeremy não pode dançar. Por que você poderia? Não posso dar as costas a ele tão facilmente.

O tom dela era hostil. Agressivo. Achei que Greg fosse recuar. Em vez disso, ele deu de ombros. Percebi que não era a primeira vez que Renée via sua própria felicidade como uma profanação da memória do filho. Lembrei-me de minha mãe. De todas as vezes que vi meu pai tentar acariciá-la, beijá-la e como ela rejeitava seu afeto. Ela estava tão presa à perda precoce da própria mãe que decidiu se esconder num manto de melancolia. Seus olhos às vezes se iluminavam quando ela ouvia Klara tocar o violino. Mas ela nunca se permitiu rir à larga, flertar, brincar, se alegrar.

– Renée, querida – disse eu. – Quem morreu? Jeremy ou você?

Ela não me respondeu.

– Não faz nenhum bem a Jeremy se você morrer também – eu disse a Renée. – Também não faz bem a você.

Renée não estava se escondendo de sua dor, como eu tinha feito. Ela se casara com a dor, com a perda, e assim se escondera da vida.

Pedi que ela me dissesse quanto tempo dedicava ao luto em seu cotidiano.

– Greg vai trabalhar, eu vou para o cemitério – respondeu ela.

– Com que frequência?

Ela pareceu ficar ofendida com a minha pergunta.

– Ela vai todos os dias – disse Greg.

– E isso é *ruim*? – retrucou Renée. – Ser dedicada ao meu filho?

– O luto é importante – ponderei. – Mas quando ele se perpetua pode ser uma forma de evitar o sofrimento.

As solenidades e os rituais podem ser componentes extremamente importantes do luto. Acho que é por isso que as práticas religiosas e culturais incluem rituais de luto claros, com um espaço protegido e uma estrutura interna na qual se inicia a experiência de sentir a perda. Mas o período de luto também tem um fim claro. Desse ponto em diante a perda não é uma dimensão separada da vida, mas integrada a ela. Se ficamos em permanente estado de luto, estamos escolhendo a mentalidade da vítima, acreditando que *nunca vamos superar a perda*. Se ficamos presos no luto, é como se nossas vidas tivessem acabado também. O luto de Renée, apesar de sofrido, também se tornara uma espécie de escudo que a isolava da vida atual. Nos rituais de perda, ela podia evitar ter que aceitá-la.

– Você gasta mais tempo e energia emocional com seu filho que está morto ou com sua filha que está viva? – perguntei.

Renée pareceu perturbada.

– Sou uma boa mãe – disse ela –, mas não vou fingir que não estou sofrendo.

– Você não precisa fingir nada, mas você é a única pessoa que pode impedir seu marido e sua filha de perderem você também.

Lembro-me de minha mãe falando com a foto da mãe dela em cima do piano, chorando: "Meu Deus, meu Deus, dê-me força!" A lamentação dela me assustava. Sua fixação na perda era como um alçapão que ela levantava e desaparecia, uma fuga. Eu era como a filha de uma alcoólatra, vigiando o desaparecimento dela, incapaz de resgatá-la do vácuo, mas sentindo que essa era de alguma forma a minha função.

– Eu achava que se deixasse a dor entrar eu afundaria – contei a Renée. – Mas é como Moisés e o Mar Vermelho. De alguma forma, as águas se abrem e você caminha entre elas.

Pedi que Renée tentasse algo novo para transformar seu luto em tristeza.

– Coloque uma foto de Jeremy na sala de estar. Não vá ao cemitério para lamentar sua perda. Encontre um jeito de se conectar com ele aqui na sua casa. Separe quinze ou vinte minutos todos os dias para se sentar com ele. Você pode tocar o rosto dele, conversar com ele, contar o que está fazendo e depois dar um beijo nele e seguir com o seu dia.

– Tenho muito medo de abandoná-lo novamente.

– Ele não se matou por sua causa.

– Você não tem como saber.

– Existem muitas coisas que você poderia ter feito diferente em sua vida. Essas escolhas estão feitas, o passado já foi, nada pode mudar isso. Por razões que nós nunca saberemos, Jeremy decidiu terminar sua vida. Você não pode escolher por ele.

– Não sei como viver com isso.

– A aceitação não vai acontecer de um dia para o outro. Você nunca vai ficar feliz por ele estar morto, mas pode escolher seguir em frente. Pode até descobrir que viver de maneira plena é a melhor maneira de homenageá-lo.

No ano passado eu recebi um cartão de Natal de Renée e Greg. No cartão havia uma foto com os dois na frente de uma árvore de Natal acompanhados da filha, uma garota linda vestida de vermelho. Greg está no meio, abraçando as duas. Sobre o ombro de Renée, uma foto de Jeremy no alto da lareira. É a última foto dele na escola, com uma blusa azul e um sorriso exuberante. Ele não é o vácuo na família. Ele está presente, está sempre com eles.

O retrato da mãe de minha mãe agora está na casa de Magda, em Baltimore, em cima do piano, no qual ela ainda dá aulas e orienta os alunos com lógica e emoção. Ao fazer uma cirurgia pouco tempo atrás, Magda pediu que sua filha, Ilona, levasse a foto de nossa mãe ao hospital para que ela pudesse fazer o que mamãe nos ensinou: pedir força aos mortos, deixar os mortos viverem em nossos corações, deixar que nosso sofrimento e nosso medo nos levem de volta ao amor.

– Você ainda tem pesadelos? – perguntei a Magda no outro dia.
– Sim, sempre. E você?
– Sim, tenho.

Voltei a Auschwitz e resolvi o passado, me perdoei. Voltei para casa e pensei "Acabou!", mas a conclusão é temporária. Não acaba até que acabe.

Apesar de nosso passado, e não por causa dele, Magda e eu encontramos sentido e propósito de formas diferentes nos mais de setenta anos desde a libertação. Descobri as artes da cura. Magda permaneceu uma pianista dedicada e professora de piano, e descobriu duas novas paixões: o bridge e a música gospel, porque ela parece um choro e tem a força das emoções fluindo. E o bridge porque há uma estratégia e um controle, um jeito de ganhar. Ela é campeã de bridge e emoldura seus prêmios e os pendura na parede em frente ao retrato de nossa avó.

Minhas irmãs me protegeram, me inspiraram e me ensinaram a sobreviver. Klara se tornou violinista da Orquestra Sinfônica de Sydney. Até o dia depois de sua morte, no início dos anos 1980, em decorrência de Alzheimer, ela me chamava de "pequenina". Mais do que Magda ou eu, Klara permaneceu imersa na cultura imigrante do judaísmo húngaro. Béla e eu adorávamos visitar Klara e Csicsi para desfrutar a comida, a língua, a cultura de nossa juventude. Nós, sobreviventes, não conseguíamos nos reunir com muita frequência, mas nos esforçávamos ao máximo para nos reunir nos principais eventos – celebrações em que nossos pais não estariam presentes para testemunhar. No início dos anos 1980, fomos a Sydney para o casamento da filha de Klara. As três irmãs tinham aguardado este reencontro com expectativa, e, quando finalmente nos reunimos de novo, entramos em um frenesi de abraços emotivos como aqueles que trocamos em Košice ao descobrirmos que estávamos todas vivas depois da guerra.

Não importa que agora sejamos mulheres de meia-idade, não importa que tenhamos nos distanciado em nossas vidas, sempre que nos encontrávamos era curioso como rapidamente voltávamos aos velhos padrões da juventude. Klara ficava em destaque, dando ordens a nós duas e nos sufocando de tanta atenção. Magda era competitiva e rebelde. Eu era a pacificadora, indo e vindo entre minhas irmãs, amenizando conflitos, escondendo minhas próprias ideias. Com que facilidade transformamos até mesmo o entusiasmo e a segurança da família em uma espécie de prisão. Recorremos aos velhos mecanismos de enfrentamento e nos tornamos quem acreditamos que devemos ser para agradar os outros. É preciso ter força de vontade e escolher não recair nos papéis limitantes que erroneamente acreditamos que vão nos manter seguras e protegidas.

Na noite anterior ao casamento, Magda e eu encontramos Klara sozinha no quarto da filha. Estava brincando com as antigas bonecas da filha. O que presenciamos era mais do que a nostalgia materna em relação à filha crescida. Klara foi flagrada em seu jogo de faz de conta. Ela estava brincando como uma criança. Percebi que minha irmã nunca teve infância. Ela sempre foi o prodígio do violino. Nunca chegou a ser uma menininha. Quando não estava se apresentando, ela tocava para mim e para Magda, assumindo o papel de cuidadora, de nossa mãezinha. Agora, na meia-idade, tentava dar a si mesma a infância que nunca lhe foi permitida. Constrangida por ter sido flagrada com as bonecas, Klara contra-atacou. "É uma pena eu não ter estado em Auschwitz", disse ela. "Se eu estivesse lá, mamãe estaria viva."

Foi horrível ouvi-la dizer isso. Senti toda a minha velha culpa de sobrevivente voltando, o horror da minha resposta naquele primeiro dia em Auschwitz, o horror de relembrá-la, de confrontar aquela antiga crença, embora errada, de que tinha enviado nossa mãe para a morte.

Mas eu não era mais prisioneira. Eu podia ver a prisão da minha irmã em ação, escutar sua culpa e sua dor embutidas na acusação feita a mim e a Magda. Eu consegui escolher a minha própria liberdade, dar nome aos meus sentimentos de raiva, de inutilidade, de tristeza e de arrependimento e deixá-los girar, crescer, diminuir e depois passar. Consegui ainda tirar da cabeça a necessidade de me punir por ter vivido. Pude resolver minha culpa e resgatar o meu eu puro e pleno.

Há a ferida. E há o que sai dela. Voltei a Auschwitz em busca da sensação de morte para poder finalmente exorcizá-la. O que encontrei foi a minha verdade interior, o eu que eu queria resgatar, minha força e minha inocência.

CAPÍTULO 23

O dia da libertação

No verão de 2010, fui convidada para fazer uma palestra em Fort Carson, no Colorado, na unidade do Exército que estava voltando de combate no Afeganistão, uma unidade com uma alta taxa de suicídios. Eu estava lá para falar sobre o meu próprio trauma – como sobrevivi a ele, como sobrevivi ao retorno ao cotidiano, como escolhi ser livre –, de modo que os soldados também pudessem se adaptar com mais facilidade à vida no pós-guerra. Ao subir no tablado, senti alguns rápidos conflitos internos de desconforto, o velho hábito de me cobrar demais e de imaginar o que uma estudante de balé húngara teria a oferecer a homens e mulheres de guerra. Relembrei a mim mesma que eu estava lá para compartilhar a verdade mais importante que conheço, que a maior prisão está em sua própria mente e que a chave já está em seu bolso: a vontade de assumir a responsabilidade absoluta por sua vida, a vontade de arriscar, a vontade de se libertar de julgamentos e de recuperar sua inocência, de aceitar e amar a si mesmo pelo que realmente é – humano, imperfeito e inteiro.

Pedi força a meus pais e aos meus filhos, netos e bisnetos, a tudo que eles me ensinaram e que me obrigaram a descobrir. "Minha mãe me disse algo que eu nunca vou esquecer", eu disse. "Ela disse: 'Não sabemos para onde estamos indo, não sabemos o que vai acontecer, mas ninguém pode tirar de você o que você põe em sua própria mente.'"

Repeti essa frase diversas vezes a fuzileiros navais, a especialistas em crises, a prisioneiros de guerra e seus defensores no departamento de assuntos de veteranos, a oncologistas e a pessoas com câncer, a pais e filhos, a cristãos e muçulmanos e budistas e judeus, a estudantes de direito e jovens em situação de risco, a pessoas de luto pela perda de um ente querido, a pessoas se preparando para morrer e às vezes a mim mesma. Dessa vez, quase caí do palco ao falar essa frase. Fui dominada por sensações e memórias que tinha armazenado internamente: o cheiro da grama enlameada, o sabor forte e doce dos M&M. Demorei um pouco a entender o que estava desencadeando o flashback, mas então vi que havia bandeiras e insígnias nas laterais do auditório. Em todos os lugares havia um emblema a respeito do qual eu não tinha pensado conscientemente durante muitos anos, mas que é tão significativo para mim quanto as letras que formam o meu próprio nome: o emblema que o soldado que me libertou no dia 4 de maio de 1945 usava na manga de sua camisa: um círculo vermelho com o número 71 azul no centro. Fui levada a Fort Carson para falar com a 71ª Infantaria, a unidade que 65 anos antes havia me libertado. Eu estava contando minha história de liberdade para os sobreviventes da guerra que anteriormente trouxeram a liberdade para mim.

Eu costumava perguntar: *Por que eu? Por que eu sobrevivi?* Aprendi a fazer uma pergunta diferente: *Por que não eu?* Em pé em um palco e rodeada pela geração seguinte de combatentes da liberdade, eu podia ver na minha consciência algo que muitas vezes é desconcertante, invisível: para fugir do passado ou para lutar contra a dor atual nós nos aprisionamos. A liberdade está em aceitar o que se é, em se perdoar e em abrir o coração para descobrir as maravilhas que existem agora.

Eu ri e chorei no palco. Estava tão cheia da adrenalina da alegria que mal conseguia completar as palavras: "Obrigada", eu disse aos soldados. "O seu sacrifício, o seu sofrimento, faz sentido, e quando você conseguir descobrir essa verdade interior, estará livre." Terminei meu discurso como sempre faço, como sempre farei enquanto meu corpo permitir: com um *grand battement. Aqui estou eu!,* o lançamento de minha perna diz. *Eu consegui!*

Aqui estão vocês. Aqui estão vocês! No presente sagrado. Não posso curá-los, ninguém pode, mas posso comemorar sua escolha para desmantelar a prisão em sua mente, tijolo por tijolo. Vocês não podem mudar o que aconteceu, não podem mudar o que fizeram ou o que foi feito a vocês, mas podem escolher como vão viver *agora*.

Meus queridos, vocês podem escolher ser livres.

Agradecimentos

Acredito que as pessoas não me procuram, elas são enviadas a mim. Ofereço minha eterna gratidão às muitas pessoas extraordinárias que me foram enviadas, sem as quais minha vida não seria o que é e sem as quais este livro não existiria.

Em primeiro lugar, à minha querida irmã Magda Gilbert, que está com 95 anos e continua florescendo, que me manteve viva em Auschwitz, e à sua dedicada filha Ilona Shillman, que defende sua família como ninguém.

A Klara Korda, que foi grandiosa, que realmente foi minha segunda mãe, que tornou cada ida a Sydney uma lua de mel, que recriou os jantares de Shabat como nossa mãe fazia, com tudo artisticamente produzido à mão, e a Jeanie e Charlotte, as mulheres que a sucederam em sua linhagem. (Lembra da música húngara? *Não, não, não vamos embora a não ser que você nos expulse.*) A meus pacientes, seres humanos especiais e únicos que me ensinaram que a cura não tem a ver com recuperação, mas com a descoberta. Descobrir esperança na desesperança, descobrir uma resposta onde não parece haver uma, descobrir que não é o que acontece que importa – mas o que você faz com isso.

A meus professores e mentores maravilhosos: Professor Whitworth; John Haddox, que me apresentou aos existencialistas e fenomenologistas; Ed Leonard, Carl Rogers, Richard Farson e especialmente Viktor Frankl, cujo livro me deu a capacidade verbal de compartilhar o meu segredo, cujas cartas me mostraram que eu não precisava mais fugir e cuja orientação me ajudou a descobrir não apenas que sobrevivi, mas que agora podia ajudar os outros a sobreviver.

A meus colegas e amigos incríveis nas artes da cura: Dr. Harold Kolmer, Dr. Sid Zisook, Dr. Saul Levine, Steven Smith, Michael Curd, David Woehr, Bob Kaufman (meu "filho adotivo"), Charlie Hogue, Patty Heffernan e, especialmente, Phil Zimbardo, meu "irmão mais novo", que não descansou até conseguir encontrar uma editora para este livro.

Às muitas pessoas que me convidaram para levar minha história a plateias do mundo inteiro, incluindo: Howard e Henriette Peckett, do YPO; Dr. Jim Henry; Dr. Sean Daneshmand e sua esposa Marjan, do The Miracle Circle; Mike Hoge, do Wingmen Ministries; e a Conferência Internacional de Logoterapia.

A meus amigos e terapeutas: Gloria Lavis, Sylvia Wechter e Edy Schroder, meus valiosos companheiros mosqueteiros. Lisa Kelty, Wendy Walker, Flora Sullivan, Katrine Gilcrest, mãe de nove filhos que me chama de mãe e com quem posso contar dia e noite. Dory Bitry, Shirley Godwin e Jeremy e Inette Forbs, com quem posso conversar abertamente sobre idade, as fases da vida e sobre como tirar o melhor proveito do que temos à medida que envelhecemos. A meus médicos Sabina Wallach e Scott McCaul, a meu acupunturista Bambi Merryweather, e a Marcella Grell, amiga e companheira que tomou conta excepcionalmente bem de mim e de minha casa nos últimos 16 anos e sempre me diz o que pensa sem subterfúgios.

Béla. Companheiro de vida. Companheiro de alma. Pai de meus filhos. Parceiro amoroso dedicado que arriscou tudo para construir uma vida nova comigo na América. Você costumava dizer, quando eu estava dando consultoria para os militares e nós viajávamos juntos para a Europa: "Edie trabalha e eu como." Béla, nossa rica vida a dois foi a verdadeira festa. Amo você.

Todo o meu amor e gratidão aos meus filhos: meu filho John Eger, que me ensinou como não ser uma vítima e que nunca desistiu de lutar pelas pessoas com deficiência; minhas filhas Marianne Engle e Audrey Thompson, que me deram constante apoio moral e estímulo amoroso durante os vários meses de escrita e que entenderam, talvez antes de mim, que seria mais difícil reviver o passado do que sobreviver a Auschwitz. Em Auschwitz, eu só pensava nas minhas necessidades de sobrevivência. Escrever este livro exigiu que eu experimentasse todos os sentimentos. Eu não podia assumir o risco sem sua força e seu amor. Obrigada aos lindos cônjuges e parceiros de vida de meus filhos e netos, que continuam acrescentando galhos à nossa árvore genealógica: Rob Engle, Dale Thompson, Lourdes, Justin Richland, John Williamson e Illynger Engle.

A meu sobrinho Richard Eger, e sua esposa, Byrne, obrigada por serem parentes de verdade, por cuidarem de mim e de minha saúde e por passarem férias junto conosco.

Quando nosso primeiro neto nasceu, Béla disse: "Três gerações – essa é a melhor vingança contra Hitler." Agora é a quarta! Obrigada pela próxima geração: Silas, Graham e Hale. Sempre que ouço vocês me chamarem de bisa Dicu, meu coração palpita.

A Eugene Cook, meu parceiro de dança e alma gêmea, um cavalheiro e um homem gentil. Obrigada por me lembrar que amor não é o que sentimos – é o que fazemos. Você sempre me apoiou a cada momento e a cada palavra. Vamos continuar dançando o *boogie-woogie* enquanto pudermos.

Finalmente, às pessoas que me ajudaram, palavra por palavra e página por página, a transformar este livro em realidade. Desde o início eu senti que este livro estava destinado a ser uma colaboração.

Às talentosas Nan Graham e Roz Lippel e sua equipe na Scribner. Como tenho sorte de ter encontrado as editoras mais bem qualificadas, com corações tão brilhantes quanto suas mentes. Seu conhecimento editorial, sua persistência e compaixão humana ajudaram este livro a se tornar o que eu sempre quis que ele fosse: um instrumento de cura.

A Esmé Schwall Weigand, minha coautora, você não apenas encontrou as palavras certas. Você se tornou eu. Obrigada por ser minha oftalmologista e por sua capacidade de ver minha jornada de cura de tantas perspectivas diferentes.

A Doug Abrams, agente capaz e ser humano verdadeiramente internacional, obrigada por ser uma pessoa com caráter e alma para se dedicar a tornar o mundo um lugar melhor. Sua presença no planeta é um presente.

A todos: em 90 anos de vida eu nunca me senti tão abençoada e grata – ou tão jovem! Obrigada a todos.

CONHEÇA ALGUNS DESTAQUES DE NOSSO CATÁLOGO

- Augusto Cury: Você é insubstituível (2,8 milhões de livros vendidos), Nunca desista de seus sonhos (2,7 milhões de livros vendidos) e O médico da emoção
- Dale Carnegie: Como fazer amigos e influenciar pessoas (16 milhões de livros vendidos) e Como evitar preocupações e começar a viver
- Brené Brown: A coragem de ser imperfeito – Como aceitar a própria vulnerabilidade e vencer a vergonha (600 mil livros vendidos)
- T. Harv Eker: Os segredos da mente milionária (2 milhões de livros vendidos)
- Gustavo Cerbasi: Casais inteligentes enriquecem juntos (1,2 milhão de livros vendidos) e Como organizar sua vida financeira
- Greg McKeown: Essencialismo – A disciplinada busca por menos (400 mil livros vendidos) e Sem esforço – Torne mais fácil o que é mais importante
- Haemin Sunim: As coisas que você só vê quando desacelera (450 mil livros vendidos) e Amor pelas coisas imperfeitas
- Ana Claudia Quintana Arantes: A morte é um dia que vale a pena viver (400 mil livros vendidos) e Pra vida toda valer a pena viver
- Ichiro Kishimi e Fumitake Koga: A coragem de não agradar – Como se libertar da opinião dos outros (200 mil livros vendidos)
- Simon Sinek: Comece pelo porquê (200 mil livros vendidos) e O jogo infinito
- Robert B. Cialdini: As armas da persuasão (350 mil livros vendidos)
- Eckhart Tolle: O poder do agora (1,2 milhão de livros vendidos)
- Edith Eva Eger: A bailarina de Auschwitz (600 mil livros vendidos)
- Cristina Núñez Pereira e Rafael R. Valcárcel: Emocionário – Um guia lúdico para lidar com as emoções (800 mil livros vendidos)
- Nizan Guanaes e Arthur Guerra: Você aguenta ser feliz? – Como cuidar da saúde mental e física para ter qualidade de vida
- Suhas Kshirsagar: Mude seus horários, mude sua vida – Como usar o relógio biológico para perder peso, reduzir o estresse e ter mais saúde e energia

sextante.com.br